MICHÈLE REVERDY,
COMPOSITRICE INTRANQUILLE

Dans la même collection

Les *Variations pour piano, Op. 27, d'Anton Webern. Essai d'analyse sémiologique*, par Luiz Paulo de OLIVEIRA SAMPAIO. Préface de Jean-Jacques NATTIEZ, 2014, 252 pages.

Le compositeur, son oreille et ses machines à écrire. Déconstruire les grammatologies du musical pour mieux les composer, par Fabien LÉVY, 2014, 288 pages.

Analyses et interprétations de la musique. La mélodie du berger dans le Tristan et Isolde *de Richard Wagner*, par Jean-Jacques NATTIEZ, 2013, 408 pages.

L'essor du romantisme : la fantaisie pour clavier de Carl Philipp Emanuel Bach à Franz Liszt, par Jean-Pierre BARTOLI et Jeanne ROUDET, 2013, 400 pages.

Bruxelles. Convergence des arts. 1880-1914, sous la direction de Malou HAINE et Denis LAOUREUX, avec la collaboration de Sandrine THIEFFRY, 2013, 408 pages.

Du politique en analyse musicale, sous la direction de Esteban BUCH, Nicolas DONIN et Laurent FEYNEROU, 2013, 256 pages.

Écrits de compositeurs : une autorité en questions, sous la direction de Michel DUCHESNEAU, Valérie DUFOUR et Marie-Hélène BENOIT-OTIS, 2013, 438 pages.

Serge Diaghilev, L'art de la musique et la danse : lettres, écrits, entretiens, édité par J.-M. NECTOUX, I.S. ZILBERSTEIN et V.A. SAMKOV, 2013, 542 pages.

Camille Saint-Saëns, Écrits sur la musique et les musiciens 1870-1921, par Marie-Gabrielle SORET, 2012, 1172 pages.

Franz Liszt et la France : Musique, culture et société dans l'Europe du XIXe siècle, sous la direction de Malou HAINE, Nicolas DUFETEL, Dana GOOLEY et Jonathan KREGOR, 2012, 616 pages.

Généalogies du romantisme musical français, sous la direction d'Olivier BARA et Alban RAMAUT, 2012, 284 pages.

Le Conservatoire national de musique et de déclamation 1900-1930. Documents historiques et administratifs, par Anne BONGRAIN, 2012, 752 pages.

La symphonie dans la Cité. Lille au XIXe siècle, par Guy GOSSELIN, 2011, 504 pages.

Le style de Claude Debussy, par Sylveline BOURION, 2011, 514 pages.

Lettres de Franz Liszt à la princesse Marie de Hohenlohe-Schillingsfürst, née de Sayn-Wittgenstein, présentées et annotées par Pauline POCKNELL, Malou HAINE et Nicolas DUFETEL, 2010, 464 pages.

Charles Koechlin, compositeur et humaniste, sous la direction de Philippe CATHÉ, Sylvie DOUCHE et Michel DUCHESNEAU, édité par Marie-Hélène BENOIT-OTIS, 2010, 624 pages.

Composer au XXIe siècle, sous la direction de Sophie STÉVANCE, 2010, 208 pages.

MICHÈLE REVERDY,
COMPOSITRICE INTRANQUILLE

par

Emmanuel Reibel et Yves Balmer

*Ouvrage publié avec le concours du Centre national du livre,
de la Fondation Francis et Mica Salabert,
du Département et de l'Institut des arts de l'École normale supérieure de Lyon et du Centre d'études et de recherches comparées sur la création (CERCC, EA 1633)*

VRIN

La collection *MusicologieS* présente des ouvrages qui répondent aux attentes des mélomanes, des musiciens, des musicologues mais aussi à celles de toutes les personnes qui s'intéressent à la musique et qui souhaitent découvrir et explorer son histoire, son langage, sa place et son rôle au cœur des sociétés occidentales et non occidentales.
La musicologie contemporaine possède de multiples orientations disciplinaires : histoire, histoire de l'art, philosophie, psychologie, psychanalyse, esthétique, sociologie ou anthropologie, pour ne citer qu'elles. Les ouvrages de la collection puiseront à ces univers et contribueront à la connaissance et à la compréhension des musiques savantes et populaires de toutes les époques.

MusicologieS
collection dirigée par
Malou Haine et Michel Duchesneau

Imprimé en France
ISSN 0249-7921
ISBN 978-2-7116-2484-3
www.vrin.fr

PRÉFACE

COMMENT ON DEVIENT COMPOSITEUR

Ceci n'est pas une question. Ou pour l'entendre à sa juste mesure, une question qui ouvre un programme. Une interrogation qui n'en finit pas, pour chercher sa réponse, de se transformer en usages, manières de vivre, obsessions, ratages multiples, et quelquefois, réussites. Tel est le mystère du *comment* – ce mot qui hésite entre l'énigme et déjà le projet propre à la résoudre; mais qui redoutablement, au cœur du projet même, ne cesse de représenter l'énigme.

Nos vies sont faites de tels va-et-vient: le glissement d'un point d'interrogation vers – quoi ? Un point d'affirmation ? Il n'existe pas. Faudrait-il dire: un point de vie ? – Et retour.

Dans le *comment* s'entend, tout proche, le *comme* d'une vague imitation, la résonance des modèles qui, dès que nous nous interrogeons sur ce qui convient, reviennent hanter nos imaginations, et bientôt nos actions. « *Comment* faire ? – *Comme* on t'a montré. » Les aïeux, les aînés, les maîtres sont là à brandir le *comme* de leur toute-puissance. Certains enfants s'y montrent dociles, d'autres rebelles.

On appelle *famille* l'ensemble de ces *comme* et le poids de leur commandement; la galerie de portraits de ces autorités, et aussi bien leur ruine. Il est frappant de voir – d'entendre – une compositrice comme Michèle Reverdy aux prises avec sa famille: biologiquement éclatée, cette dernière s'enrichit d'objets (un piano dans le dénuement d'un appartement à Malakoff), de figures étrangères, de paysages (l'Alexandrie de l'après-guerre, le Paris des années 1950), d'hommes aimés, d'amis, de mondes entiers. Famille.

Sans doute ne devient-on compositeur qu'aux prises avec une famille. Pas forcément une famille de compositeurs; pas même nécessairement une famille de musiciens. Mais plus largement, dans le souci de renouer des liens mal tissés, de resserrer des familiarités trop lâches, de reprendre des amours manquées. Tout un travail de ravaudage, en somme, comme si vivre avait été une première fois joué, et qu'il fallait toujours récrire cette scène usée. Comme si toujours nous nous tenions en retard sur l'essentiel.

Reprise, récriture, retard: c'est en s'accordant la maîtrise du temps qu'un compositeur apprivoise, ou configure sa famille. Mais famille tout autre que ce à quoi nous assigne la lignée. Cercle élu cette fois, construit, proprement *composé*. Il suffit d'écouter les premières minutes du quatuor *L'Intranquillité* pour entendre se former des personnages sonores, pour les *voir* s'apparenter non sans une infinie hésitation (ou délicatesse), s'élancer dans leur devenir propre, entrer progressivement dans une familialité à jamais intranquille. Car le propre de ce nouvel ordre, c'est que rien ne l'assure jamais, et qu'il peut se défaire à tout instant. On ne choisit pas pour matière d'un opéra la *Médée* de Christa Wolf sans faire surgir à la fois le rêve d'une féminité libre et heureuse, et la menace tragique à laquelle l'exposent les « secrets de famille ».

On ne devient pas compositeur en berçant le monde dans ses bras pour l'endormir. On ne devient pas compositeur en enchantant la vie : en la *déchantant*, bien plutôt, en y raclant toujours et encore l'os des illusions (on l'entend, ce bruit rauque, dans la scène de la lapidation de *Médée* où l'orchestre frappe des pierres ; ou dans le poème des *Regrets* de Du Bellay qui ouvre *De l'ironie... contre l'absurdité du monde*). Est-ce que je décris là un désespoir propre à l'artiste moderne ? Les musiciens du XXe siècle auraient-ils eu à faire l'épreuve d'une rupture radicale avec l'âge heureux des harmonies sans souci ? Mais l'intranquillité – puisque c'est le beau mot qui, par Michèle Reverdy, nous vient à la fois de Pessoa et de Michaux – traverse toutes les musiques qui traversent le temps. C'est leur lest. La raison en est simple : pour inventer un temps hors du temps, il faut inquiéter le temps même, tout comme le rythme ne naît que d'un déséquilibre dans la métrique. Les formes musicales les plus communes et les plus innocentes (le divertissement, la variation...) n'ont jamais eu pour fonction de passer le temps mais, si j'ose dire, de le saper. Le plus insouciant (en apparence) des *Lieder* de Schubert sait cela. Les *Dix musique-minutes* de Michèle Reverdy aussi.

En intitulant son œuvre, le compositeur affecte d'une marque verbale le modelé d'un temps neuf. Il appose le sceau du langage sur un universel dont soudain il fait jaillir un visage singulier. Seule la magie des *traits*, et de l'espace qu'ils suggèrent, permet une telle épiphanie.

Des traits sur le papier : tel est en effet immédiatement le milieu du compositeur. Celui qu'il se propose d'habiter – proche en cela de l'architecte et du géomètre. La surface blanche qui s'ouvre n'a rien d'inerte. Les traits tirent, étirent, attirent. Quelle que soit la graphie adoptée, elle impose l'avancée dans une ou plusieurs directions. Des forces d'orientation d'emblée la hantent. Peut-être n'est-elle même que cela : un pays, ses chemins et la peine d'y cheminer, ses cours d'eaux sinueux et toujours dans le même sens, reflets du cours même des choses. Tous les arts du temps enferment, dans leurs plis, l'image cartographique d'un champ d'attirances et de fuites. La trace du compositeur, sur le papier comme dans le monde, participe de cet ordre antérieur à toute distinction entre l'espace et le temps. Elle est d'avant ce logos scindé. D'un moment de la pensée et de l'agir où s'éprouve une conciliation possible entre toutes les dimensions de l'être. Le trait sur la page est la trace laissée par ce moment, et qui l'atteste.

Ce n'est pas que le temps se convertisse en espace, ou inversement. La composition musicale travaille des objets dans lesquelles les catégories perceptives – temps et espace, mais aussi concret et abstrait, agir et penser – ne s'opposent plus. Ni les images peintes ou photographiées, ni la langue naturelle n'ouvrent jamais à une telle anthropologie : composer, pour un musicien, c'est replonger l'être dans le bain de sa consistance organique ; le mettre en relation avec sa totalité, dont il n'a habituellement qu'une conscience fragmentaire.

Ce don de la totalité n'est sans doute pas étranger à la condition technique du projet. Car comme le rappelle Jean-Luc Nancy, la technicité musicale se distingue de toute autre technicité artistique par son autonomie [1]. Ailleurs, des objets se laissent reconnaître ; le monde offre encore des pans de son manteau, même s'ils sont en lambeaux. Devant sa page, à l'inverse, le compositeur apprend à nouer le son et le sens dans une entité si retranchée, si dense qu'elle engloutira ensuite tout l'effort d'interprétation. Une telle autonomie ne va pas sans danger, bien sûr : la pure contemplation de la *technè* contient, comme chaque fois que les moyens prennent le pas sur les fins, le risque du vain brio – de ce qu'on pourrait encore appeler, en souvenir d'une des fascinations du XIXe siècle, le *paganinisme*. Mais l'autonomie de la technique musicale décrit par-dessus tout une solitude. Quand Baudelaire, dans *Du vin et du haschisch*, oppose à Paganini un anonyme virtuose Espagnol seulement adonné à sa guitare et à la boisson, il associe l'essence de la musique à cette solitude. Il adosse le savoir du musicien à une conscience aiguë de l'innommable : « Mon lecteur comprendra que ceci est indescriptible » écrit Baudelaire. La langue s'interrompt sur le seuil de la musique. Elle ne peut que montrer *ceci* au loin, qui lui échappe. Elle rend les armes de la communauté. À présent, qui compose va seul ; qui écoute, de même.

Pour discerner, parmi toutes les formes d'activité humaine, ce qui spécifie la composition musicale, peut-être importe-t-il seulement de comprendre le sens et la portée de cet *aller seul*. *Aller seul* dans la plus vaste liberté, avec un peu de savoir-faire pour viatique. Mais savoir faire quoi ? Comment le *savoir* pourrait-il irriguer un *faire* imprévisible par définition ? De quelle sorte est-elle, cette technique qui tend à s'évanouir dans ce qu'elle produit, à y dissiper toute trace de modèle et tout effort de fabrication ?

Le savoir, en son sens plein, englobe une conscience des limites du savoir. Il est connaissance de la perspective de savoir, autrement dit du fond d'ignorance sur lequel il s'élève et où il s'apprête à retomber à la moindre défaillance. Plus que tout autre, le savoir du compositeur est de cette nature : exposé, par chacun de ses gestes, à la puissance de l'indéterminé, il ne peut que renoncer à toute arrogance épistémique, à toute illusion de maîtrise. Que reste-t-il alors de sa vertèbre ? Je répondrai par des mots empruntés à Emmanuel Levinas : le savoir est ce qui permet de maintenir l'identité de la substance sous la variation des accidents. Et Levinas poursuit : « Le savoir est une relation avec ce qui, par excellence, demeure extérieur, la relation avec ce qui reste en dehors de toute relation, un acte qui maintient l'agent en dehors des événements qu'il accomplit. L'idée du savoir [...] permet de fixer l'identité du 'je', de le garder enfermé dans son secret [2] ». Agissant sur les formes du temps sonore, le savant musicien se place donc à distance des événements qu'il construit :

1. « La technicité musicale n'est pas du même ordre qu'aucune technicité plastique : celles-ci se subordonnent à une présentation où elles s'évanouissent, celle-là demeure en quelque sorte autonome, aussi bien à l'état séparé (écriture, analyse, ordre des calculs de tous ordres, y compris de lutherie, etc.) qu'à l'état incorporé dans l'exécution. » (Jean-Luc Nancy, *À l'écoute*, Galilée, 2002, p. 63, note 2).

2. Emmanuel Levinas, *De l'existence à l'existant*, Paris, Vrin, 1963, p. 148.

moins qu'à aucun autre « artiste », il ne lui est donné de jouir dans l'instant de ce qu'il crée, si grand est l'espace qui l'écarte du *enfin* de la contemplation.

Cet espace est aussi la condition de la solitude que j'évoquais plus haut. Non tant un retranchement loin de la sphère sociale qu'une tentative pour maintenir intacte, hors de l'histoire et de ses aléas, l'identité d'un soi. La manière de conduire le temps, les accents, les impulsions, le dessin des lignes, la préférence pour telle sorte d'accords ou telle autre, en bref tout ce que laisse entendre le mot de « style », composent les traits de cette identité. Ils font qu'une musique soit reconnaissable, au sens précis de « se reconnaître dans un espace qu'on ne connaissait pas ». Savoir la musique, savoir en musique ou par elle, ce n'est donc pas détenir une puissance sur les choses et les êtres, en dépit de la griserie démiurgique que peut procurer une exécution d'orchestre : c'est toucher à l'art de faire des mondes à côté du monde, et d'y habiter.

Tout le paradoxe de cet art tient en ceci : que s'y noue avec des autruis inconnaissables une relation « hors de toute relation » qui cependant les affecte au plus intime – dans leur temps propre. Ou encore : que s'arrachant au réseau des liens donnés, le compositeur regagne le silence intersubjectif pour y fonder de nouveaux liens. Son érémitisme ne relève pas de la morale mais de l'ontologie. On retrouve là le spectre des familles renoncées. Mais au terme du parcours, le sang a perdu sa souveraineté. C'est autre chose qui désormais nourrit les attaches. Ce quelque chose, oserai-je le nommer *joie* ?

Lorsqu'il dit de la joie qu'elle n'est pas un sentiment mais un acte (*actus*), Spinoza souligne son rapport à la création. « Progression vers une plus grande perfection », elle se donne comme le fruit d'une suite de décisions fondatrices. Le mérite de cette définition consiste à distinguer la joie de toute forme de gaieté ; de la rendre compatible avec le tragique, avec l'idée même de la mort. Joie de l'action funèbre, dans *Médée* ! Joie menaçante du *Château*, d'après Kafka ! Joie dramatique du *Précepteur* ou du *Fusil de chasse* ! L'appui sur des œuvres aussi considérables participe d'un souci de perfection, en effet. Non que Michèle Reverdy ambitionne de « faire mieux », ou d' « aller plus loin » que Christa Wolf, Kafka ou Inoué, évidemment. Mais l'affrontement à un grand texte représente un défi particulier. Il s'agit de *reprendre la phrase*, comme il arrive entre le piano et le violon dans la sonate de Vinteuil. Reprendre la phrase sans la laisser tomber, de la manière dont on se passe un secret entre conjurés ou entre amants… Or la phrase de Kafka, le phrasé du *Château*, aucune phrase du roman ne les livre à l'état pur. C'est une courbe commune à la disposition des mots, au profil des personnages, à la teneur atmosphérique des lieux, à la dramaturgie, qui ne peut être perçue qu'à distance des processus de signification. Céline visait sans doute quelque chose de cet ordre lorsqu'il en passait par la métaphore de la musique pour décrire son art : car seule la synthèse musicale est à même de rendre sensible ce point de vue très éloigné de chaque énoncé, et à partir duquel tous ils trouvent leur sens. C'est cette formule entêtante qu'il s'agit de ressaisir.

Pour autant, l'œuvre du compositeur ne saurait prétendre à délivrer aucune « vérité » sur les textes. En fondant son propre phrasé, elle n'explicite rien. Nul auditeur n'en saura plus long sur *Le Château* ou sur le mythe de Médée après avoir entendu Michèle Reverdy. Mais ce qu'il a compris à la lecture, ou à la simple audition du livret s'enrichit d'une doublure de sons et de rythmes qui dissout le sens premier. Comme si soudain le texte était rendu à son étrangèreté – et ce n'est pas un hasard si Michèle Reverdy choisit volontiers ses auteurs hors du champ de sa langue maternelle [3]. Comme s'il nous devenait incompréhensible et en même temps clairement recevable. Comme si Kafka, Lenz, Inoué, Wolf, Euripide même, se mettaient à reparler leur langue, et que leur langue nous devînt compréhensible.

Il n'en va pas autrement des compositions sans texte. Les mots de Kafka, de Lenz, d'Inoué, de Wolf étaient là d'abord pour rappeler la condition parleuse de l'humanité. Au delà de leur fonction signifiante, ou avant elle, ils agitaient ce drapeau silencieux. Mais les drapeaux ne font que témoigner pour des réalités plus ou moins considérables qui persistent loin d'eux. Avec ou sans texte, on compose toujours depuis la parole. La taisant. La brisant. L'exaltant autrement.

Les questions qui restent en suspens sont donc celles-ci : que devient son langage lorsque le compositeur compose ? Qu'en est-il, alors, de son être parlant ? Comment agit-il, cet être, depuis l'ombre où on le tient ? Questions sans réponse, bien sûr, et qu'on doit laisser telles. Non par renoncement, mais parce qu'elles participent de notre attention même à l'écoute. Composer *depuis* la parole ne veut pourtant pas dire que l'opération consiste à traduire ou à transposer d'une langue dans une autre. Ce qui frappe au contraire, c'est l'extrême distance qui sépare les deux systèmes. Par leur détail formel, par leur articulation mentale, par leur intentionnalité, les gestes de l'écriture musicale diffèrent autant que possible de ceux qui prévalent du côté du langage. Les signes utilisés ici et là n'ont ni la même constitution ni la même portée. La circulation des textes dans le corps social ne remplit nullement la même fonction. De là découle le fait que les actes musicaux puissent être commentés sans fin, y compris par ceux qui les accomplissent ; mais qu'en même temps, ces gloses semblent spécialement étrangères à l'essence de leur objet (la preuve !). Si les discours sur la musique gardent, la plupart du temps, quelque chose de vain, c'est précisément en raison de cette distance essentielle qui les éloigne de ce vers quoi ils tendent.

Devenir compositeur. Ce devenir ne touche-t-il pas notre condition au delà des frontières de la musique ? Ne nous intéresse-t-il pas tout autrement qu'au seul titre de sa spécialité ? *Composition* pourrait se dire en grec *cosmos*, et ce mot nous reconduit à l'ordre du monde même. *Composer* c'est en effet toujours un peu créer un monde, comme je l'ai suggéré plus haut. Projet né d'un regard préalablement jeté sur ce que couramment nous mettons dans ce mot, *monde* ; d'une certaine distance prise avec ce qu'il dit, ou croit dire, avec ce qu'il nous adresse incessamment et avec ce que cette adresse particulière fait de nous. Composer revient en somme à rêver non pas un objet, mais notre relation inépuisable, incernable, à la totalité. Effort vain sur le plan logique, puisque à chaque tentative nous est renvoyée la désespérante insuffisance de notre saisie : *le monde* s'identifie à ce « toujours au-delà » qui déconcerte notre représentation. Mais effort fructueux, nécessaire même pour ce qu'il suscite dans l'ordre de la représentation, précisément : sans doute n'est-il pas d'art pensable

3. Parmi quelques titres : *Capricho* (1990), *Sonata* (1995), *En la Noche dichosa* (2002), *Which dreamed it ?* (2009)…

hors d'une telle tension, comme le suggérait Nelson Goodman dans ses fameuses *Manières de faire des mondes*.

En réalité, l'expérience que nous avons *du* monde se présente toujours sous les traits de la pluralité : fragments, entités isolées, petits îlots de sens qui ont laissé en nous la trace imprévue d'une totalité locale. Ainsi en va-t-il des œuvres d'art qui nous hantent et qui, de quelque nature qu'elles soient, reviennent s'activer dans le geste de composition. Or ces traces fugitives, mais fortement empreintes d'affects, se laissent aisément transformer. La composition y puise sa matière symbolique, et en ce sens Goodman peut écrire que la substance des mondes que nous créons est faite de ceux que nous connaissons. Les compositeurs, lorsqu'ils font miroiter leur monde, nous exposent au (le) nôtre : mais le nôtre revenu sous l'aspect d'une totalité. Michèle Reverdy, décrivant ses méthodes d'écriture, évoque au commencement du travail un réservoir d'accords dans lequel elle puisera tout au long de l'élaboration de l'œuvre. Elle nous aide ainsi à comprendre le paradoxe esthétique d'une totalité en devenir. Fixant d'emblée les fondements de son bâtiment harmonique, elle l'édifie ensuite en pleine conscience de ses attractions, on dirait presque selon la loi de sa gravité. Chaque événement, si inattendu soit-il, sera vécu dans cette conscience que l'auditeur acquerra, lui, progressivement au fil de l'écoute, même si c'est à son insu.

Sous le terme de composition, il nous faut donc entendre maintenant trois actions très différentes, mais nouées par le trait du compositeur : un acte de *symbolisation*, un acte de *limitation* (la définition des forces d'attraction) et une série d'actes de *disposition* (la mise en ordre des événements). La composition musicale est la seule pratique qui produise une *totalité purement symbolique en devenir*.

Parlant ainsi, on n'a rien dit. Car tout le mystère réside dans ce devenir de la composition, parallèle au devenir-compositeur. Comme le titre de poète, celui de compositeur ne s'acquiert pas. Il vaut seulement le temps de l'acte qu'il nomme. On ne le devient qu'autant qu'on œuvre. Hors de quoi, seul un être de papier répond à l'appel. Voyez la sorte d'abîme sémantique qui sépare ces deux énoncés, d'apparence si proche : « être compositeur », « devenir compositeur ». La postérité viendra, le cas échéant, combler l'abîme en conjuguant le premier au passé. Mais dans le présent, rien ne vaut que la forme progressive.

C'est à cette condition seulement que l'écriture éprouve en elle, à chaque instant, l'étrange puissance (faudrait-il dire : la fascination ?) des spectres du ratage en elle. C'est à cette condition seulement qu'elle prend la mesure de ses forces, de ce qu'elle *peut* vraiment, de ce qui en somme l'institue œuvre.

AVANT-PROPOS

J'ai rencontré Michèle Reverdy par l'intermédiaire de Christian Doumet au début de l'année 1997. Alors étudiant à l'École Normale Supérieure, j'avais organisé dans cette institution un séminaire d'élèves consacré à la thématique « musique et poésie », et la compositrice avait accepté de venir parler de son œuvre. La voix claire et la simplicité avec laquelle elle présentait *Le Nom sur le bout de la langue*, mélodrame sur un texte original de Pascal Quignard, m'avaient touché autant que sa musique.

La rédaction d'un ouvrage consacré à un artiste vivant est une expérience aussi passionnante que périlleuse. Il faut solliciter de précieux témoignages sans s'en montrer dépendant, ne pas préjuger de l'histoire que l'on contribue pourtant à bâtir, habiter des temporalités hétérogènes, mais assumer l'inévitable focalisation de son propos: compenser, donc, l'empathie pour son sujet par une vigilance méthodique, traquer d'éventuelles marques de complaisance ou d'autocensure sans que, devenu sec, le propos ne se mette à trahir l'esprit de la musique... Voilà la raison pour laquelle, en compagnie d'Yves Balmer, j'ai voulu travailler au plus près des sources, en historien, pour fonder le discours sur des données toujours objectives, tout en me permettant, en essayiste, de brosser des synthèses esthétiques ménageant des points de vue assumés. Aussi ce livre ne constitue-t-il ni une biographie, ni une étude analytique, mais un libre essai ayant pour vocation d'introduire à l'œuvre de Michèle Reverdy: la musique de cette dernière sera successivement inscrite dans une trajectoire personnelle et stylistique, un environnement interartistique, un processus compositionnel, et une dynamique de transmission.

Au-delà des ouvrages, articles, partitions, enregistrements édités que nous mentionnons dans la bibliographie, en fin de volume, nous avons pu travailler à partir d'un grand nombre de sources inédites que la compositrice a archivées et tenues à notre disposition:

– *Manuscrits autographes*: le catalogue de Michèle Reverdy comprend un certain nombre d'œuvres inédites auxquelles nous avons eu accès; nous avons pu consulter également les manuscrits des partitions éditées.

– *Cahiers de composition*: Michèle Reverdy tient systématiquement un cahier pour chacune de ses œuvres, consignant planning de travail, matériau musical, réflexions liées à l'œuvre, notes de lectures, esquisses formelles, ébauches musicales.

– *Dossiers d'œuvres*: Michèle Reverdy a constitué un dossier documentaire pour chacune de ses œuvres, comprenant, de façon parfois plus ou moins lacunaire, notes de programmes, affiches, articles, brochures,...

- *Notes de conférences* : nous avons tenté de rassembler les notes de conférences éparses dans la bibliothèque de Michèle Reverdy, notes manuscrites souvent quasi rédigées, auxquelles s'adjoint un cahier de cours et de conférences tenues lors de sa résidence à l'Université de Dijon (1994-1995).

Notes pédagogiques : Michèle Reverdy a conservé un certain nombre de documents liés à son enseignement au Conservatoire (1983-2008) : fiches d'élèves, listings de résultats, plannings de cours, dossiers pédagogiques.

- *Correspondance* : Nous n'avons pas lu les boîtes de correspondance privée conservées par Michèle Reverdy; mais nous avons eu accès à de nombreuses lettres concernant sa correspondance professionnelle, tant avec les directeurs d'institutions qu'avec les compositeurs ; la compositrice imprime depuis le début des années 2000 un certain nombre de ses messages électroniques auxquels nous avons eu également accès.

- *Journaux intimes* : Michèle Reverdy conserve un certain nombre de carnets (certains se confondent avec les cahiers de composition) que nous avons parcourus.

- *Agendas* : Michèle Reverdy a tenu à notre disposition l'ensemble des agendas qu'elle a conservés.

- *Bulletins de salaire* : archivés et classés depuis son départ à la retraite du Conservatoire (2008), ils nous ont permis de reconstituer la liste de ses employeurs successifs, intéressante pour comprendre sa trajectoire créatrice.

- *Enregistrements* : nous avons pu entendre la gravure d'enregistrements d'œuvres non commercialisés.

L'abréviation AMR sera utilisée, dans les pages suivantes, pour désigner les documents issus des Archives de Michèle Reverdy.

Mes remerciements s'adressent naturellement à Michèle Reverdy, qui m'a toujours reçu chaleureusement, à Malou Haine et Michel Duchesneau, qui ont accepté d'accueillir cet essai dans leur nouvelle collection, à Corinne Schneider, qui fut à l'origine de ce livre, à Hélène Cao et Arnaud Merlin, dont les conseils furent précieux, à Yves Balmer enfin, qui a accepté de me rejoindre dans cette aventure avec enthousiasme : il est le rédacteur du chapitre 4 et de plusieurs parties du chapitre 3 : « Allier contrôle et liberté : l'exemple du *Concerto pour orchestre* », « Mélodies » et « Orchestrer » (sauf ce qui concerne la musique théâtrale). La postface, écrite de concert, est le fruit de nos passionnantes discussions surgies pendant l'élaboration de ce livre.

TRAJECTOIRE CRÉATRICE

> Je me demande souvent pourquoi je suis tarabustée par le besoin impérieux de me mettre à ma table de travail quotidiennement et de m'y enchaîner pendant plusieurs heures chaque jour de ma vie ; pourquoi je ressens un sentiment d'urgence à composer ; pourquoi je suis incapable de passer une journée, une heure même sans penser à la musique [1].

La question taraude tous les artistes, mais elle hante littéralement Michèle Reverdy. Grande lectrice de Fernando Pessoa – *L'Intranquillité* est l'un de ses livres favoris –, cette musicienne qui ne cesse de questionner son art ni de douter d'elle-même se définit volontiers comme une compositrice « intranquille ». Elle a beau s'interroger sur l'origine insondable de l'acte créateur et sur ce qui l'enchaîne quotidiennement à sa table travail, non sans souffrance parfois, sa musique s'impose à elle-même avec la force de l'évidence. L'auditeur la reçoit lui aussi comme telle : contours nets, puissance expressive, couleurs franches et contrastées.

Directe dans son art comme dans la vie, cette Française née en 1943 n'a cessé de chercher à démystifier la composition. Elle croit moins à la magie de l'inspiration qu'à l'efficacité du travail. Elle conçoit en effet la musique comme un artisanat empirique dont elle parle volontiers, et qui requiert autant d'intellectualité que de sensibilité. Si Michèle Reverdy s'est démarquée des combinatoires savantes de la génération de Darmstadt, à laquelle elle reproche une trop grande sécheresse stylistique, elle a pourtant hérité d'elle une indiscutable rigueur d'écriture ; et simultanément, si cette élève de Messiaen partage avec son maître une conception poétique et expressive de la musique, elle reste en revanche étrangère à toute métaphysique de l'art sonore. Aussi ses interrogations portent-elles généralement moins sur le sens de la musique que sur l'origine de sa propre énergie compositionnelle.

Son irrépressible besoin d'écrire s'impose avec une force d'autant plus étonnante que, tout au long d'une carrière encore en cours, les obstacles furent nombreux, alimentant l'« intranquillité » existentielle. Ceux-ci furent d'ordre matériel – il fallut composer tout en travaillant pour gagner sa vie, en tant qu'enseignante ou productrice de radio –, institutionnel – une compositrice doit faire face à plus de préventions que ses collègues masculins, encore

1. Michèle Reverdy, *Composer de la musique aujourd'hui*, Paris, Klincksieck, 2007, p. 177.

dans la période post-féministe qui est la nôtre –, et esthétique : sa continuelle tentative de concilier le formalisme et l'expression l'a toujours maintenue à l'écart des courants dominants. Car Michèle Reverdy aimait *déjà* le lyrisme mélodique lorsque le postsérialisme rayonnait de tous ses feux ; et elle revendique *encore* l'intellectualité formelle et la continuité historique du langage atonal, au cœur de notre époque postmoderne.

Pour ne l'avoir pas hissée au panthéon des compositeurs à la mode, cette position cohérente ne l'a pas empêchée d'être jouée, applaudie et reconnue largement jusqu'à aujourd'hui. Elle fut interprétée en France par des formations aussi valeureuses que l'Ensemble Intercontemporain, l'Orchestre Philharmonique de Radio France, l'Orchestre National de France ou le Trio Wanderer… Honorée notamment par la SACEM[2], qui lui remet en 1995 son Grand Prix de la musique symphonique pour l'ensemble de son œuvre, elle fut souvent jouée en Espagne, au Portugal, en Allemagne (Henze lui commanda un opéra pour la deuxième Biennale de Munich), en Italie, en Russie, aux États-Unis, au Canada et au Japon. De nombreux interprètes de renom lui sont fidèles comme les pianistes Jean-Claude Pennetier ou Prodromos Symeonidis, la harpiste Isabelle Moretti, les altistes Laurent Verney et Gérard Caussé, le flûtiste Pierre-Yves Artaud, le percussionniste Emmanuel Séjourné, le baryton Dietrich Henschel ou la soprano Françoise Masset, le violoncelliste Marc Coppey ou le violoniste Guillaume Sutre, le quatuor Varèse... À ces rencontres stimulantes s'ajoutent de belles collaborations, notamment avec les écrivains Pascal Quignard et Christian Doumet, ou encore avec le cinéaste Raoul Ruiz. Peu enregistrée, son œuvre s'étend à tous les genres, à travers un catalogue comprenant plus de soixante-quinze partitions.

À défaut de pouvoir saisir les motivations profondes d'une énergie créatrice, les artistes construisent souvent des récits retraçant l'origine de leur vocation. Parfois fantaisistes, ces histoires fondatrices reposent sur des faits dont la véracité peut certes être mise en question : mais elles sont intéressantes par la façon dont leurs auteurs élaborent une mythologie et donnent un sens à leur trajectoire, donc à leur œuvre. Michèle Reverdy, justement, a souvent rapporté une anecdote : à l'âge de douze ans, l'année du bicentenaire de la naissance de Mozart (1956), la jeune fille entend pour la première fois *Les Noces de Figaro*. Le *dramma giocoso* donné en langue française l'enthousiasme :

> En sortant de l'Opéra-Comique, je me suis mise à écrire, sur un petit cahier – naïvement mais frénétiquement – un livret d'opéra dans le ton de celui des Noces, imaginant que lorsqu'on se lançait dans un ouvrage lyrique on ne pouvait faire autrement que de tout concevoir soi-même ! Je me suis ensuite attelée à en écrire la musique. Ce jour-là, je crois que j'ai composé pour la première fois de ma vie[3].

2. La Société des Auteurs, Compositeurs et Éditeurs de musique gère les droits d'auteur en France.

3. Entretien inédit avec Corinne Schneider, AMR. Plusieurs autres versions existent : voir son entretien avec Gilles Macassar (« La couleur Reverdy », *Télérama*, 11 avril 1991) : « À 12 ans, raconte Michèle Reverdy, j'ai assisté à une représentation des *Noces de Figaro*, à l'Opéra-Comique. Ce spectacle chanté en français m'a éblouie au point que, rentrée chez mes parents, j'ai composé aussitôt un livret d'opéra ! » Ou encore son entretien avec Ivanka Stoïanova (« Michèle Reverdy : "...Per la sola ragione che la mia anima è appagata..." », programme du *Laboratorio lirico di Alessandria*, création de *Vincent*, 1990, p. 23) : « À l'âge de dix ans je suis allée à l'Opéra-

S'agit-il de raconter, non sans humour, la naissance d'une vocation ? Sans doute. Mais la manière est singulière. L'anecdote construit *a posteriori* l'image d'une musicienne venue à la musique par le théâtre, et celle d'une compositrice qui *écrit* avant de composer. Michèle Reverdy attendit pourtant le début des années 1980 avant d'affronter le genre de l'opéra ; mais ce fut, il est vrai, avec *Le Château* d'après Kafka, en semblable position de compositrice-librettiste, et pour un théâtre tout aussi imaginaire ! Le récit fondateur est surtout intéressant par ce qu'il ne dit pas, ou par ce qu'il suggère de façon implicite. Durant les décennies 1960 et 1970, le théâtre lyrique n'était plus l'alpha et l'oméga, ni de l'enseignement, ni de la reconnaissance institutionnelle. Affirmer son goût pour la scène traditionnelle était alors mal vu : Philippe Fénelon mis à part, les élèves de Messiaen boudaient volontiers l'univers lyrique. Voici donc ce qu'il faut lire entre les lignes : ni les appels de la génération précédente à brûler les maisons d'opéras, ni l'esthétique dominante peu propice à l'expression n'auraient raison de son indéfectible passion à elle.

En réalité, Michèle Reverdy substitue aux modèles proches ou aux professeurs une filiation idéale. En se disant révélée à elle-même par *Les Noces de Figaro*, elle n'invoque pas Mozart comme une référence historique, mais comme une valeur esthétique : façon, pour elle, de revendiquer une musique franche, claire, dramatique, expressive. Entendez une musique *différente* de celle qui pouvait s'écrire alors. La témérité que cherche à construire explicitement le récit (une jeune fille se lance à bras raccourcis dans l'écriture d'un opéra !) masque donc une autre audace, implicitement construite : celle de la musicienne originale, marchant en dehors des sentiers battus.

Michèle Reverdy s'est toujours positionnée, *de facto*, en musicienne indépendante, démarquée de ses aînés de l'école de Darmstadt, mais aussi de ses principaux contemporains. Il faut dire que son positionnement historique est malaisé. Venue après la génération brillante mais impérieuse de Iannis Xenakis, György Ligeti, Luciano Berio ou Pierre Boulez, d'une petite vingtaine d'années ses aînés, elle a connu la difficulté de se construire au temps des avant-gardes institutionnalisées (la dénonciation des « diktats » esthétiques, réels ou fantasmés, est un leitmotiv de ses écrits). Mais elle n'appartient pas encore à la génération des compositeurs qui, nés après elle au cours des années 1950 et 1960, empruntèrent plus facilement les chemins de traverse en raison de l'effondrement progressif de tous les dogmatismes esthétiques. Michèle Reverdy est la contemporaine de compositeurs français qui trouvèrent pour la plupart une identité dans la musique spectrale (Hugues Dufourt, Gérard Grisey, Michaël Levinas) : mais elle resta aussi imperméable au spectralisme et à la musique électro-acoustique qu'au postsérialisme. D'un autre côté, son attachement à l'atonalité libre la tint tout aussi éloignée des styles éclectiques et postmodernes en vogue à partir des années 1970, comme de la néo-tonalité que ne boudèrent point ses cadets Philippe Hersant et Olivier Greif. Fidèle à ses convictions profondes, sa musique réalise une synthèse originale entre un esprit français (celui de Debussy) et l'héritage viennois qui la passionne (celui de Berg), qu'elle achemine vers des contrées nouvelles.

Mais le cheminement solitaire ne semble pas la rebuter : avant même son expérience déterminante des *Noces de Figaro*, qui lui révéla peut-être à elle-même sa vocation, elle

Comique pour voir les opéras de Mozart. J'étais tellement impressionnée qu'en rentrant à la maison je me suis mise à écrire un livret d'opéra et à le mettre en musique. C'était le premier essai littéralement. »

voulait devenir « explorateur » ! Passionnée par la découverte, elle transforma sans doute les aventures rêvées au cours de son enfance en un goût manifeste pour les voyages, d'une part, et en quête artistique, de l'autre. Aux expéditions lointaines – une randonnée d'un mois au Pérou la conduisit en 1981 sur les glaciers de la Cordillera Blanca, à plus de six mille mètres d'altitude – la native d'Alexandrie préfère les destinations méditerranéennes : Espagne, Italie, Grèce, Corse lui sont devenues familières. Le voyage, l'art et la vie sont souvent mêlés : elle compose *L'Île aux lumières* à Stromboli (illustration 13) ; part de l'autre côté du Rideau de fer, à Prague sur les traces de Kafka, après l'écriture du *Château* ; dans le Pélion, d'où est originaire Jason, au cœur de la genèse de *Médée* ; en Irak, en 1997, six ans après l'écriture d'une *Messe pour la paix* surgie au moment de la guerre du Golfe, et peu avant la composition des *Quatorze Poignées d'argile* d'après un vieux texte sumérien. De ses voyages, Michèle Reverdy ne puise aucune inspiration exotique : citations, folklores et pastiches ne font pas partie de son langage. Elle part avant tout à la recherche d'expériences et de rencontres, en exploratrice. Elle part surtout en quête d'elle-même. Née à Alexandrie le 12 décembre 1943 et arrivée à Paris dès l'âge de quatre ans, elle ne cessa de rechercher, jusqu'à son voyage égyptien de 2002, le mystère de ses origines. Et si sa trajectoire musicale – exploration solitaire en territoire inconnu – se trouvait secrètement suscitée, alimentée, éclairée par cette quête personnelle ?

La quête des origines

Les racines de Michèle Reverdy sont particulièrement difficiles à évoquer : elle-même ne cessa d'aller de découverte en découverte, tout au long de sa vie, tentant de reconstituer l'arbre généalogique dont elle est issue. Un fragment autobiographique inachevé qu'elle écrivit en l'an 2000 constitue une tentative de fixer par des mots, sur le papier, ce qui n'a cessé de vaciller dans son esprit. Si l'objet de ce livre n'est pas d'écrire la biographie de cette compositrice, il est difficile de passer sous silence ce qui constitue non seulement la toile de fond, mais sans doute aussi le terreau secret de son œuvre.

De son enfance égyptienne, la musicienne ne garde d'autre souvenir qu'un départ. Le 2 juin 1947, son père Fernand Luccantoni et sa mère Jenny l'affublent d'une tenue de marin et d'un bonnet à pompon rouge : elle n'a pas quatre ans, mais l'heure de quitter le pays a sonné. Les manifestations des Arabes contre les Européens sont alors de plus en plus fréquentes, Jenny a même été victime de jets de pierres en sortant du consulat anglais où elle travaillait. Craignant les troubles politiques, les parents de la petite Michèle décident de partir pour la France. Le premier souvenir est donc celui d'un voyage en bateau : un départ pour l'inconnu.

C'est dans le Paris d'après-guerre que Michèle Luccantoni se forge une première idée de ses racines. Son nom de famille, corse, est celui de son père, *Papier*, ainsi qu'elle l'appelle affectueusement. Venu à Alexandrie travailler pour la Compagnie du Gaz Lebon, celui-ci connut sa mère en Égypte. Jenny Piscopo – c'est elle – n'eut pas en Égypte une enfance facile. Aînée d'une famille de neuf enfants, elle dut élever sa tribu de frères et sœurs (sa mère était malade) sous la houlette d'un père autoritaire : Ernest Piscopo, le grand-père anglophone de Malte que la petite Michèle n'a jamais connu. Cet Ernest était lui-même le fils d'un navigateur au long cours qui avait installé toute sa famille à Alexandrie – port d'attache commode – et d'une maltaise qui fut présentée à la jeune Michèle comme « una sarrazina ». Il avait rencontré sa femme Denise Davier (grand-mère maternelle de la compositrice) à Alexandrie : lui parlait anglais, elle parlait français. Ils se marièrent et eurent neuf enfants en dix ans. Denise Davier était, elle, la fille d'un Piémontais que Michèle Reverdy a longtemps cru Savoyard ; son père Jean-Baptiste Davier s'installa en Égypte à la fin du XIXe siècle, à Ouadi Natroun, où il travailla pour la société *Salt and Soda.* Pourquoi laissa-t-il sa femme en France, pourquoi n'emmena-t-il avec lui que sa fille Denise ? Nul ne le sait.

Toujours est-il que très jeune, Jenny Piscopo fut partagée entre le devoir familial qui lui enjoignait d'élever ses frères et sœurs et une soif ardente de liberté qui la conduisit par la suite à ne désirer pour elle-même aucun enfant. Michèle Reverdy éprouva beaucoup d'admiration pour sa mère. En plus de son français maternel, celle-ci parlait anglais, italien, grec et arabe ; cultivée, intelligente, belle à faire des ravages, elle se maria rapidement, sans doute en partie pour échapper à l'emprise paternelle. Avec leur fille Michèle, Jenny et Fernand quittèrent donc après quelques années leur vie assez bourgeoise d'Alexandrie pour le Paris d'après-guerre, où ils connurent des conditions matérielles plus précaires.

Nous reviendrons plus loin sur l'enfance de la compositrice. Tout se mit à vaciller lorsqu'un jour de 1964 – elle a alors vingt ans – sa mère lui dévoile un lourd secret de famille. Celui que Michèle croit être son père n'est pas son père. Son géniteur s'appelle Joseph Fattal : c'est un Syrien originaire d'Alep, issu d'une famille de diplomates installée au Caire . Sa mère lui parle enfin, car après avoir travaillé comme avocat sous le régime de Nasser, son ancien amant Joseph Fattal , de neuf ans son cadet, vient de s'installer à Paris… On organise une rencontre au Zimmer, place du Châtelet : un choc pour la jeune Michèle, pleine d'affection pour *Papier*, l'homme qui l'éleva, l'entoura de son amour, et qu'elle continua à considérer comme son père. La musicienne apprend que la relation de sa mère et de Joseph Fattal avait été passionnelle : elle avait connu une première grossesse, qu'elle n'avait pas menée à terme, était à nouveau tombée enceinte et avait alors décidé de garder l'enfant. Un ami de son amant, le docteur Di Méo l'avait aidée à accoucher. Il aurait été question de divorce avec *Papier*, mais ce dernier avait voulu garder auprès de lui la petite Michèle. Il l'éleva comme sa fille mais resta muet, jusqu'à sa mort, sur le sujet.

Les récits que glana la compositrice auprès de son géniteur, de sa mère ou de sa tante Olga divergent donc. Toujours est-il que le départ pour la France – le fameux souvenir originel – prenait dès lors un autre visage : *Papier* l'aurait-il décidé pour éloigner son épouse de Joseph Fattal ? Pour l'heure, la musicienne comprend d'où lui viennent ce léger teint mat – plus oriental que corse – et ses cheveux frisés : elle sombre dans des abîmes de perplexité.

L'année de ces terribles révélations, Michèle rencontre celui qui, trois ans plus tard, deviendra son premier mari : le peintre Reverdy, dont elle adoptera le nom. Après la mort de *Papier*, en 1979, sa mère se montre plus prolixe sur l'histoire des origines. « Les détails de ses récits sonnaient pour moi comme des révélations », explique la compositrice : « Je me souviens plus particulièrement du jour où elle m'annonça, sur un ton anodin, que Joseph Fattal avait composé de la musique ! C'était en 1980, j'étais en Espagne, pensionnaire à la Casa de Velazquez »[4]. Curieuse coïncidence, ou mystère de l'hérédité ? On imagine le choc, en tout cas, et les interrogations qu'il fallut se résoudre à enfouir.

Une longue période s'écoule à nouveau jusqu'en 1996, l'année du décès de Jenny. Michèle Reverdy – 53 ans – revoit alors son père naturel qui lui apporte un nouvel éclairage sur son enfance. Jusqu'à leur départ, il continuait de voir sa mère. Tous habitaient dans la même pension de famille à Alexandrie, tenue par une certaine Madame Haddad : les amants déjeunaient à la même table d'hôtes et se retrouvaient l'après-midi. Le fameux jour du départ pour la France, Joseph Fattal aurait trouvé un prétexte pour se rendre sur le bateau avant le départ : il était venu dire au revoir à sa fille, qui lui aurait répondu « Bon voyage ! »

Michèle Reverdy découvre alors la musique composée par son père biologique : des mélodies sur des poésies de Valéry, Verlaine et Supervielle. « Une musique bien faite, entendue, juge-t-elle, que je qualifierais de "musique de salon" »[5]. Violoniste, altiste, Joseph Fattal avait étudié la composition avec Alberto Hemsi et dirigea même quelque temps, par intérim, le Conservatoire du Caire où il reçut Francis Poulenc. Dans un petit opuscule édité en langue française par le Conservatoire d'Alexandrie, intitulé *Cinq Compositeurs d'Égypte* (1956), Michèle Reverdy put découvrir qu'il avait à cœur d'adapter les modes orientaux au langage contemporain et que son œuvre – notamment son *Quatuor* à cordes – représentait une tentative de synthèse entre l'Orient et l'Occident. Lui-même avait publié en 1955 un essai sur la musique orientale, qu'il voulait alors affranchie des influences européennes.

Mais ces retrouvailles restent ponctuelles : Michèle Reverdy dit se sentir une seconde fois abandonnée. Au même moment, la question de son identité est avivée par ses difficultés à faire reconnaître son nom d'artiste. Après son premier divorce (1979), en effet, elle avait choisi de garder le nom de son mari car elle commençait à être connue, dans la sphère musicale, sous le patronyme de Reverdy. Mais la loi française lui interdit de le porter après son second mariage en 1996. Après son second divorce, en 1998, elle dut entamer une procédure auprès du tribunal de grande instance pour avoir l'autorisation de garder ce nom, qui finit par devenir de droit son nom d'usage.

C'est une période très troublée pour la compositrice, hantée par de violents cauchemars et un vif sentiment de solitude qu'elle tente de conjurer à travers ses journaux intimes. La mise à l'écrit de l'histoire familiale constitua sans doute une étape importante dans la reconstruction de son passé[6]. Sans doute un voyage au pays s'imposait-il malgré tout afin d'apaiser les tourments identitaires. En février 2002, six ans après la mort de sa mère, Michèle Reverdy décide de retourner sur la terre natale. On imagine les sentiments qui durent agiter la musicienne. Elle partit donc sur les traces de son enfance : les lieux fréquentés par ses parents ; la maison dans laquelle elle naquit ; la pension de Madame Haddad, sur le boulevard Saad Zagloul, au-dessus de la pâtisserie *Délices*.

4. Entretien inédit avec Corinne Schneider, AMR.

5. *Ibid.*

6. En dehors d'un *Autoportrait* rédigé pour la revue *Symphonia* en 1997 (voir illustrations 5 à 8) figure dans les archives de Michèle Reverdy une « autobiographie » inachevée, de quelques pages, datée de l'an 2000, que la compositrice nous a communiqué tardivement.

> Le propriétaire actuel avait connu Madame Haddad : c'est très volontiers qu'il m'a ouvert une chambre. Lorsqu'il a poussé les volets, la lumière blonde d'Alexandrie a inondé la pièce et le bleu de la mer est entré par la fenêtre. J'ai éclaté en sanglots... J'ai découvert toute la corniche, la place Saad Zagloul avec à gauche le fameux hôtel Cecil et j'ai aussitôt compris d'où venait mon amour pour la lumière et pour les vastes horizons. Ce voyage a été une illumination, un éblouissement dans tous les sens du terme. Quelques mois après mon retour d'Alexandrie, j'ai écrit ceci dans mon carnet : « Ce rendez-vous avec moi-même me donne une nouvelle existence : je me suis retrouvée. Peut-être parce que j'ai eu le sentiment d'avoir rassemblé, en partie tout au moins, mes différents "moi" épars »[7].

Et dire qu'elle est alors en train de composer un opéra sur le mythe de *Médée*, d'après le roman de Christa Wolf ! Médée l'orientale, la déracinée ; Médée l'étrangère au cœur d'une cité qui la rejette ; Médée la thaumaturge, qui s'emploie à guérir Glaucé des troubles qui l'accablent, en raison des secrets pesant sur son enfance colchidienne...

Le séjour égyptien a tout de la quête intérieure, voire de la cure psychique. Michèle Reverdy n'est pourtant pas au bout de ses surprises. Plutôt agréables, lorsque le 12 décembre 2002, le jour de ses 59 ans, le téléphone sonne : « Allô, Michèle, c'est ton père »... Ou plus troublantes, de nouveau, lorsque sa cousine Denise, passionnée de généalogie, lui apprend que son arrière-grand-père maternel, Jean-Baptiste Davier, n'était pas originaire du village d'Argentine en Savoie, mais né à Perosa-Argentina en Italie. « Comment s'est-il retrouvé à La Seyne où il a eu quatre filles qui, elles, étaient françaises – car nées en France »[8], s'interroge Michèle Reverdy ? Comment a-t-il pu franciser son nom de naissance – Gian Baptisto Daviero –, pourquoi est-il parti en Égypte avec sa seule fille Denise, la grand-mère de la compositrice ? Autant de questions qui complexifient la saga de ses origines. Sans doute la compositrice apprit-elle avec le temps à accepter que ses interrogations soient à jamais irrésolues, comme le suggèrent ces lignes :

> Je prends aujourd'hui conscience de cette quête d'identité qui à elle seule pourrait qualifier le trajet de toute ma vie ! J'ai le sentiment de m'être construite totalement seule, car mon identité n'était pas claire. J'aurais voulu savoir qui étaient mes ancêtres syriens. Je sais que cette famille vient d'Alep, qu'elle est chrétienne (nous descendons des Araméens) ; je sais qu'elle est connue là-bas car il y a eu des diplomates parmi ses membres... Je suis le fruit d'un mélange détonant : un arrière-grand-père savoyard, une arrière-grand-mère provençale et l'autre maltaise, une ascendance napolitaine et cette famille syrienne dont je ne sais rien et dont je suis exclue... j'ai toujours eu l'impression de ne pas avoir d'identité fixe[9]...

Piscopo, Davier, Luccantoni, Fattal : pour conjurer l'imbroglio de ses racines, il fallut sans doute se construire une identité par soi-même. « Reverdy » est précisément cette identité choisie, le nom du mari peintre devenu *son* nom d'artiste. Comme si pour elle, l'identité véritable n'était pas familiale (héritée) mais musicale (construite).

Comment s'élabora donc cette identité artistique ? Comment la petite Michèle Luccantoni découvrit-elle la musique, quels furent ses maîtres, quel fut son rapport à la création ? Put-elle s'inscrire dans une *lignée* musicale ? C'est ce que nous allons à présent

7. Entretien inédit avec Corinne Schneider, AMR.
8. Extrait d'un fragment autobiographique inédit, AMR.
9. Entretien inédit avec Corinne Schneider, AMR.

découvrir, sans vouloir à tout prix éclairer l'œuvre par la vie (car l'art possède aussi et surtout sa logique interne), mais sans oublier non plus cet arrière-plan personnel. Une anecdote seulement : lors de la création de *Médée*, à l'Opéra de Lyon en 2003, le metteur en scène et réalisateur Raoul Ruiz imagina un décor filmé : au cours des premières séquences, on voit un paquebot entrer dans un port sicilien. Sans doute ramenée au souvenir de sa première traversée méditerranéenne, Michèle Reverdy se laissa troubler : « J'ai eu l'impression, avoua-t-elle, que Raoul Ruiz avait découvert à travers ma musique le secret du mensonge qui avait accompagné ma naissance »[10]. *À travers ma musique...* Faut-il comprendre qu'à travers sa musique, précisément, Michèle Reverdy ne cessa de s'employer à dire et à enfouir simultanément le secret ?

La formation de la musicienne

L'enfance

Arrivée en France en 1947, la famille Luccantoni commence par habiter à l'hôtel, au 227 de la rue Saint-Jacques. *Papier* ne retrouve pas l'aisance de sa situation égyptienne, et Jenny ne travaille plus. La vie n'est pas facile : on cuisine clandestinement sur un petit réchaud, dans la chambre, et les tickets de rationnement limitent tous les extras. Le chocolat est mesuré pour la petite Michèle, qui déteste l'école maternelle de la rue Saint-Jacques, mais apprécie les promenades dans le quartier Latin. Avec ses kiosques colorés remplis de cerceaux et de moulinets à vent, le jardin du Luxembourg ressemble à un pays de cocagne. Assez rapidement, *Papier* trouve un petit appartement en location à Malakoff. Michèle Reverdy garde le souvenir d'un logement glacial et celui de ses parents emmitouflés chez eux dans de vieux manteaux, taillés dans des capotes de l'armée. Elle-même porte un petit kilt écossais qui lui semble chic, mais qui vient des récoltes des Compagnons d'Emmaüs. Par la suite encore, la jeune fille portera des vêtements recoupés ayant appartenu à ses copines d'école. Malgré ces conditions modestes, on loue un piano. Très mélomane, Jenny a toujours connu la musique autour d'elle : la famille égyptienne faisait partie d'une chorale, deux oncles étaient violoniste et trompettiste amateurs, et la tante Olga chantait. Il lui semblait tout naturel que sa fille fût initiée à la musique. À l'âge de six ans, la jeune Michèle prend des cours particuliers avec une vieille pédagogue grincheuse qui ne parvint pas, heureusement, à la dégoûter de l'instrument !

L'année suivante, en 1950, la famille déménage dans le 17e arrondissement. Il s'agit, pour *Papier*, de se rapprocher du quartier de l'Europe où il travaille à nouveau pour la Compagnie du Gaz Lebon. Le petit deux-pièces de la rue Guy Môquet est abandonné dès 1952 pour l'appartement du 9, rue du Docteur Paul Brousse, où la jeune Michèle a vécu jusqu'à ses dix-huit ans. Flanqué à l'extrême nord du 17e arrondissement, entre la Porte de Clichy et la Porte Saint-Ouen, le quartier est peu avenant. Mais la « zone » est un merveilleux terrain de jeu. Le square des Épinettes est le lieu de rendez-vous d'une bande de camarades qu'elle apprivoise, avec laquelle elle joue et se bat tour à tour. La

10. Entretien inédit avec Corinne Schneider, AMR..

jeune fille aux anglaises est un vrai garçon manqué. En descendante de navigateur, elle explore les terrains vagues bordant les boulevards extérieurs, franchit les barreaux qui interdisent l'accès à la petite ceinture pour se promener sous les acacias de la voie ferrée, entraîne sa bande de copains dans les caves de son immeuble... À l'école Félix Pécaut, elle est bonne élève mais ses zéros de conduite l'empêchent à plusieurs reprises d'obtenir le prix d'excellence !

À la maison, sa mère la poursuit dans tout l'appartement pour la frapper dès qu'elle fait une bêtise. Ces remontrances ne l'empêchent pas de recevoir, en fille unique, beaucoup d'amour. Car Jenny veut à tout prix éviter que sa fille ne connaisse les tracas domestiques qu'elle a elle-même vécus dans sa jeunesse. « Je n'avais même pas le droit de débarrasser la table ! », s'exclame la compositrice avec le recul : « Cela a développé en moi un total manque d'intérêt et de savoir-faire pour les tâches ménagères. Lorsque je me suis mariée, je ne savais même pas qu'il fallait battre les œufs pour faire une omelette... »[11]

Les parents préfèrent donner la priorité à la réussite scolaire et à l'épanouissement culturel de leur fille. Si *Papier* lui transmet son goût pour l'histoire, Jenny la conduit à la Comédie-Française – les jeudis, jour du congé de l'école. C'est elle qui motive son mari pour faire découvrir à sa fille Versailles ou Fontainebleau, elle encore qui inscrit Michèle dans le cours privé de piano de Madame Pendleton et d'Alice Pelliot. L'appartement bourgeois de la « tante » et de la « nièce », rue Pierre Demours, lui permet d'étudier la musique de façon approfondie : on apprend le solfège en groupe de façon ludique, dans le salon, et à côté du cours particulier de piano, on ménage encore des séances de quatre mains. Jusqu'à ses dix-huit ans, la jeune fille suivra assidûment ces leçons, qui lui permettent peu à peu de s'approprier le monde de Bach (incontournable), Bartók (elle garde un souvenir vif des *Microcosmos*), Debussy et Ravel (la *Sonatine* est son cheval de bataille).

Les étés, Michèle Luccantoni les passe dans le Midi. Le diagnostic d'une assistante sociale en a décidé ainsi. Pour des raisons de santé, elle rejoint trois mois chaque année un « Home d'enfants » pris en charge par la Sécurité sociale. Elle retrouve le climat de sa jeune enfance à Sanary puis à Costebelle, près d'Hyères-les-Palmiers. À l'âge de dix ans, elle passe brillamment l'examen d'entrée en sixième. La voici intégrée dans le lycée de filles Honoré de Balzac, toujours dans le 17 e arrondissement. Scandées par les départs annuels en colonie de vacances, mais bientôt aussi à Rome, chez la tante Olga, ou en Corse, dans la famille paternelle, les périodes scolaires sont studieuses mais joyeuses. En classe de troisième, elle écrit avec une amie un « journal sans raison » très convoité par tous ses camarades ; les classes de neige ou la découverte de Vézelay avec l'abbé Caryl lui laissent de non moins fervents souvenirs.

Son environnement musical se diversifie. Ses parents l'ont inscrite aux Jeunesses Musicales de France, alors présentées par Bernard Gavoty ; elle est abonnée aux Concerts du dimanche et fréquente également ceux de la Radio. Durant son adolescence, elle se souvient d'avoir entendu les classiques viennois, les premiers romantiques (Chopin, Schumann) et la musique symphonique de Debussy et de Ravel. Dès que la jeune lycéenne rentre de cours, elle se met au piano ou bien allume le poste de radio. C'est par ce biais qu'elle découvre beaucoup d'œuvres : elle raconte même avoir pris des notes à l'écoute des

11. Entretien inédit avec Corinne Schneider, AMR.

émissions de Jean Fontaine. Sa découverte passe également par la lecture des récents livres d'Alfred Einstein, Roland-Manuel ou André Boucourechliev [12]. Dès son adolescence, son approche de la musique est donc à la fois sensitive et intellectuelle, auditive et livresque: fait suffisamment rare pour être noté, qui ne manquera pas de ressurgir dans son futur rapport à la composition.

Plusieurs émotions musicales fortes sont liées à cette période de l'adolescence. Assidue de l'Opéra-Comique, elle découvre alors *Les Noces de Figaro, Don Giovanni, Così fan tutte* et *La Flûte enchantée.* À l'en croire, Mozart fut le grand choc musical de l'adolescence. Celui-là même qui l'incita à créer elle-même pour la première fois. Après l'*opera buffa* mozartien (genre qu'elle place au-dessus même de ses concertos pour piano ou de ses quatuors à cordes), c'est le *Wozzeck* de Berg, entendu vers ses quinze ans, qui lui donne l'impression d'être face à un chef-d'œuvre absolu. Elle s'en procure rapidement un enregistrement et achète la partition de cette œuvre dont on entendra la marque jusque dans *Le Précepteur*, le plus germanique, sans doute, de ses opéras. C'est durant ses années de lycée qu'elle découvre pour la première fois la musique d'Olivier Messiaen: les *Trois Petites Liturgies de la Présence divine* et la *Turangalîla-Symphonie* sont une vraie révélation. Elle découvre à l'âge de dix-huit ans une autre œuvre de prédilection: *Boris Godounov* de Moussorgsky. Si l'on ajoute à ces quelques noms ceux de Beethoven, Bartók et Scriabine, on aura parcouru la géographie imaginaire de ses goûts musicaux.

Poussée par ses professeurs de piano, Michèle Luccantoni entre au Conservatoire en 1959 pour y suivre, parallèlement au lycée, la classe de solfège spécialisé de Pierre Lantier [13]. Se doute-t-elle alors qu'elle ne sortira de cette institution, couronnée du fameux Prix de Composition, que dix-neuf ans plus tard ? Pour l'heure, en effet, si le désir d'être musicienne s'affirme, il n'est pas question de songer à devenir compositrice. Les études approfondies au Conservatoire attendront: il faudra d'abord conquérir son indépendance financière. Pour l'instant, la classe de « philo » la passionne. Nourrie de latin et de grec, elle dévore Flaubert, Zola et Proust, mais aussi la littérature étrangère – Zweig ou Schnitzler. Sa boulimie de lecture la conduit à écrire elle-même de petits textes. Son professeur de philosophie est alors la jeune Mona Ozouf: elle lui doit tout à la fois ses premières découvertes dans l'ordre de l'histoire de la pensée, la perte de sa foi d'enfance, un éveil au monde sans précédent. Une phrase d'Antonio Gramsci est restée à jamais gravée en elle comme une morale personnelle: « Pessimisme de l'intelligence, optimisme de la volonté ».

Conquérir son indépendance au cœur des sixties

De volonté, Michèle Luccantoni ne manque guère: il lui faut au plus vite gagner sa vie pour ne plus dépendre, financièrement et moralement, de ses parents. Obligée par son père de renoncer à l'idée de devenir pianiste, elle décide, pragmatiquement, de s'orienter vers l'enseignement de la musique. Après son baccalauréat en 1961, elle passe un an à préparer le concours d'entrée au lycée La Fontaine: quelques mois plus tard, elle est première nommée

12. L'examen de sa bibliothèque nous apprend que le *Schumann* de Boucourechliev (1956) est acquis en 1958, le *Ravel* de Roland-Manuel (1948) en 1960, le *Mozart* d'Einstein (1954) en 1961.

13 La jeune fille obtient la 2e médaille de Solfège spécialisé en 1961 ; la 2e médaille d'Histoire de la musique l'année précédente.

sur la liste des reçus. Les trois années de formation lui permettent d'obtenir son Certificat d'Aptitude à l'Éducation musicale. Des études de raison plus que de cœur, qui lui font côtoyer Jacques Chailley, pour les cours d'histoire de la musique, et surtout Marcel Bitsch pour le solfège. Celui-ci l'incite à présenter les concours d'entrée dans les classes d'écriture du Conservatoire : il la prépare et la soutient sans relâche, y compris pendant les vacances scolaires.

Durant ces quatre années, Michèle Reverdy acquiert une culture très vaste, ainsi qu'en témoignent des fiches de lecture sur la musique médiévale conservées dans ses archives [14], un grand nombre de partitions, qu'elle achète parfois au kilo sur les quais [15], de nombreux livres et biographies concernant toutes les périodes de l'histoire de la musique. Pour cette compositrice, nul doute que le savoir précède le faire. Parallèlement à ces « relevés d'apprentis » au lycée La Fontaine, elle suit des cours de théâtre, à la Maison pour Tous de la rue Mouffetard ; elle écrit alors la musique des spectacles que monte la compagnie : des pièces pour flûte ou pour guitare ainsi que des chansons. À ses heures perdues, la jeune étudiante flâne du côté des Beaux-Arts – une mine de jeunes artistes pleins d'attraits (illustration 10) ! C'est là qu'elle rencontre celui qui devient son premier mari : Jean-Claude Reverdy.

En 1965, à l'âge de vingt et un ans, Michèle est enfin indépendante : nommée dès l'automne au lycée Jeanne Hachette de Beauvais, elle y reste quatre années avant d'être mutée au lycée de Clermont de l'Oise. Sa vie a bien alors un parfum *sixties* : elle rénove avec son mari une fermette dans l'Oise et tous deux vivent en artistes, goûtant le retour à la nature et la fumée de cigarette. Mais la jeune femme a les pieds sur terre : tout en gagnant l'argent du ménage – son mari ne vivant nullement de sa peinture –, elle entreprend au Conservatoire le parcours des classes d'écriture : harmonie, contrepoint, fugue (illustration 14). Elle suit donc les cours de Roger Boutry, Alain Weber puis Marcel Bitsch en étant parallèlement en poste dans l'Éducation nationale [16]. Une période assez difficile à traverser, au demeurant : Michèle Reverdy regrette d'avoir dû abandonner peu ou prou le piano et éprouve de la gêne à côtoyer des génies précoces. C'est au cœur de cette période que naît sa fille Anne, en 1969.

Si sa vie personnelle et professionnelle rend sa formation longue, tardive et sédentaire, son point fort reste sa maturité, sa ténacité et sa réputation d'intellectuelle. Il n'est sans doute pas anodin que Marcel Bitsch l'encourage à écrire un essai sur la musique pour piano d'Olivier Messiaen. Le désir de composer est-il chez elle alors suffisamment fort pour étouffer sa passion de l'écriture littéraire et de l'analyse musicale ? L'un n'occulte en tout cas pas l'autre. L'essai rédigé, sans qu'elle ait jamais encore rencontré Messiaen, on lui conseille de présenter ce travail comme mémoire de Maîtrise universitaire. C'est alors en vue d'obtenir une équivalence de Licence qu'elle passe, durant toute une année, un certificat de Littérature française à la Sorbonne : c'est à cette occasion qu'elle découvre

---

14. Sur papier à musique sont mêlées citations musicales et explications historico-analytiques vraisemblablement recopiées d'ouvrages comme l'*Encyclopédie de la musique* d'Albert Lavignac.

15. De nombreuses partitions furent achetées pour être déchiffrées au piano ; parmi celles-ci, des mélodies de Saint-Saëns ou de Chabrier, des pièces pour piano de Chausson ou de Satie, des lieder de Schubert en français, tout un répertoire déjà désuet dans les années 1960.

16. Elle obtiendra le 1er accessit d'Harmonie en 1968, le 1er Prix de Contrepoint en 1970 et le 1er accessit de Fugue en 1971.

le structuralisme[17]. Il aurait fallu suivre un deuxième certificat – celui d'Édith Weber – pour obtenir le diplôme. À défaut d'avoir eu une sanction universitaire, cette étude sur Messiaen connut un aboutissement éditorial. Encore fallut-il trouver des soutiens : en 1974, Claude Ballif l'entraîna à l'Académie, devant les membres de l'Institut, pour qu'elle défende son sujet – au plus grand dam d'Henri Sauguet, peut-être jaloux, en tout cas peu coopératif ! C'est finalement Messiaen lui-même qui obtint que Leduc éditât ce livre qu'il appréciait, mais dont il refusa la préface de Jacques Chailley. C'est ainsi que parut le premier livre français analysant l'œuvre de Messiaen du vivant du maître : une présentation générale de son langage suivie d'une analyse chronologique de toutes ses œuvres pianistiques, des *Préludes* (1929) jusqu'à la *Fauvette des jardins* (1970)[18].

Michèle Reverdy dit avoir brûlé toute la musique qu'elle composa durant cette période où elle fut à la fois enseignante, étudiante, épouse et mère. Elle conserve néanmoins chez elle une grande pochette contenant un manuscrit et quelques photocopies de pièces antérieures à son premier opus[19].

Affermir ses armes au cours des seventies

Sa progression dans le milieu musical lui rend ses cours de lycée toujours plus fades. Face à la résistance opposée par son proviseur aux projets innovants d'ateliers qu'elle imagine, elle décide de quitter l'Éducation nationale. Elle passe et réussit au printemps 1974 le premier concours du Certificat d'Aptitude aux fonctions de professeur d'analyse en conservatoire organisé par le Ministère de la Culture. Différents établissements de la région parisienne la recrutent alors pour des heures de solfège ou d'analyse[20]. Afin de compléter cet emploi du temps morcelé et ces vacations mal payées, elle assure quelques séances d'initiation musicale à la médiathèque de Creil cette même année 1974 ; elle devient surtout l'assistante de Jean-Paul Rieunier pour le service des affaires culturelles du Conservatoire[21]. Simultanément, elle accepte des piges pour le *Guide musical* et *Le Panorama de la musique* de Claude Samuel, où officient Jean Roy et Brigitte Massin[22].

17. Elle obtient le 27 juin 1972 un « C1 » (certificat) de Littérature française moderne et contemporaine, mention assez bien. Le certificat est alors l'une des composantes permettant d'obtenir une Licence universitaire (diplôme sanctionnant en France trois années d'études après le Baccalauréat).

18. Messiaen écrivit au sujet de cet ouvrage : « Je le trouve absolument parfait. C'est toujours très exact au point de vue rythmique et harmonique. Vous n'avez pas oublié les couleurs, vous avez pensé à tout ce qui concerne l'écriture de clavier et surtout, l'étude des formes me semble être la chose la plus originale et la plus poussée : en effet elle n'a jamais été faite par personne, et j'en ai moi-même peu parlé à ma classe. » (lettre d'Olivier Messiaen à Michèle Reverdy, 7 août 1978, reprise dans *L'œuvre pour orchestre d'Olivier Messiaen*, p. 3)

19. Certaines pièces émanent manifestement des documents qu'elle retrouva chez sa mère après sa mort. Signalons la photocopie d'un manuscrit : *Tableaux*, dédié « à François Duchâble, en témoignage de ma profonde admiration » ; un original : *À la flamme des fouets*, séquences pour voix et cinq instruments, poème d'Éluard (ces pièces lui ont servi pour l'entrée en classe de composition) ; une sonate pour flûte et piano.

20. Jamais elle ne fut titularisée sur un poste complet, mais les coupons de salaires viennent, dans les cinq années qui précèdent son départ en Espagne (1979), du CNR de Saint-Maur (trois mois seulement), du « Conservatoire inter-arrondissements de Paris » (connu maintenant sous le nom de Conservatoire du Centre de Paris W. A. Mozart), du « Conservatoire municipal » du 15e arrondissement de Paris, et du « Conservatoire national – ville de Paris » (renommé depuis CNR puis CRR de Paris). Cette dimension pédagogique est développée au chapitre 4.

21. Poste qu'elle occupa de juin 1974 à décembre 1978, d'après les coupons de salaires conservés.

22. Voir le chapitre 4 et, en annexe, la liste des articles parus à cette période.

Tout en ayant l'entière charge de sa fille, dans les deux années au cours desquelles son mari se rend à la Casa de Velázquez (illustration 11), elle effectue quelques critiques discographiques, écrit des reportages sur les institutions ou sur l'enseignement musical, organise des concerts dans le cadre des affaires culturelles du Conservatoire et donne ses cours d'analyse ; elle se trouve également lancée dans l'aventure de la grande *Histoire de la musique occidentale*, dirigée par Brigitte et Jean Massin, dont elle conçoit et tape sur sa machine à écrire de nombreux chapitres ! C'est donc au cœur d'activités très prenantes qu'elle aborde les classes d'analyse et de composition du Conservatoire[23].

La formation de Michèle Reverdy continue d'être atypique : mêlée aux premières expériences professionnelles, étirée dans le temps, en marge des lieux incarnant l'avant-garde. Si elle ne s'est jamais rendue à Darmstadt, à Donaueschingen, ni même à Royan, à la différence de la plupart des compositeurs de sa génération, elle se tient en revanche toujours informée des orientations contemporaines, lit les articles de Pierre Boulez, dévore les comptes rendus de Darmstadt, se passionne pour tous les compositeurs d'avant-garde, de Bruno Maderna et Luigi Nono jusqu'à Karlheinz Stockhausen et Mauricio Kagel : elle adopte par rapport à la vie musicale de la fin des années 1960 et du début des années 1970 une position d'observatrice avisée qu'elle consolidera encore lorsqu'elle travaillera à la Radio.

Au Conservatoire (illustration 13), ses années auprès de Ballif et de Messiaen relèvent de la gageure, tant ses activités parallèles sont nombreuses ; mais la passion pour ses deux professeurs l'emporte. La jeune Michèle a surtout l'impression de se consacrer enfin à ce qui l'intéresse.

> À cette époque, explique-t-elle, on passait directement de la classe de fugue à la classe de composition. C'était un saut énorme, il fallait mettre deux ans à oublier ce qu'on avait appris en classe d'écriture, à se désintoxiquer en quelque sorte. De plus, on n'avait aucun sens de l'orchestre. Il fallait tout apprendre en classe de composition. Contrairement à d'autres professeurs de composition, Messiaen ne nous faisait pas d'abord découvrir méthodiquement les timbres en nous donnant par exemple des exercices. Il nous plongeait – comme on plonge un bébé dans l'eau – tout de suite dans une œuvre à faire. Il estimait sans doute que nous devions faire cet apprentissage tout seul. Ce en quoi il avait raison, je crois, car le fait de ne pas imiter d'autres personnes nous forçait à découvrir des alliances de timbres qui nous étaient personnelles[24].

Plus que durant la période précédente, elle trouve dans les deux classes d'analyse et de composition des camarades et des interlocuteurs à la mesure de ses attentes. Ballif l'avait déjà marquée par son œuvre (*Phrases sur le souffle*, dont elle aimait la liberté de ton en dehors des systèmes) : elle découvre à présent son extraordinaire culture et son approche lumineuse de l'analyse. Il fut « l'un de ces enseignants dont la parole laisse en vous une trace indélébile ». « Aller à son cours était une fête »[25] :

23. Chez Messiaen, elle fut auditrice en 1973-1974 puis élève trois années : elle passa son Prix en 1978 mais son Certificat de récompense du Conservatoire, daté du 29 mai 1979, indique rétroactivement son Prix de Composition musicale pour l'année 1977 – dernière année d'études effectives.

24. Cité par Jean Boivin, *La Classe de Messiaen*, Paris, Christian Bourgois, 1995, p. 154.

25. Notice sur Claude Ballif, AMR.

> Son amour de la musique, écrit-elle, sa curiosité insatiable l'amenaient à nous faire découvrir les œuvres les plus diverses – allant de Machaut à Wychnegradsky – et cela, avec la vision du créateur : c'est-à-dire que ce qui importait était de démasquer la démarche adoptée par chaque compositeur, et, au terme d'une réflexion – qui durait trois ans – de comprendre qu'il y avait une multiplicité de démarches possibles, et que, au-delà de l'invention des combinatoires, des formes – ouvertes ou closes –, des processus, il y avait un mystère qui échappait à l'analyse et qui était la marque incompréhensible du génie [26].

Ballif lui donne son aval pour présenter ses deux mémoires de fin d'année, tous deux consacrés à des partitions très récentes : *Circles* de Berio, puis le *Concerto pour violoncelle* de Ligeti. Chez Messiaen, l'approche est encore différente ; l'étudiante apprécie à l'occasion ses deux assistants, qui lui apportent chacun des ouvertures spécifiques :

> Boucourechliev était « l'intellectuel », nous découvrions avec lui une musique intelligente, tandis que Messiaen était plus sensuel. Betsy Jolas se situait peut-être entre eux deux. Chacun apportait à la classe les musiques qu'il aimait. Betsy Jolas apportait par exemple beaucoup d'œuvres vocales de la Renaissance, tandis que Boucourechliev parlait de ses Archipels, et donc nécessairement de toutes ces démarches qui soutiennent des œuvres comme la Troisième Sonate pour piano de Boulez ou les partitions de Stockhausen – je me souviens notamment d'une analyse du Klavierstück n° X. Nous pouvions voir où chacun faisait son miel. Messiaen avait bien choisi en prenant ces personnalités fortes et en même temps très différentes de lui [27].

L'auteur du *Quatuor pour la fin du temps*, de son côté, est souvent très lacunaire dans ses appréciations, lorsque ses étudiants lui présentent leurs partitions. Michèle Reverdy témoigne :

> Il suivait le déroulement de l'œuvre qu'on lui présentait, page à page. En fait, c'était un parcours simplement descriptif et nous n'en retirions pas de conséquences synthétiques, ce que je lui reprochais parfois. Personnellement, j'ai un esprit très analytique, et j'aime les œuvres très construites. Quand j'écrivais une nouvelle œuvre, j'élaborais d'abord le plan, la conception, et lorsque je la lui soumettais, j'essayais de lui en parler, de lui expliquer ce que j'avais tenté de faire. Mais lui, tout ce qu'il trouvait à dire, c'était : « Ah, attention, la clarinette basse, ici, ce n'est pas la bonne tessiture, ça sonnera mal. » Jamais il ne s'attachait à une question d'ordre esthétique ou formel. Sur le moment, je lui en ai beaucoup voulu, mais maintenant je me rends compte qu'au fond il avait raison. Il ne pouvait pas discuter d'esthétique ou de forme avec nous parce que cela aurait été dangereux pour notre avenir. Il fallait qu'à ce niveau nous prenions nos décisions tout seuls. De sa part, c'était là un acte de grande modestie. Il montrait ainsi un respect de notre indépendance, de tout ce que nous pouvions ressentir comme bouillonnement intérieur à cet âge où l'on est en train de se construire soi-même. Il se contentait de nous apporter un métier artisanal [28].

Si Messiaen se montre prudent dans ses appréciations, purement techniques parfois, il critique ou approuve plus franchement la musique de ses étudiants lorsqu'il l'entend au concert. Comme si le verdict attendait la réalisation sonore. À ce propos, Michèle Reverdy apprécie le fait que le maître se déplace pour écouter les œuvres de ses élèves. Si elle doit à

26. Notice sur Claude Ballif, AMR.
27. Boivin, *La Classe de Messiaen*, p. 158.
28. *Ibid.*, p. 170.

Ballif son souci architectural, elle hérite de Messiaen son attachement à l'harmonie, son attention à l'écoute verticale, très scrupuleuse, et sa passion pour l'orchestration. En revanche, elle reste insensible aux chants d'oiseaux, à la métrique grecque, au chant grégorien ou aux tâlas indous.

Sa relation à Messiaen se prolongea au-delà de la classe du Conservatoire : elle continua à lui montrer ses partitions et maintint avec lui un contact privilégié tout au long des années 1980, notamment lors de la rédaction de son second ouvrage, consacré à sa musique symphonique. Les témoignages de l'estime et l'amitié que Messiaen lui porta sont nombreux, de l'exemplaire dédicacé du « chef-d'œuvre de [sa] mère » *L'Âme en bourgeon* [29], offert en 1987, aux marques de soutien fort chaleureuses appuyant la demande d'admission à la Casa de Velázquez [30] (illustration 40) ou recommandant à divers chefs l'œuvre de la compositrice. Cette proximité se lit dans chaque courrier, comme celui dans lequel Messiaen accepte la dédicace de *Météores* :

> Bravo pour le succès de votre œuvre Météores, à Besançon et à Paris. J'en accepte avec grande joie l'affectueuse dédicace. Vous pouvez l'apporter chez moi quand vous voudrez, cette partition restera pour moi – en plus de sa valeur musicale – un très précieux souvenir. [...] Encore merci pour la dédicace de Météores – et toutes mes affectueuses amitiés ! Olivier Messiaen [31]

Les échanges entre les deux compositeurs seront réguliers et amicaux et, lors du décès d'Olivier Messiaen, Yvonne Loriod se montrera très sensible à « l'amitié fidèle » de Michèle Reverdy :

> Ayant été pendant 7 ans l'élève de notre maître, je sais tout ce qu'il pouvait apporter à un jeune, et quelles bases solides (musicales et humaines), il savait poser avec discrétion chez chacun. Maintenant il vit les réponses à toutes ses interrogations, il est comme un ensemble de torrents et de rivières qui se jettent dans la mer – et maintenant il comprend tout, il vit tout à sa source, il reçoit toute la tendresse divine qu'il a chantée toute sa vie. Je travaille beaucoup : tant de corrections de gravure – et le matériel d'orchestre pour l'œuvre de la Philharmonie de New-York (qui est prête). Il y a encore 5 semaines, sur son lit d'hôpital, il cherchait avec moi les tempi métronomiques ! Quel courage ! Au milieu des souffrances ! C'est son Traité qui me tourmente : il est terminé, mais il y a des chapitres qu'il voulait perfectionner – certains passages retrancher – tout est manuscrit – et 7 volumes sont prévus. Je ne crois pas être capable de tout contrôler et réviser, peut être devrais-je dans l'avenir

29. Cécile Sauvage, *L'Âme en bourgeon*, Paris, Librairie Seguier Archimbaud, 1987. « À Michèle Reverdy, Chère Amie, Voici la nouvelle édition du chef-d'œuvre de ma mère, écrit avant et pour ma naissance – qui a influencé toute ma destinée. Bien amicalement ! Olivier Messiaen. »

30. « Je connais depuis de nombreuses années Michèle Reverdy. Michèle Reverdy a obtenu dans ma classe au Conservatoire de Paris un très beau premier prix de composition avec félicitations du jury. Michèle Reverdy est une femme très cultivée, une excellente musicienne, elle orchestre et instrumente admirablement, et a un sens très aigu du timbre et de la sonorité. Toutes ses œuvres musicales présentent un très grand intérêt, tant par leur contenu émotionnel, que par leur intensité dramatique. Un point très nouveau attire l'attention dans la plupart de ses ouvrages : une structuration sonore basée sur divers plans d'espaces et de colorations qui rapprochent son travail de celui des peintres et des architectes. Humainement, Michèle Reverdy est une femme très courageuse qui mérite tous les éloges. Je viens donc appuyer très chaleureusement sa candidature à la Casa Velázquez. Olivier Messiaen. » Lettre non datée [1979], AMR.

31. Lettre d'Olivier Messiaen à Michèle Reverdy, datée du 5 novembre 1978, AMR.

avoir l'aide de grands spécialistes comme vous, et d'autres anciens élèves...? On verra. Chère Michèle, merci pour votre amitié. Je vous embrasse bien affectueusement. Yvonne Messiaen [32]

S'imposer comme compositrice au cœur de l'avant-garde

De ces dernières années au Conservatoire datent un certain nombre de partitions marquant ses véritables débuts de compositrice. Elle considère le *Cante Jondo*, pour voix de femme et sept instrumentistes, comme son *Opus 1*. Écrite en 1974, cette œuvre d'un seul tenant s'appuie sur trois poèmes de Federico García Lorca (*El Grito, Puñal, Ay!*) : « J'ai d'abord été séduite par ces grands poèmes de la solitude », explique-t-elle. « Le thème des trois poèmes que j'ai choisis est celui du cri. Le cri d'angoisse et de révolte, puis de désespoir, devant l'incommunicabilité inhérente à la condition humaine » [33]. Chuchotée ou parlée, la voix est expressive, dessinant de généreuses lignes de chant, tandis que flûte, cor anglais, clarinette basse, piano et percussions évoluent sur un matériau prédéterminé en amont à partir du texte. S'affichent d'ores et déjà une patte sonore – le recours à des percussions abondantes et colorées – un langage (résolument atonal), un faire (le mariage de la combinatoire et de l'expression) et un univers poétique exaltant la solitude désespérée – celui-là même que l'on retrouvera bientôt derrière les figures principales de ses opéras, de K. (le rôle-titre du *Château*) à Médée en passant par le peintre Vincent Van Gogh, dramatiquement isolé dans son univers mental.

Lorsqu'on lui demande depuis quand elle compose, Michèle Reverdy répond :

> Depuis toujours, je crois, mais j'estime que mon catalogue commence véritablement en 1974, avec Cante Jondo. D'ailleurs j'ai détruit tout ce qui précédait. Il était peut-être un peu tard à trente ans de commencer une carrière, mais je suis très timide et pendant longtemps je n'ai pas osé m'affirmer comme compositeur. J'ai l'impression que douter de soi fait partie du caractère féminin [34].

Vouloir détruire ses partitions précédentes revient sans doute à mettre en scène ses débuts de compositrice : elle naît pleinement à elle-même avec cet hymne à la solitude dans lequel elle « se » reconnaît. Le discours sur la timidité peut étonner lorsqu'on connaît le tour très direct et incisif de ses premières œuvres, comme le caractère affirmé de Michèle Reverdy. Peut-être cette crainte instinctive fut-elle justement compensée par un surcroît d'énergie stylistique. Ressent-elle la nécessité de se montrer à la hauteur de l'avant-garde ?

C'est l'impression qui ressort de toutes les œuvres élaborées au cœur de cette décennie, depuis les *Trois Pièces* pour clarinette basse, soprano et percussions (1975) jusqu'aux *Météores* pour orchestre (1978). Les premières à être interprétées sont composées pour les amis du Conservatoire : *Kaléidoscope*, pour clavecin et flûte (1975), destiné à Noëlle Spieth et Pierre Roullier, *Tetramorphie* pour alto et percussions (1976), jouée par Jezdimir Vujicic

32. Lettre d'Yvonne Loriod-Messiaen à Michèle Reverdy, datée du 24 mai 1992, AMR.

33. Extrait de la notice de l'œuvre, publiée sur le site internet de Michèle Reverdy.

34. « Une œuvre – un auteur : *Le Cercle du vent* de Michèle Reverdy », *Salabert – Actuel* n° 11, octobre – novembre – décembre 1989, p. 19.

et Robert Rey-Campagnolles ou encore *Number One*, pour guitare à dix cordes (1977), à la demande de Pierre Laniau. Mais bientôt viennent les premières commandes : *Souci sans soucis* pour chœur d'enfants, flûtes et percussions lui est demandé par le Conservatoire de Boulogne-Billancourt (1977) ; *Le Rideau bleu* est une commande d'État pour l'Atelier de Musique de la Ville d'Avray et *Météores* une commande du Festival de Besançon à l'occasion du soixante-dixième anniversaire de Messiaen.

Espace avait été sa première œuvre à être exécutée au concert. Nous sommes le 4 février 1976, à la salle Gaveau ; Jean-Claude Casadesus dirige l'Orchestre du Conservatoire. Cette partition d'une douzaine de minutes commence par un thème rythmique que ne renierait point Messiaen : elle repose ensuite tout entière sur des contrastes de textures et de dynamiques sonores. La structure millimétrée s'efface pour l'auditeur derrière les éclats d'une écriture fragmentaire, quasi pointilliste, qui pèche sans doute par sa dimension pléthorique et bavarde. Défaut de jeunesse que l'on retrouve chez bien des compositeurs ! La même impression ressort de *Régions*, pièce pour ensemble de chambre créée l'année suivante à l'auditorium du Musée d'Art moderne de Paris, dans le cadre des concerts de l'ARC 2 [35], créés et présentés par Maurice Fleuret. Le paramètre mélodique y est à nouveau absent, délibérément abandonné au profit d'un travail sur les textures sonores : un ensemble d'instruments à vent, en l'occurrence. Si deux sections pastichent un peu maladroitement le style micro-polyphonique de Ligeti [36], Michèle Reverdy montre une originalité plus grande dans le subtil duo introductif, où la flûte en *sol* se tapit sous la ligne de basson, et dans les associations de timbres qui se renouvellent sans cesse.

Sur l'échiquier stylistique des années 1970, sa musique se situe d'emblée à mille lieues du courant spectral : non motivique et non mélodique pour l'instant [37], mais événementielle et dramatique, par sections progressives ou contrastées. Le discours repose sur une exploration maximale du timbre : il progresse de façon téléologique en jouant des inscriptions timbrales toujours mouvementées, voire éruptives, dans une texture à la densité évolutive. Chaque partition met en œuvre une narration abstraite qui résout simultanément un problème formel (élargissement d'ambitus, crescendo de texture, recherche d'analogies entre structures de l'espace et structures du temps, dialectique entre l'immobilité et le mouvement, etc. [38]). L'originalité de la démarche de Michèle Reverdy tient à ce qu'elle cherche presque systématiquement à transposer dans l'art des sons une structure géométrique ou spatiale [39].

Le même style avant-gardiste, aujourd'hui daté, traverse *Figures* pour piano. La première partie, sombre et mystérieuse, dans l'extrême grave du registre, fait penser à *Mana* de

35. L'ARC (sigle pour « Animation Recherche Confrontation ») était une entité reliée au Musée d'Art moderne de Paris, mais dépendant de la Direction des Beaux-Arts lors de la création en 1966 ; elle visait à promouvoir la création à travers des formes nouvelles, de façon pluridisciplinaire. L'ARC 2 (1973-1977) correspond à la refondation de cette institution par Suzanne Pagé.

36. C'est le cas à partir de la mesure 146 (l'ambitus s'élargissant micro-polyphoniquement à partir de la seule note *fa*) puis de la mesure 192 (cette fois-ci autour de la note *ré*).

37. Seule la profusion mélodique de la partie de flûte, dans *Kaléidoscope*, trahit un goût enfoui pour la sensualité expressive des lignes.

38. Nous reviendrons au chapitre 3 sur un certain nombre de procédés compositionnels.

39. Nous développons ce point au début du chapitre 2, dans la section « musique et peinture ».

Jolivet[40] : mais l'écriture incisive, virtuose et abrupte qui l'anime de façon générale montre que la *Troisième Sonate* de Boulez et les *Klavierstücke* de Stockhausen ont nourri la musicienne. Les *Météores* pour dix-sept instrumentistes, enfin, marquent l'aboutissement de cette « première manière ». Dédiée à Olivier Messiaen et créée à l'occasion de son soixante-dixième anniversaire au Festival de Besançon (l'Ensemble Ars Nova est alors sous la direction de Marius Constant), cette partition travaille à nouveau essentiellement le paramètre de la texture : elle est fondée sur le principe d'une mutation de matières sonores – vents et percussions. Rejouée en 1982 à Paris par l'Orchestre Colonne, au cours d'un concert-référendum qui reçut une excellente couverture médiatique, jusqu'au Japon, cette pièce reçut le Prix de la Fondation Philip Morris (décerné par un jury de critiques) et le Prix de la Fondation Salabert (décerné par un jury de compositeurs[41]) : lui échappa en revanche celui du public, qui préféra aux *Météores* une œuvre d'Hany Fouad, un « long pensum académique, recru de citations et de réminiscences » selon la presse de l'époque[42]. Signe qu'avec son « style contemporain » affiché et assumé, la musique de Michèle Reverdy révèle, pour l'heure, sa porosité aux expérimentations de l'avant-garde, sans s'inquiéter de plaire à de larges auditoires.

À L'OMBRE DU *CHÂTEAU*

La fin des *seventies* marque plusieurs césures dans son parcours. Son mari la quitte en 1976 alors qu'ils viennent d'emménager rue du Javelot, dans un atelier d'artiste de la ville de Paris. Sa fille est alors âgée de sept ans. Elle divorce deux ans plus tard et achète un petit appartement aménagé sous les combles du 75, rue des Gravilliers[43], au moment où commence une phase nouvelle de son expérience professionnelle – son activité de productrice à Radio France[44]. Sur France Musique, elle produit avec Olivier Bernager une série d'émissions « Concert-Lecture » autour de Gesualdo, Mozart, Berg… Dans ses émissions de la décennie suivante, la musique contemporaine se taillera la part du lion. En attendant, ce premier pas dans un univers qui lui est par la suite devenu très familier lui permet d'allier complément de salaire et plaisir de transmission, tout en se faisant connaître. Peu de temps auparavant, elle avait reçu une bourse d'étude de l'Académie des Beaux-Arts puis un financement du Ministère de la Culture et de la Communication[45]. Mais le grand tournant vient surtout de la bourse obtenue de la Casa de Velázquez : la célèbre institution madrilène la conduit à s'implanter en Espagne deux années durant[46]. Pour elle qui, jusque-là, avait toujours dû

40. La compositrice possède dans sa bibliothèque une partition de *Mana* noircie de notes analytiques.

41. Henri Dutilleux, Daniel Lesur, Betsy Jolas et Maurice Ohana.

42. J.-M. de Montrémy, *La Croix*, 22 avril 1982.

43. Elle occupera cet appartement de 1979 à 1994, à l'exception des deux années passées à Malaga.

44. Son premier bulletin de salaire de la Radio date d'octobre 1978.

45. La première, de 4 500 F, lui est accordée dans une lettre du 20 octobre 1977 et la seconde, une bourse de recherche de 15 000 F, lui est accordée dans une lettre du 27 avril 1978.

46. En 1979 : il s'agit de la 50e promotion de la Casa, avec Juan José Barbera (1954), peintre, Jean-Paul Beauplet (1945), cinéaste, Guislain Blériot (1951), graveur, Pierre Le Cacheux (1946), peintre, Gilles Sacksick (1942), peintre.

Illustration 1 : Michèle Reverdy à Alexandrie, décembre 1946.

Illustration 2 : De gauche à droite et de haut en bas : Edouard Piscopo (grand-père maternel de Michèle Reverdy), Denise Davier (grand-mère maternelle), Jean-Baptiste Davier (arrière grand-père maternel), « la Sarrasine » (arrière grand-mère, mère d'Edouard Piscopo), Jenny Piscopo (mère de la compositrice) et le jeune frère de Jenny. Vers 1908.

Illustration 3 : Michèle Reverdy et ses parents sur la tour Eiffel à leur arrivée en France, 30 juillet 1947.

Illustration 4 : Portrait de Michèle Reverdy, 14 février 1948.

AUTOPORTRAIT (1)

C'est tout à fait par hasard — compte tenu de mes origines inavouables — que je m'appelle Michèle Reverdy.
Produit de deux cultures, je suis née en Egypte, ce qui tendrait à expliquer mon goût pour les vastes horizons : j'aime, comme les bédouins, porter au loin mon regard.
Je suis compositeur.
Je suis une femme.
Ces deux termes paraissent à d'aucuns totalement incompatibles.
Pour ma part, étant née femme, je n'y pouvais rien, et j'en suis finalement très heureuse ; quant à devenir compositeur, cela s'est imposé à moi comme une évidence lorsque j'étais très jeune, et ce métier-passion est rapidement devenu une nécessité vitale.
J'ai le sentiment de n'exister que *par* ma musique, d'être tout entière musique.

Deux personnes très différentes cohabitent en moi. Elles entrent parfois en de violents conflits dont les ondes de choc atteignent ceux qui m'entourent. Il paraît que ce n'est pas facile de vivre avec une femme compositeur.
Ce n'est pas facile non plus — leur réponds-je... — d'affronter la vie quotidienne lorsqu'on passe une grande partie de son temps dans un imaginaire des sons, en un singulier face à face avec soi-même. Redescendre chez les autres, dans la civilisation, est parfois extrêmement

Illustration 5 : Autoportrait manuscrit, 1997, p. 1.

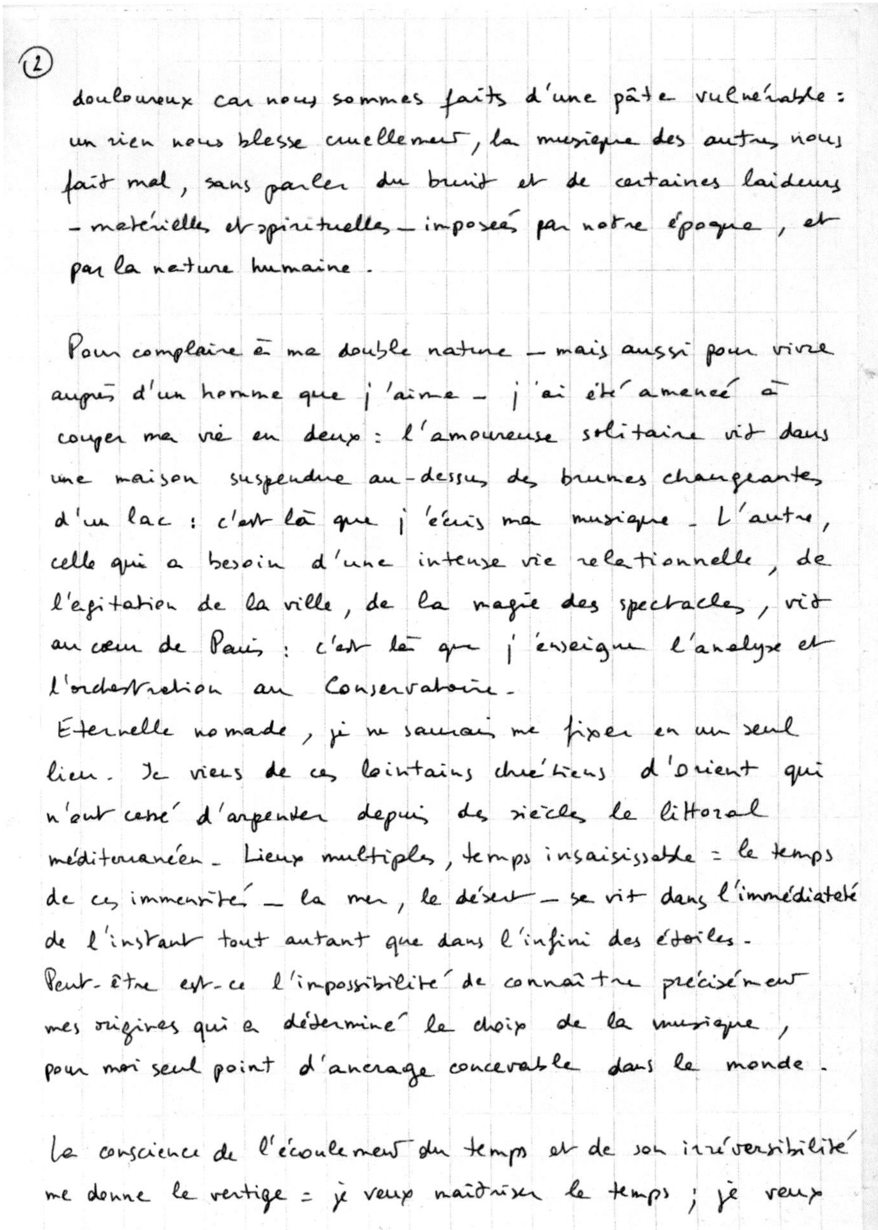

(2)

douloureux car nous sommes faits d'une pâte vulnérable : un rien nous blesse cruellement, la musique des autres nous fait mal, sans parler du bruit et de certaines laideurs – matérielles et spirituelles – imposées par notre époque, et par la nature humaine.

Pour complaire à ma double nature – mais aussi pour vivre auprès d'un homme que j'aime – j'ai été amenée à couper ma vie en deux : l'amoureuse solitaire vit dans une maison suspendue au-dessus des brumes changeantes d'un lac : c'est là que j'écris ma musique. L'autre, celle qui a besoin d'une intense vie relationnelle, de l'agitation de la ville, de la magie des spectacles, vit au cœur de Paris : c'est là que j'enseigne l'analyse et l'orchestration au Conservatoire.

Eternelle nomade, je ne saurais me fixer en un seul lieu. Je viens de ces lointains chrétiens d'Orient qui n'ont cessé d'arpenter depuis des siècles le littoral méditerranéen. Lieux multiples, temps insaisissable : le temps de ces immensités – la mer, le désert – se vit dans l'immédiateté de l'instant tout autant que dans l'infini des étoiles.

Peut-être est-ce l'impossibilité de connaître précisément mes origines qui a déterminé le choix de la musique, pour moi seul point d'ancrage concevable dans le monde.

La conscience de l'écoulement du temps et de son irréversibilité me donne le vertige : je veux maîtriser le temps ; je veux

Illustration 6 : Autoportrait manuscrit, 1997, p. 2.

③

conjurer cette terreur en arrêtant le temps : c'est pourquoi je l'habite de musique. La musique arrête la conscience du temps. La musique invente son temps propre, qui échappe au temps mesuré des horloges.

Mais cela ne suffit pas. Trop souvent l'angoisse m'étreint de l'inutilité d'écrire.
Pour qui ? Pour quand ?
Il faut un grand entêtement et une certaine folie à poursuivre toute sa vie la pratique d'un métier auquel nul ne vous contraint.
Etre un artiste c'est prendre le risque de se voir sans cesse renvoyer l'image de son inutilité. Et c'est particulièrement cruel en cette fin de siècle où toute production humaine non "rentable" se ressent comme un luxe superflu, au nom de je ne sais quelle dangereuse morale du rendement immédiat.
Etre un artiste, c'est aussi plonger tous les jours au fond de soi-même pour ramener de quelque bourbeux marécage la substance qui nourrira l'œuvre. Ceci est doublement dangereux : car si l'on risque de s'y noyer tragiquement, on risque également, lorsqu'on réussit à remonter à la surface, de faire craquer les coutures d'un envahissant narcissisme.

Je me suis laissée aller à dériver sur de sombres pensées. C'est pourquoi je ne mettrai pas un point à ces

Illustration 7 : Autoportrait manuscrit, 1997, p. 3.

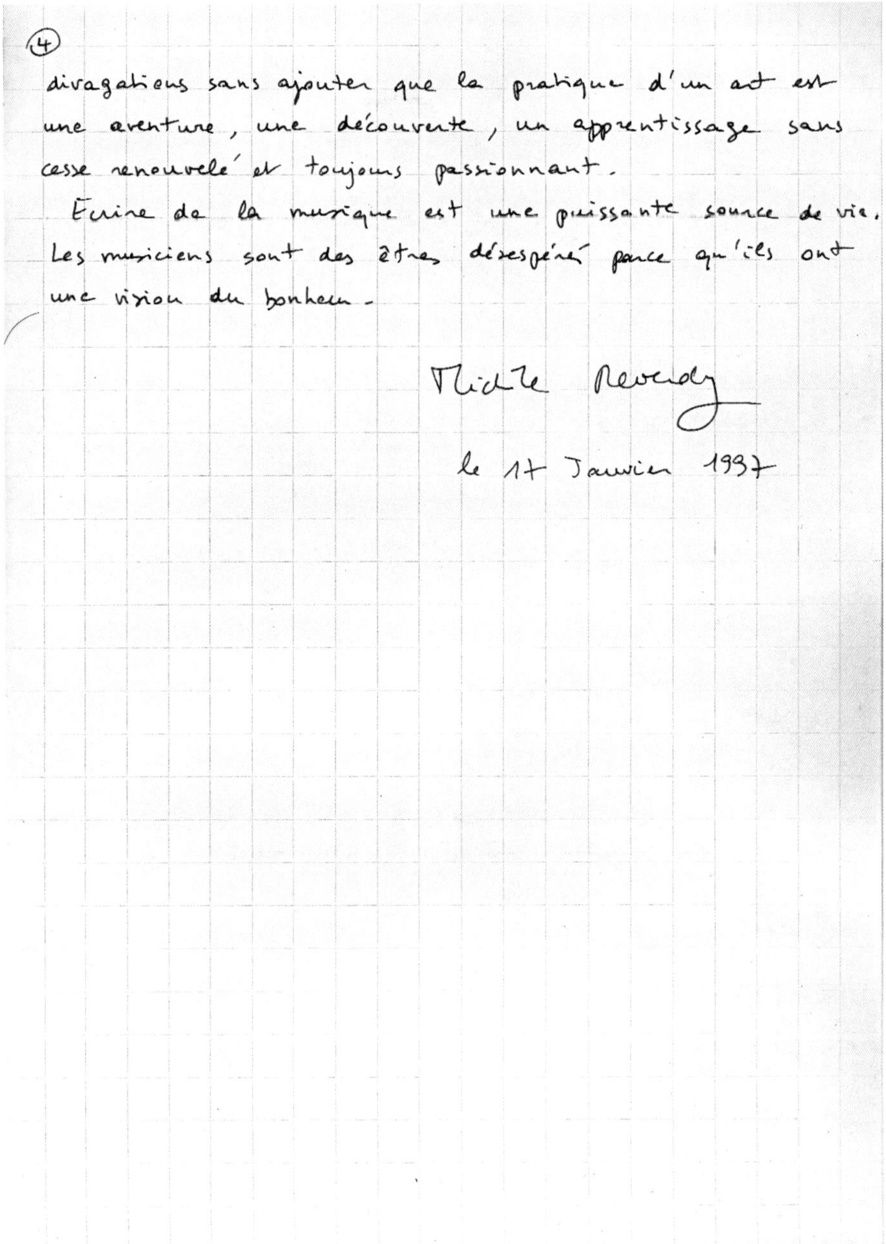

(4)

divagations sans ajouter que la pratique d'un art est une aventure, une découverte, un apprentissage sans cesse renouvelé et toujours passionnant.

Écrire de la musique est une puissante source de vie. Les musiciens sont des êtres désespérés parce qu'ils ont une vision du bonheur.

Michèle Reverdy

le 17 Janvier 1997

Illustration 8 : Autoportrait manuscrit, 1997, p. 4.

Illustration 9 : Michèle Reverdy au piano interprétant *Voiles* de Debussy, 1964.

Illustration 10 : Michèle Reverdy avec des amis américains au Café le Bucy, 1963.

Illustration 11 : Michèle Reverdy avec sa fille Anne, Breuil-le-Sec, 1972.

Illustration 12 : Michèle Reverdy à Malaga, 1980.

Illustration 13 : Michèle Reverdy composant *L'Île aux lumières à Stromboli*,
1 er janvier 1983.

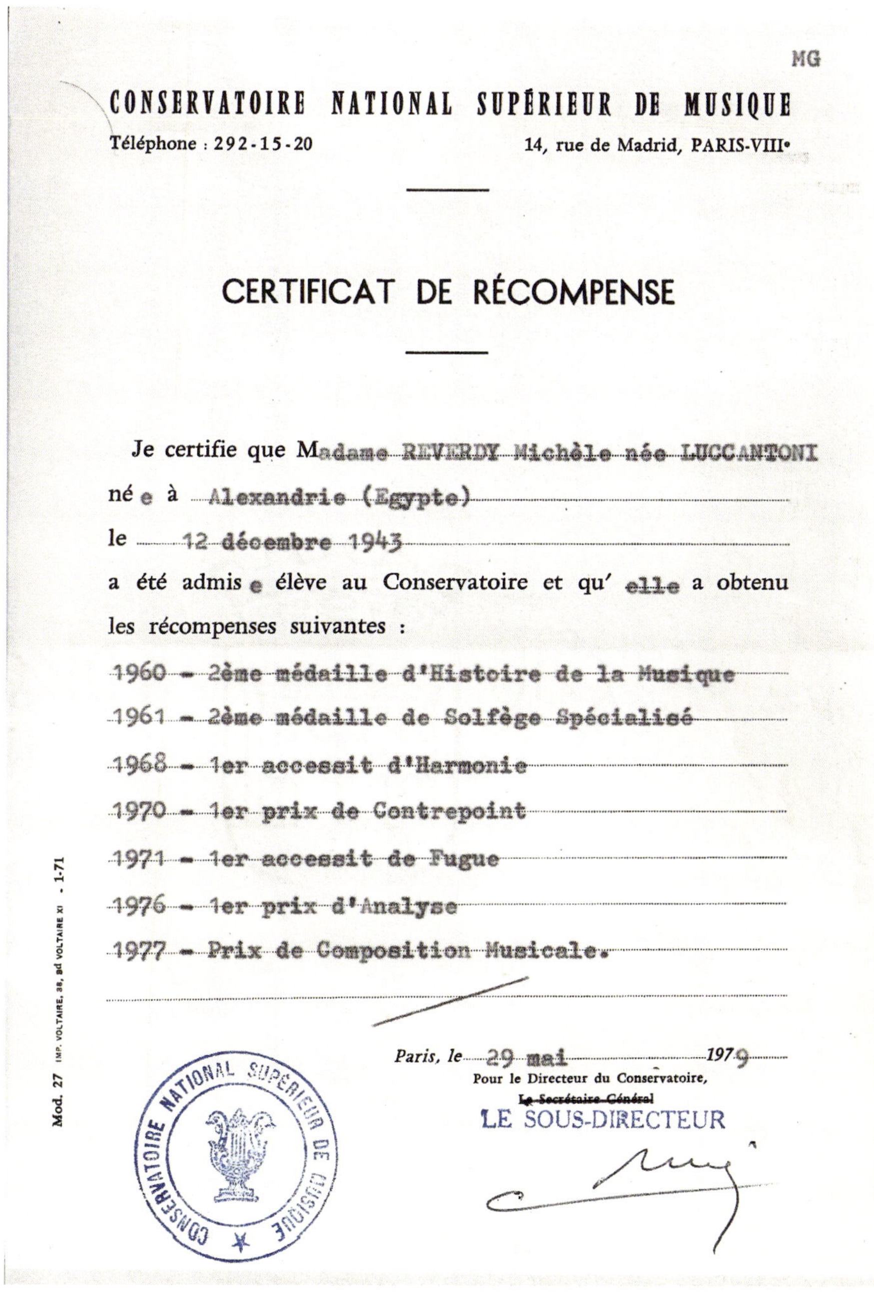

MG

CONSERVATOIRE NATIONAL SUPÉRIEUR DE MUSIQUE

Téléphone : 292-15-20 — 14, rue de Madrid, PARIS-VIII•

CERTIFICAT DE RÉCOMPENSE

Je certifie que Madame REVERDY Michèle née LUCCANTONI

née à Alexandrie (Egypte)

le 12 décembre 1943

a été admise élève au Conservatoire et qu'elle a obtenu

les récompenses suivantes :

1960 - 2ème médaille d'Histoire de la Musique

1961 - 2ème médaille de Solfège Spécialisé

1968 - 1er accessit d'Harmonie

1970 - 1er prix de Contrepoint

1971 - 1er accessit de Fugue

1976 - 1er prix d'Analyse

1977 - Prix de Composition Musicale.

Paris, le 29 mai 1979

Pour le Directeur du Conservatoire,

~~Le Secrétaire Général~~

LE SOUS-DIRECTEUR

CONSERVATOIRE NATIONAL SUPÉRIEUR DE MUSIQUE

Mod. 27 IMP. VOLTAIRE, 38, bd VOLTAIRE XI - 1-71

Illustration 14 : Certificat de récompense du CNSM, 1979.

CONSERVATOIRE NATIONAL SUPÉRIEUR DE MUSIQUE - PARIS

Illustration 15 : A la classe de Messiaen, 1976 (en bas à gauche).

Je connais depuis de nombreuses années Michèle <u>REVERDY</u>.

Michèle <u>REVERDY</u> a obtenu dans ma classe au Conservatoire de Paris un très beau premier prix de composition avec félicitations du jury.

Michèle <u>REVERDY</u> est une femme très cultivée, une excellente musicienne, elle orchestre et instrumente admirablement, et a un sens très aigu du timbre et de la sonorité. Toutes ses oeuvres musicales présentent un très grand intérêt, tant par leur contenu émotionnel, que par leur intensité dramatique.
Un point très nouveau attire l'attention dans la plupart de ses ouvrages : une structuration sonore basée sur divers plans d'espaces et de colorations qui rapprochent son travail de celui des peintres et des architectes.

Humainement, Michèle <u>REVERDY</u> est une femme très courageuse qui mérite tous les éloges.

Je viens donc appuyer très chaleureusement sa <u>candidature à la Casa Velasquez</u>.

Olivier Messiaen

OLIVIER MESSIAEN (Compositeur de Musique)-
Professeur de Composition au Conservatoire National Supérieur de Paris-
Membre de l'Institut de France - Académie des Beaux-Arts

Illustration 16 : Recommandation de Messiaen pour la candidature à la Casa de Velasquez [1979].

Illustration 17 : Photo de Michèle Reverdy dédicacée par Martine Franck [1991].

travailler pour vivre, sa condition de pensionnaire lui offre une situation inédite : la possibilité de se consacrer uniquement à la composition.

Madrid et Malaga

Le règlement de la Casa de Velázquez laisse aux pensionnaires la liberté de vivre où ils le souhaitent. Michèle Reverdy choisit de s'installer avec sa fille non à Madrid, mais à Malaga. À trente-cinq ans, elle sacrifie à un vieux rêve : vivre au bord de la mer. Une façon de renouer avec l'Alexandrie fantasmée de son enfance ? Tandis que sa fille fréquente l'école française, elle-même s'inscrit à l'Université pour apprendre l'espagnol. Une langue qui lui devient rapidement familière tant l'enthousiasme du dépaysement est manifeste. Michèle Reverdy sillonne le pays, de Malaga jusqu'à Madrid, où elle se rend souvent, notamment pour aller au concert et nouer de nombreuses amitiés avec les artistes espagnols : les compositeurs Llorenz Barber, Luis de Pablo, Jesus Villa-Rojo, ou encore le chef d'orchestre Jose Ramon Encinar.

Quoi de plus naturel que de remanier alors son *Cante Jondo* ? Elle avait composé cette pièce pour voix de femme et ensemble instrumental, en 1974, sur des poèmes de Federico García Lorca. Elle abandonne la traduction française pour la langue originale : la création espagnole a lieu le 25 mai 1981, à la Casa de Velázquez lors du festival de printemps. Deux mois auparavant, sa pièce pour piano *Figure* était reprise à Valladolid[47]. Une autre œuvre de musique de chambre lui avait été commandée entretemps par Jesus Villa-Rojo, pour le Laboratorio de Interpretacion Musical (LIM) de Madrid : *Arcane*, pour clarinette, violon, violoncelle, piano et percussions voit le jour le 20 mars 1980 à l'Institut français de Madrid. Quant au *Mimodrame* pour percussions, deux trombones et trois danseurs, il fut conçu pour être créé dans le patio de la Casa de Velázquez. La disposition architecturale du lieu avait déterminé en partie la structure de cette brève chorégraphie parodiant la *Commedia dell'arte* : les quatre percussionnistes devaient entourer les danseurs, en se tenant aux quatre coins du plateau, alors que les trombonistes et des « joueurs » de petites percussions devaient être situés sur une galerie et aux fenêtres donnant sur le patio. Initialement prévue au printemps 1981, annulée en raison d'une défection, la création n'eut lieu qu'en 1996, à Genève. Pendant sa résidence espagnole, Michèle Reverdy obtient une commande d'État pour une pièce esquissée dès 1978 : *Le Rideau bleu* pour flûte, clarinette, violon, violoncelle et piano retentit le 9 février 1981 à l'auditorium de Radio France.

Ses liens avec l'Espagne resteront serrés, même après son retour en France : aussi bien par l'impact sur son imaginaire de la culture ibérique, que par les concerts qui lui permettront de continuer à diffuser sa musique. C'est à Madrid que sera ainsi créée son œuvre pour orchestre de chambre *El Corro infrangible*, en 1985 : la compositrice y retrouvera le Grupo Kuan sous la direction de Jose Ramon Encinar.

En attendant, durant ses deux ans de résidence, c'est à un travail de fond qu'elle s'adonne quotidiennement : l'écriture d'un quintette à vent[48], mais, plus encore, la composition d'un

47. Galeria « Alonso Berruguete » de la Caja de Ahorros popular ; Smiljka Isakovic, piano.

48. Ce *Quintette à vent*, commande de Radio France, ne fut créé qu'à son retour à Paris, le 2 février 1983, par le Quintette Nielsen, à l'American Center.

opéra. En guise de galop d'essai, une brève partition reposant sur des textes de Lewis Carroll : *Through the Looking Glass*. Créée le 20 mai 1980 au Centre suédois de Paris et reprise le 2 juin suivant à la Casa Velázquez, cette série de sept saynètes écrites à la demande de Jean-Yves Bosseur se rapproche de l'esprit du théâtre musical, dont le caractère expérimental et humoristique reflète assez bien l'esthétique des années 1970, dans une veine mise à la mode par Georges Aperghis et Mauricio Kagel. Les sept textes brefs retenus évoquent les pensées du personnage d'Alice au pays des merveilles, jusqu'à la résidence de Tweedledee et Tweedledum qui la font douter de la frontière entre le rêve et la réalité.

Cette brève partition est aussi inventive et excentrique que le texte de Lewis Carroll : dans la deuxième saynète, « les deux trombones se superposent librement, comme pour une improvisation cocasse, dans le style du jazz, choisissant chacun un tempo qui lui est propre, et veillant à varier la durée des silences »[49] ; la troisième est entièrement écrite de façon aléatoire, la cinquième est une « petite aberration sérielle » (qui en dit long sur sa façon de considérer les systèmes), quant à la sixième, évoquant les deux personnages burlesques de Tweedledee et Tweedledum, elle est un « carillon en miroir » qui fait se superposer quatre tempi différents.

Un château en Espagne

Mais le divertissement aux confins de l'absurde n'est qu'une mise en bouche : la tranquillité de Malaga lui permet d'enfin rêver grand et large. Depuis plusieurs années déjà, son choix s'était porté sur *Le Château* de Kafka, un auteur dont elle avait tout lu. À partir de la traduction d'Alexandre Vialatte, elle adapte elle-même ce roman inachevé (neuf mois après le début de sa composition en 1922) et centré autour de K., ce personnage échoué un soir d'hiver dans l'auberge d'un village, cherchant à prendre ses fonctions d'arpenteur dans un château qui ne cesse de se dérober, inaccessible, entre les caprices d'une administration implacable et les discours opaques de mystérieux médiateurs. C'est quelque chose de nouveau qui monte en elle, et qui ne prend pas encore le nom d'opéra :

> Le concert m'ennuie, écrit-elle le 7 juillet 1980. Alors pourquoi écrire une musique qui sera jouée dans des lieux et des situations ennuyeuses ? Le Château, je veux en faire un spectacle. Mes idées sont encore très confuses : quelques thèmes (matières sonores), des horizons sonores dépouillés, des cris d'enfants organisés dans des masses, de belles voix lectrices et une mise en scène. Une sorte de ballet, mais un ballet presque immobile[50].

Le projet se précise rapidement. Centré sur la première partie du roman, le livret se focalise sur les personnages principaux et sur les grandes arêtes de l'intrigue[51]. Les longs développements sur l'absurdité de l'administration sont considérablement resserrés, et

49. Note manuscrite sur la partition.

50. Cahier de composition, AMR.

51. « Dès mes premières lectures du *Château*, j'avais beaucoup de mal à aller au-delà des premiers chapitres. En réalité, je m'arrêtais généralement à la scène de l'école. J'ai donc dû faire un effort ensuite pour aller au-delà, et en particulier pour lire ce que je pourrais appeler les scènes 'explicatives'. Par ex. l'histoire d'Amelia qui éclaire un peu sur les relations entre le village et le Château, mais qui, d'après moi, déflore considérablement le climat d'angoisse et d'absurdité de tout le début. De même en ce qui concerne l'entrevue finale de K. avec Erlanger. C'est pourquoi dans ma pièce, je n'utiliserai que les premières scènes du *Château*. » (Carnet de composition)

tous les éléments ne se rapportant pas au personnage principal sont délaissés : la compositrice ramène à une brève scène le très long récit d'Olga qui, sous la forme d'une grande analepse représentant au moins un cinquième du manuscrit de Kafka, évoque les origines de l'opprobre jeté sur toute sa famille. Changeant ainsi l'équilibre général du roman (si tant est que l'on puisse parler d'équilibre par rapport à un texte inachevé), Michèle Reverdy se concentre sur le parcours de l'arpenteur : sa recherche d'identité, ses tentatives d'intégration, sa quête de dignité et d'amour.

Les premières ébauches musicales prennent vite un tour colossal. Michèle Reverdy convoque un grand orchestre symphonique enrichi de nombreuses percussions, neuf solistes, un chœur d'hommes et un chœur d'enfants. Le séjour espagnol ne suffit pas à achever la partition. De retour en France, elle précise le 10 février 1982 qu'elle envisage un opéra de cinquante-cinq à soixante minutes [52]. Quatre mois plus tard, elle évoque une durée d'une heure quinze et la fin de la composition pour le mois de septembre [53].

Elle ne se doute pas alors qu'il lui faudra quatre ans encore pour achever *Le Château*, qui sera réorchestré deux fois (sur les conseils de quelques chefs d'orchestre songeant à l'économie des moyens). L'exécution réclamerait finalement une heure quarante sans entracte. Le retour à Paris signifie, pour l'heure, la fin de l'aisance compositionnelle : Michèle Reverdy reprend son travail de productrice à Radio France. Sept années durant, essentiellement pour France Culture, elle réalise une série d'émissions sur les grands compositeurs, de Boulez à Dutilleux, en passant par Berio, Cage, Donatoni, Ballif ou Ligeti. Cette activité l'enchante : elle couvre plusieurs festivals de musique contemporaine, rencontre et interviewe de nombreux musiciens, découvre de nouvelles musiques, voyage fréquemment à l'étranger pour rencontrer les compositeurs [54]. Parallèlement, elle est nommée en 1983 au Conservatoire National Supérieur de Musique de Paris où elle est chargée d'enseigner l'analyse pour les instrumentistes. Plusieurs fois déjà Betsy Jolas l'avait sollicitée pour des remplacements. La voici donc revenue, en enseignante, dans une institution qu'elle ne quittera qu'à l'âge de la retraite. À côté de sa carrière radiophonique et pédagogique, elle publie son deuxième ouvrage, consacré à *L'œuvre pour orchestre d'Olivier Messiaen* [55].

Ses nouvelles activités l'empêchent de se consacrer à plein temps au *Château* : d'autant qu'il faut également répondre à des sollicitations concrètes et composer pour d'autres formations. Le projet s'enlise et prend un tour… kafkaïen ! L'ironie tient à ce que le Théâtre de la Monnaie a déjà passé commande d'une œuvre d'après *Le Château* au compositeur André Laporte [56]. L'ensemble est néanmoins achevé en 1986. Mais malgré les appuis de Gérard Condé dans *Le Monde* [57], malgré les conseils de Peter Eötvös et les encouragements de Messiaen, à qui elle montre la partition, malgré les félicitations de

52. Lettre à Marc Soustrot, 10 février 1982.

53. Lettre à Jérôme Kaltenbach, directeur de l'orchestre symphonique et lyrique de Nancy, 6 juin 1982.

54. Yves Balmer reviendra au chapitre 4 sur les émissions radiophoniques de Michèle Reverdy.

55. Le livre fut en grande partie rédigé lors du séjour en Espagne.

56. Lettre de Gérard Mortier à Michèle Reverdy le 12 mars 1986. La création de l'opéra de Laporte est annoncée pour la saison suivante.

57. Dans *Le Monde* du 4 mars 1987, Gérard Condé mentionne l'achèvement du *Château* et en appelle à la représentation : « Le théâtre qui en prendrait l'initiative n'aurait pas à le regretter. »

Dutilleux, qui lit également attentivement l'ensemble[58], *Le Château* ne sera jamais représenté. La recommandation très favorable de John Cage n'avait elle-même été d'aucun secours[59]. Ni Rolf Liebermann, rencontré à Hambourg au début de l'année 1988, ni Kent Nagano, ni Jeffrey Tate, aux commandes respectives des Opéras de Lyon et de Genève, ne peuvent entreprendre de se lancer dans l'aventure[60].

Le Château pose pourtant les principaux fondements de l'esthétique théâtrale de Michèle Reverdy. Dans l'héritage de *Wozzeck*, la dramaturgie est fondée sur une succession de tableaux contrastés, possédant chacun une couleur spécifique. Le discours s'organise à partir d'un réservoir d'accords, qui subissent de nombreuses transpositions, et de thèmes conducteurs, soumis à variations. Cette partition esquisse un certain nombre de constantes dramatiques que l'on développera plus loin : le goût pour la variété des couleurs vocales et l'utilisation très diversifiée des modes de déclamation. De la voix parlée (conversations téléphoniques) aux mélismes vocaux de Pépi, soprano colorature, Michèle Reverdy convoque tour à tour le *Sprechgesang* pour le personnage de Schwarzer, la diction *recto tono* ou les cris violents pour les chœurs d'enfants, un style syllabique véhément pour K. Les contrastes marquent également l'écriture orchestrale, dont la texture peut s'étendre d'une extrême densité à une raréfaction qui laisse place aux voix a cappella. À ce sujet, Dutilleux, qui a rendu à Michèle Reverdy des observations sur sa partition durant l'été 1988, fait remarquer la polyphonie parfois trop foisonnante ou la texture trop dense de son orchestre, notamment dans les sixième et septième tableaux, par rapport au seuil d'intelligibilité des paroles. En revanche, il salue le caractère très « typé » de ses orchestrations et loue de manière générale « le don de savoir tirer profit d'un élément du texte d'apparence mineure, mais qui devient matière à développement », ainsi que « l'aura entourant certains rôles (vocalises de Frieda, chœurs d'enfants pour certaines scènes) »[61].

Au cœur des années 1980

Michèle Reverdy conjure les incertitudes du *Château* en composant pour tous les genres. Son répertoire orchestral s'enrichit de trois partitions : *L'Île aux lumières*, son premier concerto, pour violon et orchestre à cordes (1983) ; *Scenic Railway*, pour seize instruments (1984) ; et *Le Cercle du vent*, pour grand orchestre (1989). Commande de l'Ensemble Intercontemporain, la deuxième, notamment, connaît un vif succès lors de sa création à la Fondation Gulbenkian de Lisbonne. « Non seulement on sent derrière cette œuvre un métier solide, salue Gérard Condé dans *Le Monde*, mais, ce qui est plus rare, un tempérament

58. Note manuscrite d'Henri Dutilleux, été 1988, AMR.

59. Le 28 septembre 1984, Michèle Reverdy avait écrit à John Cage, rencontré quelques mois auparavant à Angers, pour solliciter son appui. La recommandation chaleureuse du compositeur américain fut obtenue rapidement.

60. Michèle Reverdy avait réussi à contacter les ayants-droit de Franz Kafka pour l'adaptation musicale du *Château* et obtenu leur accord dès le 25 février 1983 ; elle avait également reçu de la part d'Alain Durel et d'Yves Prin l'accord tacite d'une commande de Radio France, à la condition qu'elle trouve un théâtre ou un festival prêt à coproduire le spectacle ; malgré une abondante correspondance à ce sujet, quatre années durant, entre 1984 et 1988, au cours desquelles elle contacte les directions des principaux théâtres français et étrangers, l'œuvre ne parvint pas à se faire représenter.

61. Note manuscrite de Dutilleux, AMR.

qui possède les moyens de s'exprimer »[62]. Son effectif rappelle *Météores*: les cordes s'y voient exclues à l'exception d'une contrebasse. À partir des vents et des percussions, Michèle Reverdy travaille les contrastes extrêmes en composant une « fugue de matières sonores » : la virtuosité est autant instrumentale que compositionnelle. Cette œuvre reprise à Montpellier puis à Paris au Théâtre de la Ville marqua une étape importante à la fois dans la reconnaissance institutionnelle de la compositrice et surtout dans le sentiment intérieur qu'elle eut d'avoir enfin trouvé sa voie et sa manière.

Le Cercle du vent est lié à *Scenic Railway* par continuité institutionnelle, puisqu'il est une commande de la Fondation Gulbenkian : créé lui aussi à Lisbonne, mais par l'orchestre de la Fondation sous la direction de Michel Tabachnik, cette fois-ci, il reprend le grand effectif qui était celui d'*Espaces*.

> Tout part d'une mélodie exposée par le hautbois solo, explique Michèle Reverdy. Le développement nous amène à un épisode beaucoup plus secret, thème d'accords étranges, suivi de ses deux variations. Peu à peu, ces deux mondes sonores interfèrent, et l'on est porté par une grande mélodie jusqu'au tutti final dans lequel les différents plans sonores sont complètement mêlés. C'est néanmoins le hautbois qui aura le dernier mot…[63]

Comme *Scenic Railway*, cette pièce marque une inflexion dans le style de Michèle Reverdy en instaurant le principe d'un réservoir harmonique[64] et en rétablissant surtout – deuxième manière – la mélodie comme un paramètre déterminant de son langage. Encore inexistant dans *L'Île aux lumières*, qui jouait essentiellement des textures et des modes de jeu au sein de l'effectif des cordes, ce paramètre s'impose dans *Le Cercle du vent*: un motif mélodique, énoncé d'abord au hautbois, ne cesse d'évoluer dans des contextes sonores renouvelés. Toujours fondée sur les contrastes des timbres et des textures, l'écriture de Michèle Reverdy gagne *de facto* en souplesse et en aisance. En confort d'écoute, sans doute également. Cette inflexion stylistique corrobore certes un mouvement plus général dans l'histoire de la musique (au début des années 1980, Ligeti réintègre lui aussi le paramètre mélodique au cœur de son langage) : mais il est sans doute accentué par l'expérience lyrique et prosodique que lui a apportée *Le Château*. Même resté dans les cartons, cet opéra où les voix « chantent » eut une répercussion manifeste sur le reste de son œuvre. Signe de cette inflexion stylistique, les carnets de la compositrice sont à cette période nourris de réflexions interrogeant cette question de l'expression. La plus emblématique et la plus lumineuse est sans doute la suivante : « Il ne faut pas avoir peur d'être expressif, écrit-elle. Il faut craindre plutôt de manquer du métier nécessaire pour que cette expression atteigne le sublime »[65].

62. *Le Monde*, 7 février 1984.

63. Notice publiée sur le site internet de Michèle Reverdy.

64. Presque toutes les œuvres ultérieures seront fondées sur un réservoir harmonique prédéfini. Nous détaillerons ce procédé d'écriture au début du chapitre 3.

65. Note du 16 août 1985. Carnet de composition (1985-1988). Cette réflexion surgit après une réflexion sur Mozart : « Je ne pense pas que Mozart se soit demandé, avant de commencer une œuvre, s'il devait juguler l'expression au profit d'une musique purement intellectuelle. Je pense tout simplement que, au contraire, il mettait tout son métier ainsi que ses immenses richesses intellectuelles *au profit* de l'expression et que c'est précisément l'une des raisons pour lesquelles sa musique est tellement parfaite. » Suit le schéma suivant : « Expression + métier = sublime ; expression sans métier = ridicule mièvrerie. »

Encouragée par le Prix Jacques Durand, décerné par l'Institut de France en 1984, invitée à assister Franco Donatoni pour des masterclasses de composition, la même année[66] (illustration 46), Michèle Reverdy amorce au cours de cette même décennie une série de pièces pour instrument seul – genre qui constituera une veine à la fois importante et intéressante de son catalogue. *Pas de panique ! (n° 1)* lui est commandée par le Ministère de la Culture pour l'épreuve de déchiffrage du Certificat d'Aptitude de Directeur de Conservatoire, en 1987 : c'est une brève pièce de piano, au titre humoristique destiné à désamorcer le stress des candidats. Cinq ans plus tard viendra un *Pas de panique ! (n° 2)*, écrit pour le CA de trombone... La compositrice aborde la guitare dans *Triade*, pièce créée en 1986 au Festival de Brême par Rafaël Andia, et le clavecin, à l'instigation d'Olivier Baumont, dans *Cyclades*. Clarinette, violoncelle, orgue, marimba, flûte, alto et harpe ne perdent rien pour attendre. Dans la tradition d'une formation inventée par Debussy et Jolivet en leur temps, ces trois derniers instruments sont requis pour *Les Jeux de Protée*, commande du Festival d'Orléans créée en 1984 par le Trio Debussy. Cette partition constitue une perle pour cet effectif typiquement français[67] revisité récemment par György Kurtag, Toru Takemitsu, Kaija Saariaho ou Tôn-Thât Tiêt.

D'importantes commandes conduisent simultanément Michèle Reverdy vers le répertoire vocal : successivement *Trois Fantaisies de Gaspard de la nuit*, pour le Chœur de Radio France (1987) ; *Sept Enluminures*, pour soprano, piano, clarinette et percussions créé à Bonn (1988) ; et *Propos félins*, pour la Maîtrise de Radio France et l'Ensemble orchestral de Marseille (1989). Dans le fameux recueil romantique du poète maudit Aloysius Bertrand, elle choisit trois textes moins fantastiques que carnavalesques, qui lui permettent d'entretenir un rapport ludique à la forme, tout en soignant la prosodie et la peinture musicale des mots[68]. L'imaginaire pictural sous-jacent (l'œuvre du poète romantique est sous-titrée *Fantaisies à la manière de Rembrandt et de Callot*) devient explicite dans les *Sept Enluminures*, écrites sur des textes du peintre et graveur Serge Poliakoff. Dans une formation qui n'est pas sans rappeler de prestigieux antécédents, du *Pierrot Lunaire* de Schoenberg au *Marteau sans maître* de Boulez, Michèle Reverdy répond à la sobriété poétique de l'un de ses peintres fétiches par l'économie rigoureuse de son matériau musical. À Bonn, lors de la création, l'Ensemble Accroche Note de Strasbourg fait découvrir une œuvre colorée qui n'hésite pas à déstructurer toutes les composantes du texte (phrases, mots, phonèmes) pour le traiter en pur matériau sonore. À la façon de la peinture non figurative de Poliakoff ? Le morcellement du discours se retrouve en tout cas dans *Propos félins*, écrits sur un texte de sa fille Anne. La compositrice s'en est expliquée :

> Comme il s'agissait d'une œuvre destinée à être chantée par des enfants, je l'ai pensée comme un divertissement dont j'ai demandé le texte à ma fille Anne Reverdy. La partie vocale emprunte d'ailleurs, à plusieurs reprises, leur rythme aux comptines enfantines.

66. Octobre-décembre 1984, séminaire de composition MC2 musique contemporaine à Avignon.

67. Pierre Jamet, harpiste qui forma le Quintette instrumental de Paris en 1922, commanda plusieurs œuvres de ce genre durant l'entre-deux-guerres. Après Debussy, plusieurs compositeurs l'illustrèrent, comme André Jolivet ou Jean-Michel Damase.

68. Successivement *Les Cinq Doigts de la main* (extrait du premier livre : « L'École flamande ») ; *Sur les rochers de Chèvremorte* (extrait du sixième livre : « Silves ») ; *La Chanson du masque* (extrait du cinquième livre : « Espagne et Italie »).

> Le texte est un échange de propos aigre-doux entre un chat prétentieux et son maître. Le propre de la félinité étant – me semble-t-il – l'insaisissable, je suis partie d'un univers sonore fragmenté, éparpillé, pour faire ensuite coïncider peu à peu le chant avec la matière orchestrale, jusqu'à complète fusion[69].

Elle avait déjà eu l'occasion d'écrire pour chœur d'enfants, à la faveur d'un spectacle autour du peintre Vincent van Gogh dont nous reparlerons bientôt. C'est que parallèlement à ces œuvres vocales de brève durée, et face à l'impossibilité de monter *Le Château*, Michèle Reverdy n'abandonne pas la partie et continue à penser à l'opéra.

De la scène rêvée à l'opéra réalisé

Au cours de l'année 1988 naît une nouvelle idée théâtrale restée à l'état de projet: *Éthelrude*, sur un texte de Pascal Quignard. Proche de l'esprit d'un conte, l'action devait se situer « en Normandie ou en Islande – dans un pays du nord » et mettre en scène un jeu de questions sans réponses entre une petite brodeuse, Éthelrude, et un jeune homme nommé Wolframm. Éthelrude brode les lettres d'un nom, qui lui échappe, et ne sait répondre à la première question de Wolframm: « Depuis combien de temps, depuis combien d'heures, depuis combien de jours, depuis combien de saisons brodes-tu ? » S'échafaude alors « une série de questions simples et insolubles entre Wolframm et Éthelrude. [...] Jeu terrible auquel mettra fin Éthelrude, un dimanche, brodant, de façon muette et violente, pour l'éternité... ou la vie d'un homme »[70]: en lui perforant les deux oreilles, au moyen de son aiguille et de ses ciseaux... À partir de ce texte symbolique et mystérieux, Michèle Reverdy songea sérieusement à un opéra de deux heures, faisant appel à trois chanteurs et à un ensemble instrumental que Pascal Quignard imaginait spatialisé. L'ensemble devait être mis en scène par Jorge Lavelli et la partie orchestrale aurait été prise en charge par l'Ensemble Intercontemporain sous la direction de Pierre Boulez – lequel avait donné son accord de principe. Ce projet resta néanmoins dans les cartons[71].

Le fait que Michèle Reverdy n'ait pas écrit une seule note d'*Éthelrude* montre que l'expérience difficile du *Château* a servi de leçon: il n'est plus question de se lancer dans des projets théâtraux sans commande préalable. Au cœur des déboires de l'opéra kafkaïen, elle compose néanmoins deux partitions de moindre envergure – la meilleure façon, sans doute, de se faire enfin représenter!

La première est un « opéra de poche » sur un texte de Jean-Claude Buchard: *La Nuit qui suivit notre dernier dîner*. Ce jeune metteur en scène, rencontré à Avignon à l'occasion

---

69. Notice de *Propos félins* publiée sur le site internet de Michèle Reverdy.

70. Note manuscrite d'Anne Reverdy, AMR.

71. Dans une lettre du 25 juin 1988 à Brigitte Marger (administratrice de l'Ensemble Intercontemporain), Michèle Reverdy joint le synopsis du projet que Pascal Quignard et elle-même avaient élaboré. Jorge Lavelli avait envoyé le 3 juin 1988 une lettre à la compositrice lui faisant part de son intérêt pour monter l'opéra. La distribution vocale devait comprendre quatre voix de soprano (Éthelrude), baryton (Wolframm), alto (Mathel, grand-mère d'Éthelrude) et ténor (Fraharne, régisseur). L'orchestre devait être constitué de cordes, flûte et piccolo, flûte basse, hautbois et cor anglais, clarinette et clarinette en *mi* bémol, clarinette basse, clarinette contrebasse, basson et contrebasson, 2 cors, petite trompette en *si* bémol, trompette en *ut*, trombone, tuba et percussions. Le Théâtre du Châtelet fut contacté pour monter l'opéra – sans suite.

d'une représentation d'un opéra de Philippe Hersant[72], lui fournit un texte poétique qui suggère un inceste entre une femme et son fils après le départ du père. La forme du monodrame lyrique et la violence émotionnelle rappellent tant *Erwartung* de Schoenberg que *La Voix humaine* de Poulenc. Il s'agit, selon les mots de Michèle Reverdy, d'« états successifs dans le psychisme d'une femme » : la musique doit ainsi situer « l'auditeur dans des climats sonores évocateurs des différentes émotions qui assaillent cette femme »[73].

Si la scène n'est pas indispensable à cette œuvre lyrique créée à Saint-Brieuc en 1985[74], elle l'est absolument pour la seconde partition composée dans l'attente d'une hypothétique représentation du *Château* : *Champ de blé avec corbeaux*. Il s'agit d'une commande d'une association provençale, MC2 musique contemporaine. La création devait avoir lieu à Avignon et on lui avait demandé d'écrire un opéra sur un sujet ayant un rapport à la Provence. Pour le livret, Michèle Reverdy fit appel à son ami Michel Siret-Gille, qui souhaitait depuis longtemps écrire un texte à partir des lettres de Vincent Van Gogh à son frère Théo. En partie déterminé par le cadre provençal de rigueur, le choix du sujet répond simultanément à certaines préoccupations très personnelles de la compositrice : l'envie de trouver des correspondances sonores entre musique et peinture.

Cette partition s'attache au parcours de Van Gogh durant ses dernières années, d'Arles et de Saint-Rémy-de-Provence jusqu'à son suicide à Auvers-sur-Oise. À partir d'une libre adaptation de la correspondance entre Vincent et Théo, le texte de Michel Siret-Gille retrace les étapes d'une mort annoncée, à la façon d'un rituel théâtral antique, s'arrêtant notamment sur des épisodes aussi célèbres que la confrontation avec Gauguin, l'automutilation de l'oreille ou l'offrande macabre à une prostituée d'Arles. Michèle Reverdy convoque trois chanteurs, un ensemble instrumental restreint, un chœur d'hommes et un chœur d'enfants qui se voit confier le rôle des corbeaux, témoins de la vie et de la mort du peintre, figuration du destin, et incarnation des voix intérieures de Vincent.

> Dans ma production lyrique, cet opéra se présente comme un « opéra populaire » dans le sens où j'ai décidé d'adopter une écriture vocale simple et directe – j'y étais contrainte par la présence d'un chœur d'enfants ; j'ai étendu cette caractéristique aux autres rôles afin de préserver l'unité stylistique de l'opéra. Ce chœur d'enfants – les Corbeaux –, petite voix intérieure, insidieuse et violente, représente la conscience de Van Gogh, qui le pousse finalement au suicide[75].

L'ensemble constitue à nouveau une sorte « d'opéra de poche » en sept tableaux, rassemblant jeunes chanteurs professionnels et chœurs amateurs (dont les enfants, venant des classes d'Avignon). Un projet à mille lieues du *Château* : à la fois concis et concret, né

72. Jean-Claude Buchard est l'auteur du livret d'un opéra de chambre de Philippe Hersant, *Les Visites espacées*. Créée au festival d'Avignon en juillet 1983, cette œuvre dirigée par Jean-Claude Malgoire fut notamment interprétée par Anne Bartelloni, qui fut pour Michèle Reverdy la créatrice de *La Nuit qui suivit notre dernier dîner*, mais aussi d'*Un signe dans l'espace*, en 1990.

73. Michèle Reverdy, note manuscrite sur *La Nuit qui suivit notre dernier dîner*, AMR.

74. Reprises le 12 février 1988 à l'*Opera stabile* de Hambourg (atelier de création dépendant de la Hamburgische Staatsoper), en coproduction avec l'Institut français de Hambourg, à Paris à la Péniche Opéra, à Chambéry lors de la résidence de Michèle Reverdy.

75. Propos recueillis par le journal *Musicisti*, « Michèle Reverdy, la prima rappresentazione di *Vincent* », 1990, p. 45.

d'une ambitieuse synergie régionale. Créé en 1986, le spectacle est salué par la presse, mais ne connaît qu'une représentation, rediffusée par France Culture.

Il retrouve en revanche une seconde vie quatre ans plus tard, à l'occasion d'une sollicitation du Théâtre d'Alessandria en Italie. Le remaniement de *Champ de blé avec corbeaux* est à présent intitulé *Vincent* et sous-titré *Sept Paroles de la vie et de la mort de Vincent Van Gogh* (jusqu'en 2005 où l'œuvre sera renommée *Vincent ou la haute note jaune*[76]). Il partage l'affiche avec une œuvre de Donatoni lors de deux représentations les 18 et 19 septembre 1990[77]. Le spectacle de 1986 est étendu à cinquante minutes de musique, et aux sept tableaux d'origine viennent s'adjoindre une première scène collective, rassemblant à Paris Vincent, Théo, Agostina et le chœur (contrepoids bienvenu par rapport à la scène finale) ainsi que les épisodes du chant III intitulés « La Nuit de Saint-Rémy », « Les Amours impossibles », « La Nuit on entend bouger le monde ». L'ensemble est refondu en Prologue, six Chants et Épilogue, réorchestré pour un effectif plus fourni[78], et constitue un véritable « opéra de chambre » qui n'en porte pas explicitement le nom[79] (illustration 18).

La floraison des années 1990

Placée sous le signe de la consécration théâtrale, l'année 1990 marque un tournant dans l'envol pris par la carrière de la compositrice : quelques mois avant le remaniement italien de *Vincent*, Michèle Reverdy, alors âgée de quarante-six ans, savoure le succès de son premier grand opéra à Munich.

Le Précepteur

Juste avant la refonte de son opéra de chambre sur Van Gogh, en effet, elle avait été sollicitée pour une création d'envergure. Elle avait obtenu en octobre 1988 une commande de Hans Werner Henze pour la deuxième biennale de Munich, l'année suivante. Le directeur artistique de l'*Internationales Festival für neues Musiktheater* avait lu, entendu et apprécié sa musique. Mais le défi est double : d'une part, le délai imparti transforme l'écriture en potentielle course contre la montre ; d'autre part, Henze lui réclame l'adaptation lyrique d'un monument de la littérature allemande, *Le Précepteur* de Jakob Lenz ! La compositrice se serait-elle tournée d'elle-même vers cette pièce de la fin du XVIIIe siècle, qui peint de façon sarcastique l'univers de la bourgeoisie de l'époque, et dont le jeune héros finit par se châtrer après avoir semé le désordre dans une famille qui a fait le choix de l'éducation privée ? Toujours est-il qu'elle s'empresse d'accepter. Les conditions sont très favorables : voilà enfin une occasion de se faire reconnaître sur une scène lyrique internationale.

76. Cette modification intervint à la suite de l'article qu'Emmanuel Reibel écrivit sur son œuvre dans le collectif dirigé par Pierre Michel (voir la bibliographie).

77. *Marches II* de Franco Donatoni, pour harpe soliste, deux instruments et trois percussionnistes.

78. Des six instruments de la première version, on passe à un ensemble comportant quintette à vent, harpe, deux percussions et contrebasse.

79. On reviendra au chapitre 2 sur la question des relations entre musique et peinture dans cette œuvre.

Mais le temps presse : la partition doit être montée au printemps 1990. La première urgence est de suspendre son activité de productrice à la Radio [80]. Différents voyages lui permettent alors de travailler avec le librettiste Hans Ulrich Treichel : en Allemagne dès le mois de décembre 1988 ; ou à Rome, au mois d'avril suivant, chez Henze, pour travailler au café Greco en compagnie de Jorge Lavelli. Ce dernier avait à l'origine accepté de coproduire le spectacle dans son Théâtre de la Colline à Paris.

Les cinq actes de Lenz sont réduits à vingt et une scènes fidèles à la progression du drame. La première version rédigée en allemand est adaptée en français par une amie de la compositrice : Nicole Roche, traductrice, notamment, du *Tournant* de Klaus Mann. Commencée au printemps, la musique est poursuivie en Provence, durant l'été 1989 à Gordes, en compagnie de sa fille et de sa chatte Terpsichore. Deux mois d'intense labeur, dans un petit bastidon sans électricité ni téléphone, au cœur de la garrigue. De retour à Paris début septembre 1989, au milieu de la scène 15, Michèle Reverdy achève la partition le 8 janvier suivant, quatre mois avant la première. Dans son « Journal d'un opéra », elle évoque sa fébrilité d'alors : rapidité de l'écriture, excitation de voir le résultat et angoisse que représente l'impératif d'urgence. Pour chaque scène, explique-t-elle, il lui faut « trouver la forme, trouver le processus d'élaboration ». Mais « cela demande généralement plusieurs jours de réflexion, de maturation. Or, pour cette œuvre-ci, je n'ai pas le temps. Il faut trouver très vite » [81].

L'élaboration est accompagnée de déceptions. L'espoir d'une coproduction parisienne au Théâtre de la Colline s'effondre à l'automne, malgré les appuis de Henze, de la ville de Munich et du Festival de Vienne, potentiel coproducteur, qui s'étaient fendus de plusieurs lettres à Jack Lang, alors ministre de la Culture. Sans réponse. Broyant du noir, Michèle Reverdy note dans son journal qu'à la suite de Paris, « Vienne, découragée, s'est retirée de l'entreprise. Donc, si l'on veut que l'œuvre soit montée, il faut se contenter de la production de la seule Biennale, et viser à l'économie. » Le chanteur Jean-Marc Salzmann, dans le rôle de Fritz, viendra même à Munich « pour le plaisir de faire une création contemporaine, se contentant d'un cachet qui couvrira à peine les frais de son séjour » [82].

Production à l'économie, mais production réussie. Le 14 mai 1990, dans une mise en scène de Philippe Piffault, la création par l'Ensemble Modern de Francfort sous la direction de Diego Masson laisse découvrir une œuvre à la couleur tour à tour âpre et sarcastique, animée par un rythme dramatique très enlevé (illustration 19). Chaque personnage se trouve finement caractérisé, et pour la première fois, Michèle Reverdy bouscule la prosodie afin de rendre plus aisée l'intelligibilité du texte. L'accueil de la critique est généralement enthousiaste, en Allemagne comme en France. Dans *Le Nouvel Observateur*, Jacques Drillon évoque « un coup de maître ». S'il ne cache pas quelques réticences vis-à-vis du rôle de Lise, soprano coloratura qu'il trouve incongru, il salue « une partition qui résout à sa manière la question du théâtre lyrique d'aujourd'hui » : « Jamais [Michèle Reverdy] ne renonce à une écriture orchestrale dense à l'extrême, colorée, diverse ; en même temps, son

80. Il s'agit d'une suspension quasi définitive, si l'on excepte quelques matinées en 1992-1993 et une série des « Matins des musiciens », sur France Musique en 2006.

81. « Journal d'un opéra... », p. 221.

82. *Ibid.*, p. 229.

écriture vocale obéit à un parti pris de clarté dont l'utilité dramatique n'est pas à démontrer »[83]. Le critique du *Süddeutsche Zeitung* écrit pour sa part que « malgré les allusions implicites à l'expressivité d'Alban Berg, Michèle Reverdy ne permet jamais à sa musique de flamboyer d'un romantisme à la mode et moins encore de devenir larmoyante », mais qu'elle lui confère au contraire « des lignes nettement tracées, des découpes abruptes » ; il apprécie le fait qu'elle « laisse prendre peu de plaisir à la flânerie acoustique post-moderne » et salue la rigueur d'une construction « qui fait des destins et des motifs tragi-comiques de cette pièce quelque chose d'objectif et d'inéluctable – de façon vraiment magistrale »[84].

De son côté, Henze avait envoyé avant la création une lettre de recommandation à la compositrice louant une musique « d'une grande transparence et pleine d'idées minutieusement élaborées et originales » : Michèle Reverdy « a quelque chose de nouveau et d'intéressant à dire », elle possède « un grand métier »[85]. Retransmis sur les ondes de France Musique le 17 avril 1991, *Le Précepteur* doit attendre 1994 avant d'être créé en France, à Chalon-sur-Saône, à l'occasion de la résidence de Michèle Reverdy à l'Université de Bourgogne[86]. L'Opéra de Rennes programmera l'œuvre à son tour en 1995.

Un nouveau souffle

Est-ce le succès du *Précepteur* qui galvanise Michèle Reverdy ? Toujours est-il que cette décennie 1990 est prolifique. Mais pour trouver le calme nécessaire à l'écriture, la compositrice ressent le besoin de se ressourcer loin de Paris. L'argent du *Précepteur* lui permet de s'acheter une maison ancienne au cœur du Morvan, aux Augers, près du lac de Saint-Agnan. Ce havre de paix est un refuge salutaire pour la concentration : elle le gardera plus de dix ans. Au cours d'un colloque à Aix-en-Provence, où elle est invitée en 1991 pour parler de l'écriture d'un opéra, elle rencontre celui qui devient son second mari, un psychanalyste de Chambéry. Elle vend alors l'appartement de la rue des Gravilliers pour s'installer avec lui dans une maison dominant le lac du Bourget, sous la « Dent du chat ». De ce paysage savoyard, à couper le souffle, l'élève de Messiaen tire l'inspiration de son *Lac de lune* pour orchestre.

Durant toutes ces années, elle n'est donc plus à Paris que pour ses cours au Conservatoire[87]. À côté de l'analyse pour les instrumentistes, elle se voit confier en 1996 une classe d'orchestration qui lui permet de partager davantage son expérience de compositrice en formant de jeunes artistes. Michèle Reverdy ne cesse cependant de voyager. Pour des

83. *Le Nouvel Observateur*, mai 1990. Dans *Opéra international* n° 185 (novembre 1994, p. 45), Claude Glayman s'étonne du sujet de l'opéra, « une problématique si éloignée de notre actualité », mais évoque une écriture musicale « âpre, raide, difficile d'accès et qui se poursuit et insensiblement trouve son chant à travers les mille richesses et les mille réseaux souterrains d'une très grande diversité orchestrale ». Dans *La Lettre du musicien* (n° 154, p. 32), Jacques Bonnaure voit en Michèle Reverdy l'épigone d'une tradition allemande allant de Schoenberg à Zimmermann, ce qui constitue pour lui la pire des injures : « Même agressivité, mêmes sonorités astringentes, même tendance au récitatif expressionniste et haché. »

84. Wolfgang Schreiber, *Süddeutsche Zeitung*, 17 mai 1990.

85. Lettre du 21 mars 1990, AMR.

86. Les 6 et 7 octobre 1994 à l'Espace des Arts.

87. Elle habite alors une chambre rue Elzévir, dans le 4e arrondissement de Paris, puis un petit pied-à-terre dans le 12e arrondissement, rue Jules César (1997).

concerts, mais également à la faveur de trois résidences successives, au Conservatoire de Strasbourg (1993), à l'Université de Dijon (1995-1996) et à Chambéry (1999-2000) : activités créatrices et enjeux pédagogiques s'entremêlent plus que jamais.

À Strasbourg, elle succède à Klaus Huber avec qui le CNR avait inauguré ce type d'expérience : elle intervient dans les cours d'analyse et d'histoire de la musique, anime un atelier de composition, dirige un travail d'interprétation autour de sa musique de chambre. Également invitée à créer une œuvre collective pour un orchestre de jeunes enfants et avec Philippe Cambreling, chef associé à la résidence, elle participe encore à la composition d'un programme pour un concert symphonique. Le CNR de Strasbourg lui commande enfin une partition : *Les Gémeaux*, pour deux violoncelles et vingt-trois instruments voient le jour pour le Festival Musica le 2 octobre 1993, par l'Ensemble du Conservatoire dirigé par Philippe Cambreling. Les deux solistes sont Marc Coppey et le tout jeune Renaud Déjardin. Cette expérience pour laquelle elle s'investit sur tous les fronts lui permet de diversifier son ancrage dans la vie institutionnelle, ainsi qu'elle le note très consciemment :

> Les compositeurs qui, tels Beethoven ou Debussy, n'ont été « que » compositeurs, sont peu nombreux dans l'Histoire. Encore cela ne les empêchait-il pas de se tremper dans une vie professionnelle et sociale. Et l'immersion dans un conservatoire présente justement ce double aspect professionnel et social [88].

La résidence lui permet aussi, selon ses propres termes, « de faire le point sur l'évolution de [son] écriture pendant une vingtaine d'années et de remettre en question certaines de [ses] attitudes ou de [ses] idées, non seulement par rapport à [sa] propre démarche créatrice, mais aussi par rapport à [sa] perception de l'Art en général » [89].

La résidence de Dijon, à l'instigation de l'Atheneum, centre culturel de l'Université de Bourgogne, est l'occasion d'approfondir cette réflexion davantage encore : une année durant, à travers toute la région, la compositrice anime des concerts-rencontres, tient des conférences publiques, donne des cours à l'Université, fait travailler les instrumentistes de plusieurs conservatoires, intervient en milieu scolaire. Ses œuvres de chambre et sa musique orchestrale retentissent dans une quinzaine de concerts, une exposition itinérante est organisée autour de son œuvre, mais c'est surtout la création française du *Précepteur* (Chalon-sur-Saône, 1994) qui retient l'attention. Signalons, pour clore ce volet pédagogique, que c'est en juillet 1996 que Michèle Reverdy est pour la première fois invitée comme professeur de composition à la résidence d'été du centre Acanthes à la Chartreuse de Villeneuve-lès-Avignon [90].

La musicienne est consciente de l'essor pris par sa carrière. Lorsqu'elle répond en juin 1997 à une enquête du Ministère de la culture, elle se montre certes critique quant à la diffusion de ses œuvres, qu'elle juge insuffisante, tant au concert qu'à la radio, et plus sévère encore avec les éditeurs de musique, avec lesquels elle a connu des déboires ; mais elle s'estime malgré tout heureuse, si l'on en croit les premières lignes du rapport :

---

88. Entretiens avec Alain Surrans, *Le Compositeur dans l'arène*, Lyon 8 et 9 avril 1994, Ministère de la Culture et de la Francophonie / SACEM, p. 27.

89. Texte introductif de la brochure « Résidence 1994-1995. Michèle Reverdy, un compositeur en Bourgogne », daté du 5 juillet 1994, dans lequel la compositrice fait le bilan de son expérience strasbourgeoise.

90. Pour le 20ᵉ anniversaire du centre Acanthes, avec la participation de Pierre Boulez, Henri Dutilleux, György Ligeti, Iannis Xenakis ; cours d'analyse et ateliers de composition par Philippe Manoury, Michèle Reverdy, Alessandro Solbiati.

> J'ai beaucoup de chance, car depuis plusieurs années j'écris ce que je veux écrire. En effet, j'ai suffisamment de commandes de la part des Institutions ou de demandes d'œuvres de la part des interprètes pour pouvoir me permettre de faire des choix correspondant à mes préoccupations du moment. C'est ainsi que j'ai pu composer pour toutes sortes de formations, allant de la musique de chambre à l'opéra, en passant par le mélodrame, l'orchestre, etc... et ceci pour les meilleurs interprètes dans tous les domaines[91].

L'accomplissement de l'œuvre instrumentale

Sur les vingt-trois œuvres qui virent le jour au cours de cette décennie 1990, dix-huit sont instrumentales. Cinq d'entre elles furent créées à l'étranger : Bilbao (*Capricho* pour clarinette), Witten (*It didn't crash!* pour clarinette basse), Munich (*Dix Musiques-minutes* pour trio à cordes), Tokyo (*Sonata* pour flûte et piano) et Milan (*Chemins croisés* pour saxophone et percussions). C'est durant cette période que Michèle Reverdy étend le corpus de ses œuvres pour instrument seul, genre que depuis ses débuts elle prise tout particulièrement. Le Conservatoire de Paris lui commande *Rencontres*, pour le Prix d'alto en 1994, et *Am stram gram*, pour le Prix de flûte en 1996. Ce répertoire s'enrichit également d'une *Messe* pour orgue (1990), du *Solo* pour grand marimba (1996) et de ses *Quatorze Poignées d'argile* pour harpe (1999). Cette pièce est devenue un classique, défendue par sa commanditaire Isabelle Moretti, mais aussi, plus récemment, par de jeunes interprètes comme Pauline Haas : elle figure désormais au programme de concours internationaux[92].

Michèle Reverdy explore dans cette décennie un chemin nouveau : l'écriture pour cordes. Si dans sa jeunesse elle privilégia souvent les instruments à vent et les percussions, elle affronte à présent des genres plus classiques qu'elle cherche à revisiter à sa façon. Le trio avec piano est pour elle une *terra incognita* qu'elle foule pour la première fois dans le bien nommé *En terre inconnue*, écrit pour le Trio Wanderer (1993) ; le trio à cordes fait l'objet d'une exploration spécifique dans *Dix Musiques-minutes* (1994) ; quant au quatuor à cordes, le plus intimidant des genres de musique de chambre, sans doute, tant riche est la tradition, il n'est pas en reste : à la faveur d'une commande de Georges Zeisel pour *Pro Quartet*, le Quatuor Rosamonde avait créé *L'Intranquillité* à l'Opéra Bastille fin 1992. Michèle Reverdy s'explique sur son unique incursion dans le genre :

> Contrairement à d'autres compositeurs, ce n'est pas la crainte d'aborder cette formation réputée difficile qui m'a fait longtemps surseoir à la composition d'une œuvre pour quatuor. Mais jusqu'en 1991, j'avais davantage envie d'explorer le timbre des vents, des percussions, des claviers et surtout d'écrire pour les voix. J'ai donc assouvi mes appétits en composant notamment de nombreuses œuvres vocales, tant dans le domaine de la musique de chambre que dans celui de l'opéra. Puis, tout à coup, j'ai ressenti le besoin de travailler la matière du quatuor ; de profiter de cet instrument qui peut, tour à tour, être un ou multiple ; de sculpter dans la masse, ou au contraire de ciseler des profils dessinés de façon linéaire – comme à la pointe sèche. C'est donc principalement l'attrait d'un travail sur les timbres qui m'a amenée à composer pour le quatuor à cordes[93].

91. Note dactylographiée, copie du document envoyé au ministère, juin 1997, p. 1, AMR.

92. La dernière reprise au concert, par Isabelle Moretti, des *Quatorze Poignées d'argile*, remonte à juillet 2010, pour le Festival des Arcs.

93. Notice de l'œuvre publiée sur le site internet de Michèle Reverdy.

Michèle Reverdy se trouve donc face à la gageure d'appliquer à cet « instrument qui peut tour à tour être un ou multiple » son goût pour les contrastes de timbres et conçoit ce quatuor comme le parcours d'une « matière sonore évolutive ».

À côté de partitions de circonstance comme l'*Hommage à Cioran* (1992)[94], les œuvres instrumentales les plus notables de la décennie restent malgré tout les grandes commandes de Radio France, de l'Ensemble Intercontemporain et du Conservatoire. Gérard Caussé et l'Orchestre Philharmonique créent en février 1993 son concerto pour alto et dix-huit instruments, *Chimère*, tandis que trois ans plus tard, *L'Éloge de l'ellipse* retentit dans les murs de la Cité de la Musique par l'Orchestre du Conservatoire qui fête alors le bicentenaire du CNSM. Entre ces deux dates s'est imposée en 1994 l'une des partitions les plus représentatives de son auteure, le *Concerto pour orchestre*. Conçue pour la virtuosité des membres de l'Ensemble Intercontemporain, cette œuvre marque le couronnement de ce qu'on pourrait appeler une « troisième manière » : nouvel aboutissement dans la recherche d'équilibre que mène Michèle Reverdy entre la combinatoire formelle et la liberté de l'expression, qui s'est accrue depuis les années 1980, alliance entre poésie contemplative et éclats timbriques ou motorisme rythmique, lignes instrumentales hantées par les modèles vocaux. Surgie d'une simple mélodie de deux flûtes, l'œuvre fait la place belle aux vents, aux claviers et aux percussions alternativement traités en solistes, en effectif de chambre, ou en contrastes de blocs. Elle frappe par l'inventivité du discours, sans cesse renouvelé, comme par la variété des univers sonores qu'elle fait traverser à l'auditeur. Notons que ce *Concerto pour orchestre* fut enregistré en 2002 par Nicole Paiement et l'Ensemble Parallèle, créateurs de l'œuvre aux États-Unis (San Francisco).

Théâtre musical, mélodrame, opéra

Au cœur de cette floraison instrumentale, Michèle Reverdy n'oublie pas la musique vocale. Mais en dehors des *Nouvelles du monde après* – pour deux chanteurs et ensemble instrumental sur un poème de Christian Doumet, sous la forme de cinq brèves séquences pour une diffusion radiophonique[95] – ce sont les petits formats théâtraux qui retiennent son attention durant la dernière décennie du siècle.

Tout commence avec une commande de Mireille Larroche. La directrice de la Péniche Opéra a l'idée de réunir trois compositeurs – Jacques Rebotier, Michèle Reverdy et Bernard Cavanna – autour des *Cosmicomics* d'Italo Calvino. La série de nouvelles de l'écrivain italien consiste en une suite d'interviews fantaisistes d'un témoin privilégié des tout premiers temps de l'univers, le dénommé Qfwfq, dans une sorte de science-fiction rétrospective et humoristique. Michèle Reverdy choisit la nouvelle *Un signe dans l'espace*. Pour le spectacle monté au printemps 1991, l'effectif imposé requiert deux chanteuses (soprano et mezzo-

94. Œuvre écrite pour hautbois, cor, basson, contrebasse, piano et percussions : trois minutes de musique faisant partie d'une série de miniatures instrumentales commandées par Jean-Louis Vicard à vingt compositeurs afin de rendre hommage à l'écrivain roumain.

95. Commande de Radio France pour l'émission « Alla breve » : le cahier des charges stipule que l'œuvre doit comporter cinq parties de deux minutes chacune environ, suffisamment autonomes pour être diffusées de façon indépendante (du lundi au vendredi), mais formant néanmoins un tout. On reviendra au chapitre 3 sur cette partition qui fait partie des œuvres préférées de Michèle Reverdy.

soprano), trois clarinettistes, un altiste et un contrebassiste. La partition de Michèle Reverdy précise que ce dernier est également « acteur, danseur, chanteur » : un rôle taillé sur mesure pour Frédéric Stochl. L'initiateur du projet et dédicataire de l'œuvre souhaitait en effet s'investir dans une forme de théâtre musical. Le texte de Calvino est ainsi réparti entre les deux voix des chanteuses et celle du contrebassiste. À des jeux d'alliance entre diction parlée et diction chantée s'ajoutent une structure très étudiée, une instrumentation originale (toute la quatrième section n'est ainsi accompagnée que d'un trio de clarinettes basses), et une réflexion implicite sur le statut du signe en art. La prolifération du motif musical principal, dans la dernière section de ce mimodrame, conduit ainsi à une indifférenciation généralisée. Lorsque le signe prolifère, suggère Michèle Reverdy avec Italo Calvino, il ne signifie plus rien.

Peu après, Michèle Reverdy reçoit une commande de Dominique Debart pour l'Ensemble instrumental de Basse Normandie. Celui-ci souhaite un bref conte musical avec comédien, susceptible d'être entendu par un jeune public. Michèle Reverdy se tourne alors vers son ami Pascal Quignard. Celui-ci vient de publier *Tous les matins du monde* et s'intéresse depuis longtemps à la musique, qu'il pratique, et qu'il soutient en s'investissant dans plusieurs institutions[96]. Après leur projet inabouti d'*Éthelrude*, quelques années auparavant, tous deux s'intéressent à cette idée d'un conte à la façon de Perrault, accessible à des enfants mais adressé aux adultes : ce sera *Le Nom sur le bout de la langue*. Dans la préface de son conte, Pascal Quignard romance la genèse du mélodrame, qu'il fait remonter à un dîner que la compositrice avait organisé avec Claire Newmann, Olivier Baumont et Pierre Boulez, un soir de juillet, dans son petit appartement de la rue des Gravilliers. Ce repas eut bien lieu et fut effectivement rendu mémorable par un bloc de glace rétif ! Mais Quignard et Reverdy travaillaient déjà au *Nom sur le bout de la langue* – l'un des textes les plus « musicaux » de l'écrivain, l'une des partitions les plus « littéraires » de la compositrice.

La première version proposée par Quignard, très longue, aurait réclamé plus de deux heures de musique[97]. Comment cadrer avec les vingt minutes requises par Dominique Debart ? Un compromis est trouvé : chacun accepte de revoir sa copie et le conte musical durera un peu plus d'une heure. C'est l'histoire de Jeûne et de Colbrune, un tailleur et une brodeuse[98]. À la suite d'un défi ridicule lancé par son bien-aimé, la jeune femme accepte un pacte avec le mystérieux Seigneur Heidebic de Hel – un avatar du diable. Ce dernier lui accorde son aide à condition qu'elle retienne son nom, sans quoi elle mourra. Mais voilà que la jeune brodeuse oublie le nom fatidique. Le conte narre alors la triple tentative de Jeûne pour retrouver, dans l'autre monde, l'identité de ce diabolique Seigneur dont les deux protagonistes ne cessent d'avoir le nom sur le bout de la langue…

La structure traditionnellement répétitive du conte (trois épreuves, trois tentatives, trois énigmes) conduit Michèle Reverdy à se délier totalement de l'un des interdits de la génération sérielle, qu'elle avait partiellement intériorisé jusque là : celui de la non-répétition du discours. Un peu à la façon de *Pierre et le loup* de Prokofiev, chacun des personnages est

96. Il est notamment le fondateur du Festival d'opéra et de théâtre baroques de Versailles.

97. C'est la version intégrale qui est publiée par Pascal Quignard (POL 1993 / Folio 1995), suivie d'un « Petit traité sur Méduse », essai exploitant les implications philosophiques du conte. La compositrice en conserve un exemplaire dédicacé (illustration 41).

98. L'héroïne d'*Éthelrude*, projet d'opéra inabouti entre Quignard et Reverdy, était déjà brodeuse.

associé à un univers musical : solo de hautbois pour le tailleur, motif de cordes pour Colbrune, motif fantastique pour Heidebic de Hel. Afin d'instaurer une connivence dans l'écoute, la partition est ponctuée de signaux auditifs efficaces, qui ont d'ailleurs été l'occasion d'un travail pédagogique avec les enfants de la région Normandie lors de la création : *perpetuum mobile* de clavecin pour évoquer le cercle à broder, coups de timbales à chaque occurrence du « Nom » (motif de trois / trois / cinq / sept coups), roulement de caisse claire à chaque entrée dans l'autre monde, résonance de gong lors du passage du pont-levis, etc. Jacques Drillon résume dans *Le Nouvel Observateur* le succès de ce conte très enlevé :

> Sa musique, pleine d'idées et de métier, savante et directe à la fois, ne se contente pas de paraphraser le texte, comme une vulgaire musique de film. Elle crée un climat, ménage le suspense, raconte ce que le texte ne dit pas. Les enfants sont enchantés, et les adultes épatés[99].

Le second mélodrame de cette période, sur un texte de Borges, est écrit deux ans plus tard à la demande de Cyril Huvé et de Daniel Mesguich, rencontrés lors d'un concert à Gordes, l'été de la composition du *Précepteur*. Tous deux ont à cœur d'élargir le répertoire de ce genre illustré abondamment par les romantiques allemands. Suggéré par le comédien, le texte des *Ruines circulaires* inspire aussitôt Michèle Reverdy. « Le thème abordé par Borges dans cette nouvelle, explique-t-elle – nous sommes tous le rêve de quelqu'un, qui lui-même est rêvé… – m'avait déjà profondément charmée lorsque j'avais mis en musique *Through the Looking Glass* de Lewis Carroll »[100]. Ce mélodrame pour piano et voix fut présenté pour la première fois au festival de Lectoure à la fin de l'été 1996[101]. Plusieurs niveaux d'écoute sont possibles :

> [L'auditeur] peut au premier abord y entendre une simple illustration sonore du texte littéraire ; puis il peut trouver dans la forme et dans l'écriture musicale des correspondances subtiles plus étroitement liées aux sens exprimés par le texte et aux rythmes et sonorités du langage choisi par l'auteur[102].

Cette partition poursuit l'esprit du *Nom sur le bout de la langue*, de façon moins narrative qu'onirique.

Après ces différentes partitions théâtrales, Michèle Reverdy revient au genre lyrique grâce à une nouvelle commande de Mireille Larroche pour la Péniche Opéra. Le projet est en germe dès 1993[103]. Il s'agira – espace restreint oblige – d'un opéra de chambre dont il faudra limiter l'ensemble instrumental à sept musiciens. Le sujet est tiré d'un roman épistolaire à la couleur intimiste, *Le Fusil de chasse*, du Japonais Yasushi Inoué. Après avoir découvert dans un journal de chasse un mystérieux poème, un dénommé Josuke écrit à son auteur (le narrateur du roman) pour le remercier de cette évocation dans laquelle il se reconnaît. Il lui fait alors part de trois lettres dont il a été le destinataire : écrites par son

99. *Le Nouvel Observateur*, 29 avril 1993.

100. Michèle Reverdy, programme du festival de Lectoure lors de la création le 26 août 1996, p. 26. Borges cite d'ailleurs un extrait de *Through the Looking Glass* en épigraphe de sa nouvelle *Les Ruines circulaires*.

101. Plusieurs reprises sont à signaler : au festival L'Esprit des voix, à Périgueux, le 25 février 1997 ; et à La Péniche Opéra les 26 et 27 mars, 2, 9 et 16 avril 1999.

102. Michèle Reverdy, programme du festival de Lectoure, p. 26.

103. Dans sa lettre datée du 28 novembre 1993, Mireille Larroche propose à Michèle Reverdy cet opéra d'après Inoué.

épouse Midori, sa maîtresse Saïko, et la fille de cette dernière, Shoko, ces trois lettres développent de trois points de vue différents une histoire d'amour, de mensonge et de mort. Sobre, amère et envoûtante. Michèle Reverdy et Mireille Larroche conservent la structure épistolaire du roman tout en ménageant de subtils ensembles vocaux qui font se rencontrer les voix dans l'espace imaginaire de la lecture ou de l'audition [104].

Le plaisir évident que prend Michèle Reverdy à s'approprier l'univers à la fois tamisé et tendu d'Inoué se voit contrarié par un certain nombre de difficultés surgies au milieu des répétitions, et par les relations tendues qu'elle entretient avec les musiciens de l'Ensemble 2E2M, avec le chef Fabrice Parmentier et avec Mireille Larroche. Michèle Reverdy consent à effectuer quelques coupures (dans la lettre de Shoko notamment, des mesures 435 à 444), mais refuse catégoriquement de supprimer la « chanson » qui tient lieu d'ouverture, étant donné que celle-ci expose tout le matériau compositionnel développé par la suite, et que le trio de chanteuses dont elle est constituée fait symétrie avec l'ensemble vocal de la fin de l'opéra. La correspondance très vive du mois de mars 1999 montre l'état de tension des différents acteurs de cette production.

La vie d'un compositeur d'opéras n'est pas un long fleuve tranquille… Mais la Péniche Opéra est bien amarrée quai de Seine, et après une création le 10 mars 1999 au Manège de Reims (coproducteur du spectacle avec le Cargo de Grenoble), les dix-neuf représentations se succèdent, en conservant finalement l'indispensable « chanson » qui fait office de prologue. Jacques Doucelin salue dans *Le Figaro* ce « huis clos madrigalesque » [105] et dans *Les Échos*, Michel Parouty note que « l'enseignement d'Olivier Messiaen a laissé des traces sur ce goût raffiné des timbres instrumentaux et vocaux, sur le rôle primordial du silence dans un développement temporel » [106].

Dernières évolutions

La création du *Fusil de chasse* survient au cœur d'une période très agitée pour Michèle Reverdy. Les relations avec sa fille Anne se sont crispées singulièrement depuis quelques années. La jeune femme traverse des crises psychiques qui la conduisent à se couper de son entourage. Meurtrie par la maladie de sa fille, la compositrice connaît simultanément les pires désillusions avec son second mari qui finit par la quitter. Ce second divorce, suivi d'un imbroglio judiciaire mené pour garder le nom de Reverdy, ravive de plus anciennes douleurs. Elle revient alors à Paris, loue un appartement au 19, quai de l'Oise, près du Conservatoire, durant trois ans, avant de s'installer dans un logement plus spacieux qu'elle achète au 13, avenue Gambetta, face au cimetière du Père Lachaise. Durant toutes ces années, ses carnets recueillent la confidence de ses hantises et de sa colère. Noircis des rêves sinistres et violents qui l'assaillent, ils disent l'amertume, le sentiment d'injustice, le désespoir existentiel sans ébranler une ténacité sans faille : des nuits entières, Michèle Reverdy écrit et réécrit pour elle-même, de façon compulsive, l'histoire de ses drames personnels, passés et présents.

---

104. Voir l'analyse détaillée de la transposition au chapitre 3.
105. *Le Figaro*, mars 1999, AMR.
106. *Les Échos*, mars 1999, AMR.

Médée, *l'aboutissement d'une trajectoire théâtrale*

C'est de cette période troublée que date la maturation d'une nouvelle grande œuvre lyrique. Voici enfin venue la commande d'un Théâtre National. L'Opéra de Lyon lui laisse en effet carte blanche pour la saison 2002-2003. Cette institution pratique alors une politique très active en faveur des artistes contemporains, en jouant la carte de la création. *Médée* fait partie de cette gerbe de commandes lyonnaises qui comprend, au tournant du siècle, *Trois Sœurs* de Peter Eötvös (1998), *Le Conte d'hiver* de Philippe Boesmans (2000, en coproduction avec la Monnaie de Bruxelles), *Les Nègres* de Michaël Levinas (2004) et *Faustus, the Last Night* de Pascal Dusapin (2006, en coproduction avec le Staatsoper de Berlin).

Dès qu'il avait appris sa nomination à la tête de l'Opéra de Lyon, Alain Durel, qui avait assisté à la création du *Précepteur* à Munich, avait ainsi contacté Michèle Reverdy. Cette dernière pensait collaborer de nouveau avec Pascal Quignard, après le succès du *Nom sur le bout de la langue*. Ce dernier accepte avec enthousiasme, mais déclare bientôt forfait [107]. Revenue à la case départ, elle doit partir seule à la recherche d'un sujet. Après avoir un temps envisagé un opéra d'après un texte d'Elfriede Jelinek [108], elle se penche sur le récent roman de Christa Wolf, *Medea.Stimmen* (1996). Ce texte poignant lui est recommandé par ses amis Jacqueline Rousseau-Dujardin et Bernard Banoun. Avec Kai Stefan Fritsch, ce dernier adapte la prose de cette Allemande qui a choisi de renouer avec les sources les plus anciennes du mythe, antérieures à la pièce d'Euripide. Nullement infanticide, cette Médée-là est simplement une femme rejetée par les Corinthiens : moins parce qu'elle est magicienne que parce qu'elle est Colchidienne, étrangère, c'est-à-dire barbare. Constituée des monologues intérieurs de six personnages, la matière romanesque est redéployée par les librettistes en onze scènes organisées selon une dramaturgie linéaire. La dimension politique du roman est atténuée, notamment dans ses échos à l'histoire contemporaine de l'Allemagne (les auteurs ont cherché à fuir tout ce qui aurait pu faire basculer l'œuvre vers le « grand opéra »), mais non sa portée idéologique, la solitude de Médée mettant en relief avec force « l'antagonisme absolu entre l'humanité et le pouvoir » [109].

Michèle Reverdy taille sur mesure les rôles de Médée et d'Agamède pour Françoise Masset et Sophie Pondjiclis, avec lesquelles elle a déjà travaillé [110], et écrit le rôle de Glaucé pour la jeune Magali Léger, nommée « Révélation » aux Victoires de la Musique en 2003, peu après la création (illustrations 22 et 23). Pour la mise en scène, elle décide de contacter le réalisateur Raoul Ruiz, qu'elle appréciait, sans savoir qu'il était passionné d'opéra. Ce dernier accepte la collaboration. Il prépare un dispositif scénique sobre et efficace : sur trois écrans de plans fixes, il projette des images stylisées de Méditerranée, de temples grecs,

---

107. Le 16 décembre 1995, Pascal Quignard envoie une lettre à Michèle Reverdy, à la suite de la parution du *Nom sur le bout de la langue* en version intégrale, et ajoute : « À quand notre opéra ? ». Les raisons de l'abandon de Pascal Quignard restent obscures ; peut-être, ainsi que nous l'a expliqué la compositrice, a-t-il été déçu que son envie d'écrire un opéra en latin ait été découragée par Alain Durel, qui recherchait au contraire une esthétique très contemporaine pour cette création.

108. Voir la lettre de Bernard Banoun à Michèle Reverdy, datée du 29 juillet 1995.

109. Bernard Banoun, « Entretien avec les librettistes. Six questions à Kai Stefan Fritsch et Bernard Banoun », Programme de l'Opéra de Lyon, 2003, p. 21.

110. Françoise Masset a créé le rôle de Saïko dans *Le Fusil de chasse* et Sophie Pondjiclis celui de la Commandante dans la reprise française du *Précepteur*.

d'écoulements d'huile ou de lait, de visages et de mains – un décor mouvant qui suit le rythme musical sans happer inutilement l'attention du spectateur : cet opéra marque l'une des premières utilisations probantes de la vidéo dans l'univers lyrique, sur une scène française (illustration 20).

Le succès est au rendez-vous dès la première le 25 janvier 2003. Jacques Doucelin salue dans *Le Figaro* un « niveau international que Paris ne garantit pas toujours »[111] et commence son article par une belle révérence : « Alain Durel peut être fier : avec l'ultime commande de son directorat, il quitte l'Opéra National de Lyon sur un succès. » Cette *Médée*, qui est selon lui « un oratorio, un récit poétique scandé par de superbes interventions chorales et instrumentales », permet à la compositrice de développer des « visions personnelles, mais aussi un langage original ». « On sait gré à Michèle Reverdy, ajoute-t-il, de ne pas succomber à la mode guimauve et mondialiste pour rester fidèle à elle-même et à ses maîtres, Messiaen et Ballif ». Gérard Corneloup, de son côté, apprécie la représentation :

> [Médée] évite tout pathos, toute sécheresse pseudo-boulézienne, toute recherche sonore gratuite, au profit d'un discours musical souple et délié, qui sait constamment animer les longs ariosos d'une sorte de parlé-chanté. D'où une musique toujours très en situation avec la scène, jouant volontiers sur les demi-teintes, jonglant magistralement avec les timbres, ceux des vents tout particulièrement, mais sans jamais couvrir les voix. [...] Voilà un spectacle réconfortant, prouvant qu'au XXIe siècle, le bon vieux genre de l'opéra peut encore nous réserver des surprises[112].

La presse étrangère est également au rendez-vous : tandis que le magasine *Opernwelt* en appelle à une création allemande[113], le *Frankfurter Allgemeine Zeitung* relie *Médée* à la fois à la catégorie du *Literaturoper* (l'opéra littéraire) et à celle du théâtre musical, en appréciant, plus que l'écriture vocale, une partition qui « renonce à la sentimentalité comme à la description, repose sur des jeux de couleurs orchestrales autonomes », en mettant en œuvre une théâtralité qui « naît de la musique même, sans qu'elle se fasse l'esclave des passions qu'elle peint ».

Le creux de la vague ?

Quelques mois seulement après la première de Médée, Michèle Reverdy livre deux nouvelles pièces vocales : *En la Noche dichosa*, pour ensemble à huit voix, sur douze poèmes de Saint Jean de la Croix[114] (textes qu'elle aborde non en croyante, mais en nostalgique du catholicisme de son enfance), puis *La Fable de la mort et du boxe(u)r*, pour chœur d'enfants, clarinette, violon et xylophone – l'occasion d'une nouvelle collaboration avec Christian Doumet. Mais les lendemains de *Médée* ne sont pas à la mesure de ses attentes. La compositrice ne manque pourtant pas d'idée : elle aimerait rebondir sur le succès lyonnais pour écrire un nouvelle œuvre lyrique. Un opéra bouffe, cette fois-ci. Il s'agit sans doute de conjurer le tragique de *Médée* – en tordant le cou, peut-être aussi, à tous les mauvais démons. Encore

111. 25 janvier 2003.

112. *Figaro-Lyon*, 25 janvier 2003.

113. G. Rohde, *Opernwelt*, mars 2003.

114. Commande du Conseil général de Haute-Savoie, pour une exposition de tapisseries de Manessier inspirées de ces poèmes, créée le 28 juin 2003 à la Chartreuse de Mélan.

lui faut-il trouver un librettiste. Elle songe un temps à Éric-Emmanuel Schmitt, dont elle apprécie les *Variations énigmatiques* et *L'Évangile selon Pilate*, et qui partage son amour pour l'*opera buffa* mozartien[115]. Elle le rencontre à Bruxelles et il semble prêt à se lancer dans l'aventure, ainsi que le montre la lettre du 29 avril 2005 à Nicholas Snowman :

> Après le succès de *Médée* à Lyon j'ai pensé que j'avais assez de métier maintenant pour aborder le genre de l'opéra bouffe. J'ai trouvé, en la personne d'Éric-Emmanuel Schmitt, le partenaire idéal pour ce projet. Éric écrit magnifiquement pour le théâtre, il aime ma musique et est enthousiasmé à l'idée d'écrire un livret d'opéra. Ce serait une sorte de *Così fan tutte* moderne...

Ce « *Così fan tutte* moderne » la ramènerait de surcroît à sa passion de jeunesse pour les opéras de Mozart. Hélas, pas un théâtre ne répond à ses appels : l'*opera buffa* reste lettre morte. Quelque temps auparavant, elle avait couché sur le papier quelques esquisses d'un projet plus modeste, qui achoppa lui aussi durant l'été 2004. Il s'agit du *Roi du bois*, sur un texte de Pierre Michon. Cette histoire d'une rencontre d'un jeune porcher avec le peintre Claude Le Lorrain avait touché Sandrine Anglade, qui avait obtenu de l'écrivain son accord pour une adaptation théâtrale et projetait d'en assurer la mise en scène. Michèle Reverdy avait été elle-même séduite par ce récit qu'elle imaginait récité par un acteur et un enfant chanteur, et soutenu par un quatuor à cordes. Ce projet connut un rebondissement cinq ans plus tard, avant de voir le jour à l'automne 2012.

Pour l'heure, à défaut de s'imposer au théâtre, la compositrice se consacre en 2004 et 2005 à ses *Cinq Pièces pour violoncelle*, créées à Lyon par leur dédicataire Marc Coppey ; à sa brève *Po-Chat-De* pour voix et piano, sur un poème de Michel Siret-Gille, pour le festival « Le printemps de la mélodie » de la Péniche Opéra ; aux *Amours jaunes*, mélodies pour voix et harpe sur trois poèmes de Tristan Corbières ; et enfin aux *Travailleurs de la mer*, commande de l'Orchestre National de Lyon, une œuvre interactive faisant intervenir des enfants non musiciens parmi un effectif de cinq professionnels. Les Parisiens découvrent de leur côté, en 2004, sa pièce orchestrale *Lac de lune*, composée sept ans auparavant : un succès terni par l'interprétation de Kurt Masur (à la tête de l'Orchestre National de France), tellement lente que la compositrice ne reconnaît pas son œuvre !

La partition la plus importante de cette période reste incontestablement le *Concerto pour harpe*, écrit pour Isabelle Moretti en 2005 et créé à Lille l'année suivante[116]. Michèle Reverdy renoue avec l'instrument qu'elle a honoré depuis *Les Jeux de Protée* (pour flûte, alto et harpe) et surtout à travers les *Quatorze Poignées d'argile*. « J'avais déjà créé la pièce pour harpe solo de Michèle », explique Isabelle Moretti, « et j'avais adoré cette œuvre. Depuis ce jour, je rêvais aussi de lui demander d'écrire un concerto »[117]. L'opportunité est trouvée lors du concours international de harpe de Lille. Lors du concert de gala résonna une œuvre d'un seul tenant, dans laquelle la virtuosité exacerbée s'efface au profit d'un cheminement poétique. Sans renoncer à la richesse du grand orchestre, la compositrice

---

115. Il écrivit notamment une version française des *Nozze di Figaro* pour le Théâtre de Compiègne.

116. Le 27 octobre 2006, l'Orchestre National de Lille est dirigé par Paul Polivnick.

117. Interview d'Isabelle Moretti, *Harpseason*, hiver 2007, p. 4. La harpiste créa également le concerto pour harpe de Philippe Hersant commandé à la même période, créé à un mois d'intervalle (*Le Tombeau de Virgile*).

ajoure régulièrement la texture afin de ménager à l'instrument soliste des épisodes de monologue (plus que de cadence) ou de dialogue avec l'effectif symphonique.

Durant le début de ces années 2000, Michèle Reverdy est invitée à participer à de nombreux jurys, et on la sollicite également pour donner des masterclasses de composition, à l'étranger comme en France (au Conservatoire de San Francisco, en octobre 2002), être rapporteur au concours de la villa Médicis, intervenir lors de journées d'étude ou de résidences (la Sorbonne, 2003, CNR de Paris, 2006). Elle continue à enseigner l'orchestration au CNSM, donne des conférences, et pour la première fois, un colloque universitaire est consacré à sa musique, à l'instigation de Pierre Michel et de Bernard Banoun à l'Université de Strasbourg (février 2004)[118]. Mais il faut bien reconnaître que les commandes ne se bousculent pas : elle accepte alors la proposition de Belinda Cannone qui lui demande un livre pour sa collection « 50 questions » chez Klincksieck. Michèle Reverdy témoigne de ce qu'est *Composer de la musique aujourd'hui* : non en musicologue ou en sociologue, mais en musicienne (elle partage son expérience), en analyste (elle interprète ses œuvres et celles de quelques autres compositeurs), en historienne (elle expose l'évolution du langage et des institutions) et en polémiste (elle peste contre les musiques dites « actuelles » soutenues par le ministère de la Culture, fustige les compositeurs néo-tonaux et expose sans langue de bois sa vision pessimiste du milieu musical).

Durant l'année de rédaction de cet ouvrage – 2006 – Michèle Reverdy entend la création de son *Trio Nomade* pour alto, violoncelle et piano (à La Grave pour le Festival Messiaen) et celle du *Concerto pour harpe*. L'année suivante, *La Caja de Pandora* retentit à Leipzig puis à Tolède, dans une formation originale qui valorise les cordes pincées – harpe, mandoline[119] et guitare avec voix de mezzo-soprano. Il s'agit d'un spectacle qui associe poèmes de José Tono Martinez, toiles peintes d'Abel Robino, et musiques de quatre compositeurs[120]. En 2008, à la demande du Quintette Turbulences de David Guerrier, vint *Mines de cuivres* – un quintette pour deux trompettes, cor, trombone et tuba dans lequel les effets de fanfare s'effacent au profit du lyrisme. Le CNSM lui commande enfin une pièce pour le récital du Prix de contrebasse : il s'agit d'*Hécate*, pour contrebasse et percussions, l'année de sa retraite pédagogique.

Un nouveau chapitre

S'il est toujours délicat de brosser la trajectoire d'un compositeur vivant, pour des raisons épistémologiques évidentes, l'historien du temps présent peine *a fortiori* à construire tout récit : il est lui-même plongé au cœur d'une période par rapport à laquelle il n'a aucun recul. On se contentera donc, pour évoquer la fin de la décennie 2000, de quelques mentions qui demanderont plus tard à être mises en perspective. Toujours est-il que juin

118. Le livre *Musique, arts et littérature dans l'œuvre de Michèle Reverdy*, qui sera primé par l'Académie Charles-Cros, réunit les actes du colloque.

119. La partie de mandoline avait été initialement conçue pour zarb.

120. Les douze poèmes de Martinez furent tirés au sort et répartis entre Alexandre Markeas, Carlo Carcano, Luis Naon et Michèle Reverdy. Cette dernière remania par la suite cette partition en inversant l'ordre des trois pièces qui lui étaient dévolues, en remplaçant le zarb de la création par une mandoline, et en réécrivant un certain nombre de parties.

2008 marque *de facto* une nouvelle période dans la vie de la compositrice. Moins liée à Paris, Michèle Reverdy revend après sa retraite du Conservatoire son grand appartement de l'avenue Gambetta pour acheter conjointement un logement rue de Paradis, dans le 10ᵉ arrondissement, et une grange à Rougemont, en Côte d'or, qu'elle fait restaurer. De quoi satisfaire son goût pour les séjours loin de la capitale, au calme pour composer. Partagée entre ville et campagne, sa vie est également ponctuée par les voyages qu'elle entreprend pour suivre les interprètes de ses œuvres – reprises ou créations – ou pour répondre à diverses sollicitations institutionnelles. Après avoir été invitée d'honneur au colloque sur les Écrits de compositeurs organisé à la Faculté de musique de l'Université de Montréal, où elle présente son œuvre et son dernier livre, au printemps 2008, elle enseigne à Metz pour le Centre Acanthes (2008)[121], intervient au CEFEDEM de Lorraine en tant que marraine de promotion (2009)[122], participe la même année à un *workshop* à l'École Supérieure d'Art de Mulhouse[123], est l'invitée du séminaire « Musique et Littérature » de l'École Normale Supérieure puis du cycle « Paroles et Musiques » de la Sorbonne (2010) et siège dans différents jurys de concours.

Elle écrit alors *Anacoluthes* pour sept instruments (quatuor avec piano, flûte, hautbois, clarinette), *Which Dreamed it?* pour deux pianos et deux percussions et *De l'ironie contre l'absurdité du monde*, cycle de mélodies pour mezzo-soprano et piano. Commande de la Fondation BBK[124], « en hommage à Messiaen », la première fut créée le 24 août 2008 au festival de Santander (Espagne) : elle fut reprise à Madrid, Bilbao et Lisbonne durant les mois qui suivirent. Le titre de l'œuvre, renvoyant en grammaire française au phénomène de rupture de construction, signale une nouvelle approche formelle de la part de la compositrice : pour la première fois, elle expérimente une écriture plus rhapsodique, libérée d'un travail de prédéfinition du matériau :

> Pour rendre hommage à Olivier Messiaen, j'ai décidé de travailler sur les traces que son enseignement et l'étude approfondie de son œuvre ont laissées en moi : le goût pour les recherches rythmiques, la liberté mélodique, une écriture harmonique maîtrisée, une passion pour le timbre. En revanche, j'ai une tout autre approche de la forme musicale que Messiaen, pour qui ce paramètre ne semblait pas être une priorité. Généralement, lorsque je commence la composition d'une œuvre, je projette dès ses prémices la construction à venir, et je prévois, en imaginant le matériau générateur de l'œuvre ce que seront ses différents développements. Ici, je suis partie à l'aventure, sans forme préconçue, écrivant des épisodes apparemment sans suite, en anacoluthes... rythmés – comme le faisait souvent mon cher Maître – par trois cadenzas du piano[125].

121. Le 15 juillet on donne à l'Arsenal son *Solo pour grand marimba* et le 5 juillet ses *Nouvelles du monde après*.

122. Les CEFEDEM, régionaux, sont en France des « Centres de Formation habilités à délivrer le Diplôme d'État de professeur de Musique et de Danse » : ils forment les futurs professeurs des conservatoires. Au CEFEDEM de Lorraine, Michèle Reverdy assure des cours d'interprétation, des conférences et des masterclasses autour de sa musique, également interprétée en concert au cours de l'année 2010-2011.

123. Conférence le 2 novembre 2009, travaux d'étudiants des Beaux-Arts sur sa musique.

124. La Bilbao Bizkaia Kutxa est une banque espagnole.

125. Notice publiée sur le site internet de Michèle Reverdy.

À ces *Anacoluthes* qu'elle estime manquées, Michèle Reverdy préfère sans ambiguïté *Which Dreamed it?* Il se dégage de cette partition, il est vrai, une poésie et un onirisme très séduisants, qui transcendent la virtuosité d'interprétation requise. La compositrice joue des deux pianos et des percussions de façon quasi orchestrale, avec une variété de timbres qui ne cesse d'étonner. Avec un titre à nouveau inspiré de Lewis Carroll, elle renoue avec ses premières amours : trente ans plus tôt, Michèle Reverdy s'était servie du même passage d'*Alice au pays des merveilles* pour le dernier volet de sa pièce de théâtre musical *Through the Looking Glass*. Commande de Prodromos Symeonidis pour l'Ensemble BerlinPianoPercussion, créée à Berlin le 10 février 2010, reprise à Brême deux mois plus tard et à San Francisco début 2011 [126], cette pièce renoue donc avec une thématique chère à la compositrice : vivons-nous réellement ou sommes-nous rêvés ? Mais à présent, l'univers onirique coïncide avec un nouvel assouplissement de la technique compositionnelle :

> Lorsque dans notre sommeil nous rêvons, notre esprit, échappant au contrôle de la raison, crée des mondes et des situations extravagants, faisant preuve d'une imagination dont, à l'état de veille, nous n'aurions jamais soupçonné l'existence. J'ai souvent pensé que la musique que je compose procède de la même origine que le rêve du dormeur. Comme le rêve, elle échappe à mon contrôle. Mais, alors que le rêve est apparemment improductif, la musique que je porte en moi, dans ce lieu indéfinissable et inquiétant que les psychanalystes nomment « l'inconscient », engendre une énergie contre laquelle il est inutile de lutter et qui me pousse sans relâche au travail de la composition [127].

La rigueur formelle dont Michèle Reverdy a toujours fait preuve n'est pas en cause ; mais plus que jamais, le goût des combinatoires est mis à distance : la volonté de maîtriser la matière sonore et la forme semble relativisée par l'acceptation d'une énergie émanant d'un au-delà de l'intellect. Si la compositrice assume depuis les années 1980 l'expression, elle s'autorise désormais l'abandon, celui-là même que les *Quatorze Poignées d'argile*, pour harpe seule, faisaient déjà entendre. Toute forme de contrôle du discours musical lui semble à présent limitée : nécessaire, mais insuffisant.

Avec *De l'ironie contre l'absurdité du monde*, enfin, Michèle Reverdy répond par le sarcasme à la comédie humaine et au grand théâtre du monde musical. Il s'agit d'un cycle de cinq mélodies sur des poèmes de Joachim du Bellay, Sandro Penna, Lewis Carroll, Hans Ulrich Treichel et Federico García Lorca. Cette partition polyglotte pour voix d'alto et pianiste [128] fut créée au Teatro de la Fenice de Venise le 19 septembre 2010. Les textes choisis par la musicienne « posent les questions sans réponse qui accompagnent notre vie tout en exprimant l'absurdité apparente de notre existence dans ce monde étrange où nous avons échoué comme par mégarde... » [129] À quoi répond le titre de son œuvre pour harpe et quatuor à cordes, *Ni d'ici ni d'ailleurs*, composé à l'instigation de la harpiste Pauline Haas, achevé à la fin de l'été 2010 et créé au festival international « Harpes en Avesnois » le 29 janvier 2011. Il y avait, bien sûr, la gageure de revisiter une formation brillamment illustrée par

126. La reprise à Brême eut lieu le 5 mai 2010, et la création américaine à San Francisco le 5 février 2011 avec l'Ensemble Parallèle dirigé par Nicole Paiement.

127. Notice publiée sur le site internet de Michèle Reverdy.

128. Les créateurs furent Sonia Tuchetta et Aldo Orvieto.

129. Notice publiée sur le site internet de Michèle Reverdy.

André Caplet dans *Le Masque de la mort rouge*; mais comme toujours, le commentaire sur l'œuvre effectue un décentrement de l'esthétique musicale vers l'autobiographie larvée :

> Au début, une bruine s'installe – est-ce le climat que j'imagine en Avesnois qui m'a mis dans la tête cette idée si délicate à mettre en place ? – nous allons du rien vers le son et du registre aigu vers le grave. C'est alors que s'affirme avec autorité le thème d'accords habillé de son rythme. Ensuite ce ne seront que jeux sur les matières sonores, variations sur les éléments précédents au cours desquelles deux épisodes de lento alterneront avec des mouvements vifs, jusqu'à un finale de grande virtuosité. À mes moments de liberté, pendant que j'écrivais cette œuvre, j'ai lu avec beaucoup de plaisir deux romans de Gianrico Carofiglio. L'un d'eux est intitulé : Né qui né altrove – ce que l'on peut traduire : ni ici ni ailleurs. Et puis, j'ai pensé que moi-même je ne suis ni d'ici ni d'ailleurs, ce qui me donne l'avantage de me sentir à peu près bien partout [130].

Au titre spatial de Gianrico Carofilio (« Ni ici ni ailleurs »), qu'elle modifie singulièrement dans sa traduction personnelle, Michèle Reverdy ajoute un drame de l'origine. D'où viens-je, qui suis-je ? La création musicale, on le voit, n'a pas fini d'exorciser le roman familial, comme en témoigne encore cette citation de Jules Barbey d'Aurevilly, mise en exergue sur le site internet de la compositrice : « La vie me brûle, mais, comme la salamandre, je vis dans ce feu » [131]. La formule muée en devise personnelle claque comme un défi : les douleurs personnelles nourrissent l'écriture – et l'écriture conjure le temps.

Le retour au théâtre

Après l'écriture d'une étude pour quatre timbales intitulée *Le Cheminement d'un timbalier*, dans laquelle la compositrice prolonge son expérimentation de l'écriture pour instrument seul [132], Michèle Reverdy s'est investie, au moment où nous bouclons (automne 2012), dans plusieurs projets théâtraux. Elle songe toujours à remanier le *Château*, dans la perspective d'une création, trente ans après sa composition, mais les obstacles sont encore nombreux. Dans la veine bouffe en suspens, elle assouvit son désir d'une écriture théâtrale mariant humour et philosophie en remaniant *Un signe dans l'espace*, ce mimodrame d'après Italo Calvino qui avait été créé en 1991 à la Péniche Opéra. L'idée est de repartir du recueil de nouvelles *Le Cosmicomiche*, mais de conserver la langue originale, dans la perspective d'une production transalpine. Michèle Reverdy recompose donc *Un segno nello spazio* en italien ; elle réinstrumente, ce faisant, la partition pour un nouvel effectif, plus fourni [133] ; elle s'emploie enfin à écrire une musique originale à partir d'une autre nouvelle du recueil de Calvino, *Tutto in uno punto*, mettant en scène le même personnage fantaisiste Qfwfq. L'idée est de constituer un diptyque formant deux brefs « opéras de poche » d'une durée d'une petite heure.

130. *Ibid.*

131. Cette citation constitue également la pointe de son ouvrage *Composer de la musique aujourd'hui.*

132. L'œuvre est créée par son commanditaire, François Moreau (percussionniste rencontré au Centre de Formation des Enseignants de Musique de Lorraine), le 28 mars 2011 à Thionville.

133. Les trois clarinettes, alto et contrebasse de la première version font place à un ensemble de sept instrumentistes (flûte et piccolo, clarinette, cor, percussion, harpe, alto, violoncelle) ; l'effectif vocal comprend toujours un soprano (colorature), un mezzo-soprano et un baryton-acteur jouant Qfwfq.

En attendant la création, c'est un autre projet qui a vu le jour à l'automne 2012, concrétisation d'une réflexion amorcée peu après *Médée*, abandonnée un temps, puis retravaillée de façon systématique depuis la fin de l'année 2011 : *Le Roi du bois*, « opéra parlé » d'après le récit éponyme de Pierre Michon. C'est de longue date, donc, que Michèle Reverdy avait accepté de se pencher sur ce texte avec Sandrine Anglade. Son implication s'explique aisément, à la fois par son amour de la langue française – celle de Pierre Michon est aujourd'hui l'une des plus littéraires qui soient, d'un classicisme sophistiqué – et par son goût pour l'univers pictural – le récit s'attache à l'étrange destin d'un jeune porcher devenu broyeur de couleurs pour Claude le Lorrain. Qu'importe la difficulté du texte : Michèle Reverdy et Sandrine Anglade l'imaginent porté à la fois par un acteur de talent – ce sera Jacques Bonnaffé – et par une musique qui le fasse respirer – ce sera un quatuor à cordes (le quatuor Varèse), et un enfant chanteur :

> J'ai rêvé un quatuor à cordes dont les instrumentistes participeraient à l'action scénique : ils seront les peintres que l'on rencontre sur les pentes de Tivoli. Il y aura également la voix du petit pâtre qui découvre la somptuosité d'un monde dont il ne soupçonnait pas l'existence – voix chantée par un enfant de la Maîtrise de Paris – et la voix de l'acteur qui portera le beau texte de Pierre Michon.
>
> Il ne s'agit pas simplement pour la musique d'illustrer ou d'accompagner Le Roi du bois. Je conçois la partition musicale comme un véritable protagoniste de l'action scénique, personnage sonore qui dialogue, entre en conflit, compatit avec Domenico Desiderii, homme brisé d'amertume, profondément déçu par la vie qu'il s'est choisie, alors que la porte magique de la création artistique lui avait été ouverte par Claude le Lorrain… L'histoire musicale se racontera en contrepoint du texte, intimement tissée avec ce texte, sans néanmoins en être réduite à l'état de simple paraphrase illustrative[134].

Créé au Théâtre 71 de Malakoff le 2 octobre 2012, et suivi d'une longue tournée en France, le spectacle de Sandrine Anglade, aux allures de toile abstraite, constitue un écrin pour la performance de l'acteur, tandis que la partition de Michèle Reverdy tend à l'épure pour servir la poésie du texte. Plongée au cœur du Grand Siècle, celui-ci aurait pu susciter quelque réminiscence baroque. Or la compositrice ne tire pas la prose de Michon vers un historicisme au parfum postmoderne, mais vers une universalité abstraite. Treize séquences musicales viennent de fait s'entremêler, de façon parcimonieuse, à la diction parlée : elles opposent au mouvement continu du récit une dramaturgie de la mémoire, puisque la matrice de l'œuvre est constituée par un obsédant *Ave Maria*, tantôt chanté par la voix de l'enfant, tantôt intériorisé par le quatuor, qui participe également à l'action scénique. À travers ce mélodrame, d'un style plus sobre que *Le Nom sur le bout de la langue*, se confirme l'abandon mélodique auquel Michèle Reverdy se livre depuis quelques années. Comment ne point songer à la *Suite lyrique* ? Sa filiation avec Berg, un auteur qu'elle révère depuis sa jeunesse, n'en est que plus manifeste.

134. Dossier de presse du spectacle, consulté le 2 octobre 2012 sur le site de la compagnie de Sandrine Anglade : http://www.compagniesandrineanglade.com/spectacle_roi_du_bois/da_roi_du_boiscie_sa.pdf.

Bilan stylistique

La trajectoire créatrice de Michèle Reverdy laisse ainsi entrevoir un certain nombre d'évolutions musicales. Durant les années 1970, son langage reposait prioritairement sur un travail des timbres et des textures : au cœur des avant-gardes, mais éloignées du courant postsériel et plus distantes encore de la musique spectrale, ses œuvres s'apparentaient à de vastes toiles sonores abstraites. La dimension éruptive et pointilliste du matériau sonore s'assouplit au cœur des années 1980 : sans mettre en cause la rigueur des architectures ni au jeu des combinatoires qui les sous-tendent, motifs et mélodies apparurent au cœur de ces fresques en mouvement. Michèle Reverdy ne cessa dès lors de revendiquer l'expression, qui la mettait de surcroît en cohérence avec l'admiratrice de Mozart et de Berg qu'elle avait toujours été :

> Ma génération et celle qui m'a précédée ont été marquées par les diktats de Pierre Boulez et de l'École de Darmstadt qui prônaient un certain intellectualisme de l'art, ne parlant jamais d'émotion ni d'expression. Plus j'écris de la musique et plus j'estime qu'il ne faut pas s'interdire l'émotion : cela me semble être une nécessité intérieure. La technique doit se mettre au service de l'émotion et non le contraire. Évidemment l'émotion sans technique sera mièvre, mais la technique sans émotion n'est que sécheresse [135].

Les années 1990 – les plus florissantes de son parcours, au cours desquelles Michèle Reverdy acquit une vraie reconnaissance institutionnelle et internationale – approfondirent cet équilibre recherché entre formalisme et expression. L'écriture de ses pièces théâtrales (dans lesquelles les personnages chantent, ressentent, communiquent des affects) eut une influence déterminante sur l'ensemble de son œuvre : aiguisé, le souci du public (les processus formels sont soumis aux limites des facultés perceptives), assoupli, le processus compositionnel (l'architecte du matériau sonore se fait aussi alchimiste du timbre et poétesse), rééquilibré, le rapport entre tous les paramètres musicaux (la mélodie, l'harmonie, le rythme et les timbres prévalent désormais sur les textures et les densités). Depuis le début des années 2000, Michèle Reverdy renouvelle encore son langage en l'enrichissant d'une dimension plus impondérable, laissant l'abandon et la liberté déjouer les structures préétablies. En revanche, elle reste tout à fait rétive à un certain nombre de procédés d'écriture qui ont le vent en poupe : retours de la modalité, harmonies néotonales, tressages harmoniques postspectraux, citations et éclectisme postmodernes, porosité aux musiques traditionnelles et à la mondialisation culturelle ne font pas partie de son langage.

Par-delà cette évolution stylistique, l'une des grandes constantes de son parcours est sa relation ambivalente aux institutions : tout en ayant évolué au cœur de structures qui lui firent une place honorable (le Conservatoire, la Radio), souvent invitée à l'Université, pour sa dimension de compositrice cultivée et pour sa vocation de pédagogue et de « passeuse », elle resta néanmoins indépendante par rapport aux grandes institutions de la musique contemporaine, à l'écart de ses principaux courants. Consciente de cette singularité, elle l'assume non sans peine :

> J'ai choisi d'avoir un langage très libre, très indépendant, et qui s'autogère en quelque sorte sur une imagination sonore. J'en souffre parfois, parce que, précisément, je n'appartiens à

135. Entretien *Salabert – Actuel*, p. 22.

aucune école, à aucun courant, à aucun groupe, à rien. Et c'est pour cela, peut-être, que l'on m'oublie la plupart du temps [136].

N'appartenir *à rien*: tout se passe comme si ressurgissait sur le plan professionnel, de façon sporadique, l'angoisse identitaire née de ses drames personnels. Il n'empêche : entre l'excès de formalisme qu'elle réprouvait dans le sérialisme et le déficit d'intellectualité qui caractérise, selon elle, les postmodernes, Michèle Reverdy entend bien creuser le sillon d'une « troisième voie ». Exploration exigeante qu'elle verbalise en octobre 1993, à travers un texte dactylographié qui nous semble à la fois résumer l'ensemble de sa trajectoire, exposer un *credo* esthétique, et constituer le noyau de son *identité* de compositrice :

> Après la dure répression des années 50-70, période durant laquelle tout compositeur dut se soumettre au joug d'un postsérialisme austère et impérieux, sous peine de ne pouvoir exister, la réaction se fit radicale : les « néo » firent rage : Nouvelle simplicité en Allemagne, minimaliste ou « planants » aux États-Unis ou dans les contrées nordiques, retour à la tonalité un peu partout...
>
> Et pourtant, il existe une troisième voie, qui a été mienne depuis mes débuts, et sur laquelle je suis restée – acharnée à tracer mon sillon – en dépit des fluctuations de la mode : il s'agissait pour moi, sans rompre avec la tradition, de trouver mon langage propre, et de chercher l'expression d'une authenticité intérieure, nourrie par un métier solide et exigeant auquel je m'exerce chaque jour.
>
> La liberté soutenue par la rigueur... et la rigueur justifiée – après coup – par la force expressive.
>
> Chacune de mes œuvres se nourrit d'un noyau central originel – noyau harmonique –, dont la matière va irradier en tous sens et engendrer une forme.
>
> Ni sérielle, ni tonale, ni modale, ma musique adopte généralement une trajectoire de type dramatique.
>
> Le travail de composition qui succède à ces prémices consiste en un choix des diverses combinatoires ; en une recherche d'équilibre entre la grande structure et les micro-structures ; en un méticuleux travail sur les densités, les timbres et les couleurs.
>
> Michèle Reverdy
> Octobre 1993

136. Propos recueillis par I. Stoianova, « Michèle Reverdy », p. 8.

UNE ŒUVRE AU CARREFOUR DES ARTS

> Je procède comme un peintre, jouant sur les empâtements, superposant les couleurs ou, au contraire, jouant sur les transparences, ajoutant des glacis, soulignant parfois d'un trait un peu plus appuyé, mettant une petite touche de couleur – un bref motif de trois notes joué par une trompette bouchée – comme la petite tache rouge dans une toile de Corot [1].

Au relatif isolement de Michèle Reverdy par rapport aux courants institutionnels de la musique contemporaine répond une grande perméabilité de l'ensemble de son œuvre à tous les arts. Ses carnets de composition fourmillent en effet de notations qui placent sa musique au cœur d'une expérience esthétique beaucoup plus large. Au milieu des esquisses formelles et thématiques surgissent citations littéraires, impressions de lectures et comptes rendus d'expositions. Aussi Camus s'invite-t-il dans le carnet du *Château* ou Dubuffet dans celui du *Concerto pour orchestre*. Ces notes sont tantôt insérées sous forme de collages, tantôt rédigées directement sur les portées musicales de cahiers à spirales. Signe que la maturation de ses œuvres se nourrit d'une expérience transartistique grâce à laquelle la compositrice conçoit, ressent et fait advenir sa propre musique. Nourrie de peinture et de littérature, cette expérience totale trouve son aboutissement dans le genre de l'opéra.

MUSIQUE ET PEINTURE

Michèle Reverdy a adopté pour nom d'usage le patronyme d'un peintre. Et si c'était sa musique tout entière qui *peignait* ? L'interrogation peut sembler douteuse, tant la notion de peinture musicale, vague et métaphorique, est à la fois rebattue musicologiquement et historiquement complexe. Pourtant, elle semble justifiée dans le cas d'une compositrice qui ne cesse de faire dialoguer la statique de l'espace et la dynamique temporelle, quand elle ne met pas en scène, littéralement, la peinture : et ce, de ses inédits *Tableaux* de jeunesse et de son opéra sur Vincent Van Gogh jusqu'à son récent opéra parlé *Le Roi du bois* : consacré à la vie du broyeur de couleurs de Claude Le Lorrain, ce mélodrame confie à un quatuor à cordes la tâche d'incarner les peintres du récit de Pierre Michon.

1. Michèle Reverdy, *Composer de la musique aujourd'hui*, Paris, Klincksieck, 2007, p. 97.

Ce goût pour les beaux-arts remonte à son enfance : sa mère lui fit découvrir les grands musées de la capitale. Par la suite, expositions et galeries furent les étapes obligées de ses voyages. La contemplation esthétique est un besoin vital :

> J'ai besoin de voir de la peinture régulièrement. Lorsque j'ai longuement travaillé sur mon papier à musique et que ma tête semble vouloir exploser, je vais voir quelques tableaux. J'ai la chance d'habiter Paris qui regorge de merveilles picturales, aussi bien dans les musées que dans les galeries privées. Je sors régénérée de mes visites aux peintres d'hier et d'aujourd'hui, détendue comme après un bon bain... Cette contemplation ne me procure pas seulement un immense bien-être. Elle m'apporte aussi un plaisir intellectuel et me permet souvent de résoudre certains des problèmes que me pose l'œuvre musicale en train de se faire[2].

Depuis ses années au lycée La Fontaine, elle aime sortir de la sphère musicale et rencontrer des artistes : tout se passe comme si la compagnie des peintres l'intéressait plus encore que celle des compositeurs. Elle trouva parmi eux ses meilleurs amis, comme Michel Siret-Gille, François Imhoff, Yvon Prével, Michel Lecoque ou Daniel Clochey[3]. « J'ai besoin de voir de la peinture pour vivre »[4], va-t-elle jusqu'à déclarer. Mais quel rapport cette passion entretient-elle avec sa musique ?

Au fil du temps, la critique ne cessa de qualifier ses œuvres de « colorées » : on renvoyait là à la virtuosité de son talent d'orchestratrice. Pourtant l'élève de Messiaen sait bien que la « couleur » musicale ne relève pas que des timbres instrumentaux, mais surtout des harmonies et du langage. Elle fut sans doute marquée par la sensibilité synesthésique de son maître ; en revanche, jamais elle ne partagea le systématisme avec lequel celui-ci associait teintes chromatiques et tonalités ou accords. Lorsque Messiaen tentait de la persuader, à l'écoute de certaines harmonies : « Mais vous voyez bien que c'est vert ! », elle répondait : « Mais non, maître, je ne vois rien ! »[5] Son propre rapport à la peinture est en réalité beaucoup plus large : il prend en compte les couleurs, mais aussi les formes, les structures, les textures, le mouvement de la perception. En réalité, la peinture constitue pour elle un vaste terreau qui donne une légitimité à son propre champ d'expérimentation formel.

De l'imitation à l'analogie

Fait révélateur : ses premières œuvres sont toutes placées sous le signe de la peinture. Plusieurs sont nées d'un compagnonnage esthétique avec son premier mari. Elle suit sa façon de travailler, les techniques qu'il emploie. Un manuscrit de jeunesse porte en 1973 le titre de *Tableaux*. Cette pièce pour piano dédiée à François-René Duchâble (21 ans à l'époque !) porte la mention suivante : « Ces "tableaux" ont été composés afin d'accompagner une projection des toiles que mon mari – Jean-Claude Reverdy – a peintes durant l'hiver 1972-1973 ». L'œuvre fut exécutée pour le concours d'entrée dans la classe de Messiaen. Elle expérimente un type de relation entre musique et peinture que la compositrice réfuta totalement par la suite. Après une introduction, ces « tableaux d'une exposition » se

---

2. Reverdy, *Composer de la musique aujourd'hui*, p. 94.

3. Yvon Prével fut son voisin de palier dans la résidence d'artistes qu'elle occupa rue du Javelot, entre 1976 et 1978.

4. « Michèle Reverdy, la prima rappresentazione di *Vincent* », *Musicisti*, 1990, p. 45.

5. Anecdote que la compositrice nous a rapportée au moment de la lecture de ce chapitre.

composent de sept séquences correspondant à la série des toiles peintes : successivement « Hôpital d'Atar » ; « Mauritanie [le désert. Grandes surfaces lumineuses] » ; « La Draizine [triptyque l'homme et la technique dans le désert] » ; « L'Interné [4 portraits d'un malade mental] » ; « Chimpanzés » ; « Le Suicidaire » ; « Dentistes ». Dans un style hésitant entre Schoenberg et Satie, la musique est en grande partie imitative. Peut-être cette tentation descriptive explique-t-elle que Michèle Reverdy ait banni ces *Tableaux* de son catalogue et les ait sans doute aussi détruits[6].

Dès sa première œuvre orchestrale, *Espaces*, la musicienne travaille en effet dans une perspective différente, d'ordre formel, en expérimentant des transferts *analogiques* entre musique et peinture. Elle s'en explique :

> Cette pièce a été élaborée en même temps que deux toiles de Jean-Claude Reverdy : nous avions adopté une démarche parallèle qui s'est exprimée d'un côté picturalement, de l'autre auditivement. Malgré la différence des matériaux utilisés, un terrain commun s'est révélé, celui de la perception et des structures intellectuelles qui en découlent. Cinq espaces – A, B, C, D, E – ayant chacun un caractère particulier, recréent ensemble un espace global. Ces différents espaces sont appréhendés tout d'abord de façon fragmentaire, par allusions furtives, puis acquièrent progressivement une cohérence pour permettre à l'auditeur, à la fin de la pièce, d'en avoir une perception globale. Le matériau de base de la pièce d'orchestre est une série de douze accords toujours présents sous une forme ou une autre, sauf dans l'espace E où la matière compacte disparaît au profit d'une fuite vers l'aigu. Chaque espace est « typé » grâce à une instrumentation bien particulière mais il y a constamment, comme dans les toiles, interpénétration des différents espaces[7].

Dans le rapport établi avec les toiles abstraites de son mari, conjointement composées, Michèle Reverdy s'intéresse donc moins aux formes et aux couleurs qu'aux « espaces », c'est-à-dire à la structure de l'ensemble. L'œuvre est motivée par une expérience de transposition analogique entre peinture et musique, l'organisation interne (spatiale) de la première et l'architecture (temporelle) de la seconde relevant de la même logique. La tentative pour établir des correspondances *structurelles* entre peinture et musique se poursuit à travers *Figures* :

> L'impulsion a été donnée par une série de toiles de Jean-Claude Reverdy de caractère abstrait mais au centre desquelles une Figure énigmatique était lisible. Cette pièce pour piano est entièrement orientée – et se construit progressivement dans ce sens – vers un « objet final » cohérent et d'une grande intensité : Figure centrale de l'œuvre qui, puisque nous sommes dans l'univers de la durée, et non pas dans celui de la surface, se trouve être l'aboutissement de la pièce alors que la Figure picturale était située au centre des toiles. Cette pièce dure neuf minutes. Elle comprend essentiellement deux matériaux de base : la phrase extrême grave du début et les quatre accords du centre – sans cesse permutés, transposés, changés de matière, etc.... Ces deux matériaux donnent lieu à des développements ou variations qui convergent tous vers le perpetuum final[8].

---

6. Nous travaillons à partir de la photocopie du manuscrit vraisemblablement sauvegardée par la mère de Michèle Reverdy et restituée à la compositrice après sa mort, AMR.
7. Notice publiée sur le site internet de Michèle Reverdy.
8. *Ibid.*

Si le « tableau » musical est une tradition bien française du répertoire pour clavier, des clavecinistes jusqu'à Debussy, Michèle Reverdy ne procède donc pas à la manière de Couperin, ni même à celle de l'auteur des *Estampes*. Debussy recherchait avant tout des analogies sensorielles entre l'objet contemplé et l'objet sonore [9] : Michèle Reverdy s'intéresse aux transmutations *formelles* de la matière picturale en matière musicale. Il est révélateur de voir, en l'occurrence, que la « Figure » située au *centre* de la toile n'est pas transposée, de façon littérale, en un motif logé au *cœur* de sa pièce pour piano. La musicienne a perçu que toute opération trans-sémiotique se caractérisait par une série de mutations : le début et la fin d'une œuvre musicale ne sauraient être considérés comme les « bords » d'un tableau, de la même façon qu'une toile ne se lit pas, comme une partition, de gauche à droite, mais se perçoit de façon globale en s'appréhendant selon un cheminement oculaire beaucoup plus complexe.

À cet esprit relevant de l'intersémiotique structurale appartient encore *Régions*, une autre œuvre de jeunesse écrite en 1977. Créée lors d'une soirée de l'ARC 2 intitulée « Sons-Surfaces », le 27 avril de la même année, elle s'inscrit dans la politique transartistique menée par Maurice Fleuret au Musée d'art moderne de la ville de Paris. Cette fois, il n'est pas question de rapporter un tableau réel à l'art sonore, mais tout se passe comme si la musique se présentait comme la transposition d'un tableau imaginaire. La notice rédigée par la compositrice montre en effet combien la structure temporelle est pensée en termes d'espace, la forme étant géométriquement construite à partir du nombre d'or :

> Le parti pris de départ est d'exploiter au maximum le principe de la « section d'or ». Les six pôles délimitant les différentes sections de l'œuvre se situent en des lieux temporels calculés au moyen du nombre d'or. La hauteur des sons « pivots » est également déterminée grâce au même système, appliqué à la tessiture totale couverte par tous les instruments. La recherche consiste à découvrir des « régions » sonores bien typées : au début souples et sinueuses, entrecoupées d'interventions violentes ; au centre une sorte de grillage serré dans un registre moyen, suivi d'un élargissement progressif vers les « régions » les plus extrêmes, pour aboutir aux stridences du suraigu [10].

Sans se présenter obligatoirement comme la transposition d'un tableau, chaque œuvre de cette décennie 1970 s'apparente donc à une expérimentation formelle, la structure musicale étant systématiquement conçue sous un angle géométrique et spatial. Les titres choisis sont, de ce point de vue, révélateurs : après *Figure* et *Espaces* et avant *Régions*, viennent *Kaléidoscope* (pour flûte et clavecin) [11] ou encore *Tetramorphie* (pour alto et percussion) :

9. Voir par exemple Jean-Michel Nectoux, *Harmonie en bleu et or : Debussy, la musique et les arts*, Paris, Fayard, 2005.

10. Notice publiée sur le site internet de Michèle Reverdy.

11. Le titre de cette pièce nous incite à lire de façon spatiale et picturale le commentaire de la compositrice qu'on pourrait comprendre dans une simple perspective temporelle : « Le titre est parlant : j'ai tenté de mettre en évidence les transformations progressives de deux matières sonores. Les deux instruments agissent en sens contraire : le clavecin qui amorce dès le début, en "coups de griffes", les éléments du mouvement perpétuel final, s'oriente, tout au long de la pièce, vers une plus grande cohérence, alors que la matière exposée par la flûte, très riche au centre du morceau, s'amaigrit jusqu'à ne laisser subsister, à la fin de l'œuvre, que quelques sifflements stridents. » (Notice de l'œuvre)

Illustration 18 : John Janssen dans *Vincent ou la haute note jaune* d'après les lettres de Van Gogh, Alessandria (Italie), 1990. Photo © Maurizio Buscarino 1990-2013.

Illustration 19 : *Le Précepteur*, d'après Lenz, Münich, 1991.
Photo © Regine Koerner.

Illustration 20 : Florence Masset dans le rôle de Médée
Médée, d'après Christa Wolf, mise en scène de Raoul Ruiz, Opéra de Lyon, 2003.
Photo © by Gérard Amsellem.

Illustration 21 : Jacques Bonnaffé et le quatuor Varèse dans *Le Roi du Bois*, mise en scène Sandrine Anglade, Malakoff, Théâtre 71. Photo © Pascal Gély.

Illustration 22 : Raoul Ruiz, Michèle Reverdy, Pascal Rophé, Jean-Louis Serre, Françoise Masset, Christian Tréguier, Magali Léger, Sophie Pondjiclis, *Médée*, Opéra de Lyon, 2003.

Illustration 23 : Magali Léger, Françoise Masset, Michèle Reverdy, Christian Tréguier, Sophie Pondjiclis, Opéra de Lyon, 2003.

> Tetramorphie aborde et tente de résoudre un problème de construction qui me préoccupait à cette époque : « répéter » quatre fois une même structure dans une grande structure – quatre petits quadrilatères juxtaposés formant un grand carré – et éviter cependant le sentiment de la répétition en présentant ces quatre modules sous des éclairages toujours différents. Les modules s'opposent donc en matières d'ombres et de lumières. Ils ont entre eux des caractères communs selon qu'ils sont présentés justement dans l'ombre ou dans la lumière. Un seul élément permanent et fixe, sorte de barre obsessionnelle, délimite l'espace et démarque les différentes zones [12].

Omniprésente au cœur des années 1970, cette association intrinsèque entre la pensée musicale et la géométrie spatiale permet à la jeune musicienne d'ancrer ses débuts dans une conception ouvertement formaliste de la musique, mais d'une façon très personnelle : loin de l'intellectualité postsérielle, mais en plus grande parenté d'esprit, sans doute, avec l'œuvre de Xenakis. L'expérience du *Château* et son goût pour l'opéra feront certes évoluer sa technique compositionnelle ; mais ce goût pour les procédés trans-sémiotiques perdura, comme le trahissent certains titres « géométriques » qui affleurent dans la suite de son catalogue : *Éloge de l'ellipse*, créé à la Cité de la Musique en 1996 [13], ou encore *El Corro infrangible*. Cette pièce pour ensemble instrumental (1985) est une succession de portraits à la façon des suites baroques : « La Glacée », « La Délirante », « Les Sages », « La Lyrique », « Les Quinconces ». Si les titres invitent à considérer ces cinq vignettes musicales comme une série de tableautins illustratifs, en réalité un nouveau problème géométrique abstrait sous-tend l'ensemble :

> Chacune de ces miniatures adopte un principe de composition – principe « en rond » – déduit du principe général de l'œuvre. El Corro infrangible signifie en français : Le Cercle infranchissable. Ce cercle est d'abord représenté – dans chacune des quatre premières miniatures – par une fixation autour d'une ou plusieurs hauteurs, qui servent en quelque sorte d'axes autour desquels la pièce s'articule. Ce cercle est également représenté par l'impossibilité pour l'oreille d'échapper à un type de matière sonore bien caractérisé [14].

Les titres imagés ne sont donc que des leurres : la véritable relation entre peinture (géométrie) et musique reste un processus de transposition structurale. Mais ces procédés spécifiques ne sauraient épuiser la question des relations entre musique et peinture chez Michèle Reverdy. En effet, les beaux-arts constituent un univers dans lequel baigne littéralement la compositrice, et qui a une incidence continuelle sur son œuvre, bien au-delà des analogies formelles apparues dans le contexte expérimental des années 1970.

12. Notice publiée sur le site internet de Michèle Reverdy.

13. « L'ellipse contient le monde dans sa forme semi-circulaire. On pense au symbole de la mandorle dans l'Art Roman. La forme en ellipse rend compte de "l'Éternel retour". Mais au sein de ce firmament en mouvement perpétuel, s'inscrivent des formules elliptiques : fragments mélodiques qui jamais n'expriment un tout, et qui jamais ne trouvent leur point d'aboutissement. Le développement ne mène nulle part, le désir n'est jamais assouvi. » (Notice de l'œuvre)

14. Notice publiée sur le site internet de Michèle Reverdy.

De la genèse à l'exégèse

De façon très régulière, la peinture semble en effet nouer un libre dialogue avec l'ensemble de ses partitions, depuis leur genèse jusqu'à leur exégèse. La lecture des carnets de Michèle Reverdy permet ainsi de noter des interférences permanentes entre l'élaboration de sa musique et les expositions qu'elle visite. À Munich, lors de son bref séjour de décembre 1988 destiné à rencontrer Henze et son futur librettiste Hans Ulrich Treichel, elle visite la nouvelle pinacothèque. Un mois plus tard, revenue travailler à la préparation de son opéra *Le Précepteur*, elle parcourt l'ancienne pinacothèque :

> Je suis arrêtée par la série de Rembrandt sur la mort du Christ. C'est construit sur une seule idée : la lumière irradiant du corps du Christ et éclairant différemment chaque toile. Après avoir pris un plaisir si profond à regarder cette « suite », les autres toiles de la salle me tirent ces mots : « Cela n'a rien à voir… » Je sens que Rembrandt se situe dans une autre « dimension ». Sa peinture est tellement géniale, qu'elle touche aux racines mêmes de l'humanité. Je n'ai pas le temps de visiter le rez-de-chaussée ; la prochaine fois… [15]

Ce qui fascine Michèle Reverdy chez Rembrandt – l'unité par-delà la diversité – n'est pas sans rapport avec sa propre conception de la forme musicale. Autant cette visite de la pinacothèque de Munich n'a pas d'incidence directe sur l'écriture du *Précepteur*, autant certaines expériences picturales avivent sa réflexion au milieu d'une œuvre en cours. En pleine genèse de son *Concerto pour orchestre*, elle écrit ainsi dans son journal une série de remarques sur les ready-made de Duchamp : l'accumulation des objets du célèbre sculpteur lui donne l'idée d'une forme musicale qui procéderait par accumulation progressive d'éléments sonores jusqu'à un *tutti* final [16]. Elle vient en réalité de visiter deux expositions, l'une au Carré d'Art de Nîmes, l'autre à la Biennale d'Art contemporain de Lyon, toutes deux centrées sur l'art brut et les ready-made. Ses impressions sont néanmoins mitigées : « Ces formes de conception artistique amusent ceux qui les pratiquent, mais excluent le public d'une quelconque jouissance » [17]. Au même moment, le carnet de composition du *Concerto pour orchestre* contient d'autres commentaires intéressants :

> Je suis allée voir l'Exposition Dubuffet (il s'agit de la donation faite par Dubuffet au Musée des Arts décoratifs de Paris). J'ai été frappée par la fermeté du dessin dans les premières œuvres présentées (datant de 45, alors qu'il avait déjà 44 ans). Et puis, cette habitude prise dès le début de remplir toute la toile, sans aucun silence… comme une musique trop bavarde. (Boulez, Dalbavie, entendus la semaine dernière, qui ont peur du vide et occupent trop tous les recoins de l'espace. Temps [sic] au point d'en devenir étouffants. (J'avais déjà remarqué çà dans Répons de Boulez. Il s'agit à présent de la Nième version d'Explosante-Fixe) [18].

15. Michèle Reverdy, « Journal d'un opéra », *À la musique, X^e rencontres psychanalytiques d'Aix-en-Provence*, Paris, Les Belles Lettres, 1993, p. 199.

16. Le 11 Septembre 1993 : « Il faut, maintenant que j'ai mis en place tous mes matériaux, comme des cartes à jouer, que je rêve cette œuvre. Le scénario inventé hier, qui procède par accumulation des objets jusqu'à un tutti final, est le plus élémentaire possible. Il faut donc trouver des itinéraires plus subtils et peut-être, comme je le pense de plus en plus souvent, se laisser aller davantage à l'intuition. Trouver l'équilibre entre le travail des combinatoires et la liberté de l'expression musicale. Comme les bons comédiens : donner l'illusion du naturel alors que tout n'est qu'art. »

17. Reverdy, *Composer de la musique aujourd'hui*, p. 106.

18. Carnet de composition (1993-1994), AMR.

Le développement, sur plus de deux pages, lui permet de rebondir de la peinture à la musique : les dessins de Dubuffet lui font penser à l'œuvre de Boulez, qu'elle trouve parfois « trop bavarde », elle aussi. Logées au cœur d'un carnet de composition, ces réflexions relevant *a priori* du journal intime acquièrent un statut particulier : elles constituent *de facto* un contre-modèle esthétique, en pleine élaboration du *Concerto pour orchestre*.

La peinture est souvent liée à une partition à la faveur de libres associations d'idées. C'est le cas de sa pièce pour clarinette *Capricho*, dont le titre, au dire de son auteure, est « une allusion aux Caprichos, ces extraordinaires gravures dans lesquelles Goya brosse sans indulgence un monde tragique et grotesque »[19]. Parfois, le hasard des commandes s'en mêle. *La Caja de Pandora*, en 2007, s'intègre ainsi dans un spectacle associant aux textes du poète José Tono Martinez, mis en musique, les peintures d'Abel Robino. Auparavant, *En la noche dichosa* lui a été réclamé pour accompagner une exposition de douze tapisseries d'Alfred Manessier, inspirées par des poèmes de Saint Jean de la Croix. Elle se lance avec plaisir dans ce projet au carrefour des arts, à partir d'un artiste qu'elle apprécie, et avoue trouver « intéressant de composer une œuvre qui serait en quelque sorte parallèle à sa création picturale ». En revanche, à la différence des expérimentations structurales menées dans les années 1970, elle ne cherche dans sa musique aucune correspondance directe avec l'œuvre de Manessier : elle parie plutôt que les tapisseries et sa partition, nées de la même source littéraire, entretiendront de secrètes affinités et atteindront librement « une communion d'idées ». « En revanche, explique-t-elle, lorsque j'écrivais l'œuvre, je suis allée plusieurs fois au Louvre regarder la peinture espagnole, en particulier Zurbarán, chez lequel je sentais une grande similitude spirituelle avec les textes que j'étais en train de mettre en musique »[20].

L'expérience d'*En la noche dichosa* se révèle très caractéristique : Michèle Reverdy aborde souvent les relations entre musique et peinture par la médiation de l'écriture. Dans ses *Trois Fantaisies de Gaspard de la nuit* d'après Aloysius Bertrand, pour chœur, elle choisit de mettre en musique les textes d'un écrivain qui parle de peinture. Ce dernier sous-titra son fameux recueil *Gaspard de la Nuit* « Fantaisies à la manière de Rembrandt et de Callot » : la compositrice apprécia cet hymne à la peinture, à la gravure et à l'estampe. Elle retint d'Aloysius Bertrand trois poèmes inspirés de l'art flamand, écrits comme à la pointe sèche.

Autre exemple de médiation par l'écriture : Michèle Reverdy mit en musique, à plusieurs reprises, les écrits de peintres – autre façon de procéder par ricochet. Les poèmes du peintre Poliakoff constituent ainsi la matière première des *Sept Enluminures*, pour voix et ensemble instrumental : « J'aime ces textes, écrit-elle, parce que j'aime profondément, viscéralement, l'œuvre de Serge Poliakoff, et que j'aimerais trouver un équivalent sonore à la beauté de ses toiles, dont les couleurs et les formes, déjà, chantent… »[21] L'expérience est renouvelée avec *Po-cha-de*, mélodie sur un texte du peintre Michel Siret-Gille.

Ce dernier fut l'un de ses plus proches amis. Tous deux nés en 1943, ils s'étaient rencontrés durant leur jeunesse autour d'une passion commune, le théâtre, qu'ils pratiquaient

19. Notice publiée sur le site internet de Michèle Reverdy.

20. *Ibid.*

21. *Ibid.*

en amateurs rue Mouffetard. Entre eux, les stimulations artistiques furent nombreuses : il exécuta une série de peintures intitulées *Boîtes à musique*, dédicacée à son amie Michèle ; en retour, elle mit en musique plusieurs de ses textes. En dehors de la brève *Po-cha-de*, ils conçurent ensemble un spectacle sur la vie de Van Gogh. Michel Siret-Gille écrivit le livret de cet « opéra de chambre », à partir des lettres de Vincent et de Théo. C'est également grâce à ce peintre, dont la disparition en 2009 l'affecta profondément, que Michèle Reverdy fit sa seule incursion dans la musique de film. Elle réalisa en 1985 la bande-son d'un court-métrage – *Un Rêve à peine commencé* – qui fut programmé en complément du *Rayon vert* de Maurice Rohmer, avec Anouk Aimée dans le rôle principal : ce film fut tourné dans la Galerie d'Art de Christian Siret, dans la cour du Palais-Royal.

La peinture joue enfin un rôle jusque dans l'exégèse de ses partitions. Très souvent, ses propos sur sa propre musique relèvent en effet du procédé de l'*ekphrasis*. On désigne par ce terme grec la représentation verbale d'une œuvre d'art. L'ambition est de « donner à voir » par le seul pouvoir des mots. En employant assez systématiquement l'*ekphrasis* dans le discours sur son art, Michèle Reverdy contourne un autre problème radical – comment le langage peut-il donner à entendre la musique ? Voici par exemple comme elle évoque *Le Cercle du vent* :

> Dans Le Cercle du vent, le « fond » sonore constitué du thème d'accords – difficilement perceptible parce que noyé dans la masse, – joue le même rôle que le fond en peinture ; quant aux mélodies, elles se détachent comme des éléments de relief mais entrent peu à peu dans le fond, comme les personnages finissent par se fondre dans le paysage. En fait, Le Cercle du vent est un travail sur le relief et la couleur[22].

Moins explicite, la métaphore picturale est toujours sous-jacente dans l'exégèse de son quatuor à cordes *L'Intranquillité* :

> La forme de l'œuvre a été déterminée par ce désir d'exploration des matières sonores évolutives. Ainsi l'œuvre naît dans un monde étrange et embryonnaire, aux contours peu déterminés, puis, par des transformations infinitésimales, la texture va peu à peu évoluer en une perpétuelle variation, s'orientant progressivement vers une présence sonore et musicale plus prégnante. Cette texture évolutive servira de fil conducteur tout au long du quatuor – sans s'interdire certains retours – ; en outre, cette « trajectoire dramatique » connaîtra plusieurs points de rupture, dus en particulier à des moments plus « solistes », donc plus lyriques. Nous traversons alors des paysages sonores dont la matière musicale se fait successivement verticale, pointilliste, linéaire, contrastée, transparente – scintillements et diffractions –, pour aboutir enfin à un délire dont la nature violente s'oppose diamétralement à la masse balbutiante du début de l'œuvre[23].

L'étude des écrits de Michèle Reverdy révèle combien le lexique pictural hante son vocabulaire. Elle parle toujours du son en termes de « matière », de « glacis », de « dégradés », d' « ombres » ou de « lumière » ; des objets musicaux en termes de « figures » ; des formes en termes géométriques (cercles, quadrilatères, quinconces). « Je n'écris pas seulement des notes sur du papier à musique », écrit-elle dans son ouvrage *Composer de la musique*

22. « Une œuvre – un auteur : *Le Cercle du vent* de Michèle Reverdy », *Salabert – Actuel* n° 11, octobre – novembre – décembre 1989, p. 19.

23. Notice publiée sur le site internet de Michèle Reverdy.

aujourd'hui : « J'imagine une musique de sons-couleurs »[24]. L'expression réveille la mémoire de son maître Olivier Messiaen, même si elle-même n'a jamais cru aux correspondances sensorielles précises entre sons et teintes chromatiques.

Sans doute est-ce ce discours toujours pictural sur sa propre musique qui la fit contribuer à un collectif sur Alexandre Alexeïeff, à l'invitation de son ami Giannalberto Bendazzi. Avant d'être réalisateur, ce Français d'origine russe, né en 1901, fut également illustrateur; il est connu pour avoir mis au point la technique du dessin animé sur écran d'épingles. Plusieurs décennies après *Une nuit sur le mont chauve*, son film de 1972 *Les Tableaux d'une exposition* reprend la fameuse musique de Moussorgski pour une expérimentation visuelle et temporelle. Dans son article consacré à ce film (l'œuvre d'un illustrateur créant à partir d'une musique elle-même née de la peinture), Michèle Reverdy admire en Alexeïeff le « rythmicien ». Elle rappelle que ce grand amateur de musique « avait introduit – peut-être intuitivement – ces variétés de rythme dans l'enchaînement ou la succession de ses gravures animées ». Sans doute fut-il « le premier à introduire les mouvements lents dans le domaine du dessin d'animation »[25]. Son analyse des *Tableaux d'une exposition* se poursuit, à l'aune de la musique :

> Alexeïeff [...] fait se croiser les différents motifs – les uns immobiles, les autres en mouvement –, selon des configurations toujours nouvelles, sous des éclairages parfois semblables et parfois différents, de façon à toujours créer la surprise. Cela me fait penser au processus de composition que Debussy a poussé à l'extrême dans son œuvre pour orchestre, Jeux[26].

Elle salue enfin en Alexeïeff le « magicien de l'image en mouvement qui, comme un compositeur, sait abolir le temps, en conjuguant dans son œuvre le passé et le futur, le souvenir et la prémonition, pour nous offrir un moment présent d'une étrange beauté »[27]. Cet article sonne bien comme un hymne à l'interaction des arts. Ce n'est sans doute pas un hasard si plusieurs artistes furent incités à faire de la musique de Michèle Reverdy le point de départ de leur propre inspiration. On citera notamment François Imhoff, qui s'est essayé à peindre en écoutant sa musique[28] ; ou encore Rolf Gerhards qui composa en 1990 d'après la pièce orchestrale *Scenic Railway* une monumentale toile abstraite aux tons orangés : *Cynic Railway*. Peut-être avaient-ils été sensibles à la musique d'une femme qui consacra, plus encore, un opéra entier à la vie d'un peintre.

Vincent van Gogh

Du *Benvenuto Cellini* de Berlioz au *Mathis der Maler* de Hindemith, les opéras consacrés aux artistes sont assez rares. Toujours est-il que *Vincent ou la haute note jaune* représente l'exemple le plus saillant de la tension picturale qui anime l'œuvre de Michèle Reverdy :

---

24. Au cœur de la vingt-sixième question intitulée « Comment envisager le lien entre la musique et les autres arts ? », p. 97.

25. Michèle Reverdy, « De la musique, des images, de la Musique d'images », dans Giannalberto Bendazzi (dir.), *Alexeieff, Itinéraire d'un Maître*, Paris, Éditions Dreamland, 2001, p. 62-77 (p. 70 pour la citation).

26. *Ibid.*, p. 72.

27. *Ibid.*, p. 74.

28. Le peintre offrit à la compositrice un carnet nourri de peintures inspirées de sa musique.

« J'ai toujours conçu ma musique comme le ferait un peintre, explique-t-elle : en termes de couleurs, de matières, de glacis, etc. À plus forte raison dans cet opéra, où pendant toute la composition, j'ai eu à l'esprit la vision des toiles de Van Gogh »[29].

Le sujet favorisait en lui-même la réflexion synesthésique. Van Gogh est sans doute, par excellence, le peintre de la *couleur*, l'un des tout premiers de l'histoire à avoir osé les tons purs. Son parcours créateur s'incarne dans un périple géographique en direction du sud qui n'est autre qu'une quête de la lumière et de la couleur. Son idéal ?

> Exprimer l'amour de deux amoureux par un mariage de deux [couleurs] complémentaires, leur mélange et leurs oppositions, les vibrations mystérieuses des tons rapprochés. Exprimer la pensée d'un front par le rayonnement d'un ton clair sur un fond sombre. Exprimer l'espérance par quelque étoile[30].

Cette mystérieuse quête est bel et bien picturale. Mais que savait au juste Van Gogh de l'art des sons ?

Peu de choses, certes. Mais il s'intéressait assez à la musique pour faire découvrir à son frère Théo les salles de concert parisiennes, durant son séjour entre 1886 et 1888 où la capitale française vivait à l'heure de la déferlante wagnérienne[31]. Suffisamment aussi pour nourrir certains de ses commentaires picturaux de références musicales. Ainsi, à propos de *La Berceuse*[32], il dit avoir eu « l'idée de peindre un tel tableau, que des marins, à la fois enfants et martyrs, le voyant dans la cabine d'un bateau de pêcheurs d'Islande, éprouveraient un sentiment de bercement leur rappelant leur propre chant de nourrice »[33]. Et d'adresser ce tableau à Gauguin, l'assortissant du mot suivant : « Mon cher ami, pour parvenir en peinture à ce que la musique de Berlioz et de Wagner a déjà fait... un art qui offre une consolation à ceux qui ont le cœur brisé ! »[34] Michel Siret-Gille et Michèle Reverdy s'intéressent donc à un peintre qui *écrit* (constante déjà observée) et qui se sert à l'occasion de la musique pour exprimer, par analogie, un idéal pictural.

Reconstruisant la figure de Van Gogh, le livret de *Vincent* ne manque pas d'exploiter certaines de ces associations entre musique et peinture : il tend même à les renforcer. Le premier tableau, qui fait s'affronter Vincent à son frère et à ses amis sur la terrasse d'un café de Montmartre, s'achève ainsi sur l'évocation de l'idéal artistique que le peintre souhaite atteindre en Arles : « Là-bas, dans mon atelier du midi, d'autres peintres viendront, dans la maison de la lumière, d'autres peintres qui comprendront, qui monteront vers la haute note jaune. » Poétique métaphore, qui suggère l'indicible perfection vers laquelle tend l'Artiste ! *La haute note jaune...* Loin de tout prosaïsme – il ne s'agit pas seulement d'atteindre

29. Programme du Laboratorio lirico di Alessandria, p. 13.

30. Cité par Victoria Charles, *Vincent Van Gogh*, Parkstone, Bournemouth, 1997, p. 76.

31. Théo écrivit de Paris : « Bien que je n'y connaisse pas grand chose, j'aime écouter de la musique, mais il est difficile d'entendre de bonnes choses sans aller au concert. Avant le départ de Vincent, je suis allé avec lui à un concert de Wagner, et nous avons beaucoup aimé. » Cité dans *Ibidem*.

32. Tableau représentant Madame Auguste Roulin, Arles, janvier 1889, Huile sur toile, 92 x 73 cm, Rijksmuseum Kröller-Müller, Otterlo.

33. Janvier 1889, *Correspondance complète de Vincent Van Gogh*, trad. M. Beerblock et L. Roelandt, Paris, Gallimard / Grasset, 1960, t. 3, p. 298.

34. Janvier 1889, *The Letters of Vincent Van Gogh*, choisies et publiées sous la direction de Ronald de Leeuw, trad. par Arnold Pomerans, Londres, A. Lane : the Penguin press, 1996, p. 430.

la Lumière –, la mise en relation d'un terme musical et d'un terme chromatique permet d'évoquer une quête picturale qui s'élève au-delà de toute matérialité, et à laquelle la référence auditive, rebelle à toute forme de représentation, confère un caractère pour ainsi dire transcendant [35]. Cette métaphore se colore d'une résonance toute particulière dans un contexte opératique.

Le deuxième tableau du chant III (« La Nuit de Saint-Rémy ») met en scène Vincent en train de peindre. Or ses premiers mots font référence à l'ouïe : « La nuit, on entend bouger le monde. » Les corbeaux ne tardent pas à lui donner la réplique : « La nuit, montent les bruits de la genèse maternelle. » Vincent poursuit : « La nuit, l'âme collective de toute chose transparaît : les milliers de battements du cœur multiple, des labyrinthes forestiers et végétaux, des rochers rassurants, des astres jamais en repos, des animaux toujours craintifs, et des hommes cognent, cognent, cognent, cognent à la porte de mon regard. » Mystérieux peintre, qui recherche la « lumière » au cœur de la nuit ; mystérieux peintre, qui, affairé à sa toile nocturne, ne peut que substituer aux éléments visuels des perceptions auditives. Tout *cogne* à la porte de son regard... Quel est ce peintre, dont l'œil s'apparente à une oreille ? Une oreille qu'il s'est tranchée, d'ailleurs, dans un accès de folie. Au dernier tableau, les corbeaux ne le lui rappelleront-ils pas ? « Regarde ! Tu t'es coupé l'oreille ! Pourquoi ne pas t'être crevé les yeux ! »

Qu'un peintre se mutile l'oreille, à l'opéra, prend un sens très particulier. Surtout lorsque lui-même recourt aux correspondances pour définir sa quête artistique. Pour Vincent, la quête de la Lumière s'apparente en réalité à une quête du Son. Un peu à la façon du jeune compositeur Fritz qui, dans l'opéra de Schreker *Der Ferne Klang*, part à la recherche du son lointain. Dans la scène du bordel, au cours de laquelle Vincent fait le cadeau macabre de son oreille à Rachel, il entre en scène avec ces mots : « Voici ce coquillage au fond duquel écouter ma misère. » L'oreille se fait conque, et la conque musique… Sans cesse, la quête de la Lumière, pour ce Vincent de fiction, se mue en métaphorique quête du Son.

Avec autant d'habileté que d'ambiguïté, le livret tisse donc un réseau d'associations entre les sphères visuelle et auditive : autant d'incitations à l'imagination sonore. À la musique de se faire voix lorsque renoncent le pinceau et la plume. À la musique d'être cet *autre* de la peinture et du verbe : en correspondance avec eux, mais nécessairement toujours au-delà. Peut-on rêver plus beau sujet d'opéra ?

Michèle Reverdy s'appropria donc ce sujet pictural qui lui offrait tant de perches musicales. Elle élabora *Vincent* en ayant à l'esprit les œuvres de Van Gogh et en concevant sa musique à la façon d'une toile. *Vincent* serait-il un opéra « en jaune », de la même façon que Gershwin avait conçu sa *Rhapsodie* « in blue » ? Ce serait certainement se fourvoyer que de chercher à établir des analogies terme à terme entre la technique musicale et les éléments picturaux présents dans le livret. Ce dernier renvoie certes parfois à des tableaux

35. Telle que l'exprime Vincent dans le livret, la métaphore se fonde sur une ontologie encore héritée du romantisme. À cette époque en effet, comme l'explique bien Jean Molino (dans « Quelques hypothèses sur la rhétorique au XIXe siècle », *Revue d'Histoire littéraire de la France*, mars / avril 1980, n° 2, Paris, Armand Colin, p. 187-188) : « Une des propriétés générales des êtres est constituée par les correspondances qui existent entre eux ; ces correspondances se présentent sous forme d'analogies, que la poésie est capable de mettre à jour et d'expliciter. C'est là, sous des formes plus ou moins développées, le fond commun du savoir, de la *Weltanschauung* romantiques. »

très précis : le premier chant évoque « la mélancolie des ciels gris » de la période parisienne de Van Gogh, la scène des « tournesols » fait directement référence au tableau de Gauguin *Le Peintre des tournesols*[36], la scène de l'automutilation à *L'Homme à l'oreille coupée*[37] de Van Gogh, celle du « bordel » peut faire penser aux portraits d'arlésiennes peints en 1888 ; il est encore fait mention des *Mangeurs de pommes de terre* dans le premier tableau de Saint-Rémy, et le second évoque directement toutes les représentations nocturnes de Van Gogh. Mais Michèle Reverdy ne pense pas vraiment sa partition comme une toile en musique au sens où cette dernière « traduirait » en sons les couleurs du livret. Elle ne succombe pas aux sirènes illustratives.

Pour elle, il s'agit plutôt de s'inspirer de « techniques » compositionnelles qui entretiennent des parentés avec la technique picturale, en préservant toute l'autonomie de la musique. Penser, donc, sa partition librement en termes de contrastes, de couleurs et de lumières. Afin d'exprimer le climat psychologique et émotif de chaque épisode de la vie du peintre, elle explique qu'elle a « attribué à chaque tableau un groupe de timbres instrumentaux bien caractérisés » et adopté « une écriture apte à exprimer le caractère de chaque situation dramatique »[38]. De fait, tous ses choix compositionnels résultèrent de la volonté de « donner une couleur différente à chaque tableau et d'avoir, à partir de la somme des couleurs des différents tableaux, une couleur unique pour tout l'opéra »[39].

Nous verrons au chapitre suivant comment Michèle Reverdy opère la relation entre harmonie ou timbre et couleur. En attendant, ce *Künstleroper* qu'est *Vincent* nous aura permis de passer des rives de la peinture à celles de la littérature et du théâtre.

La littérature et le théâtre

Des livres et des titres

La littérature occupe dans l'œuvre de Michèle Reverdy une place non moins privilégiée que la peinture. Depuis son enfance, elle ne cesse de lire – ni même d'écrire. Le volume impressionnant de ses journaux intimes, carnets de composition, réflexions éparses, notes de cours et de conférences montre le poids de son activité rédactionnelle, quasi quotidienne. La machine à écrire puis l'ordinateur n'entamèrent en rien la nécessité qu'elle éprouve de coucher elle-même des mots, et pas seulement des notes, sur le papier.

---

36. *Le Peintre des tournesols*, 1er décembre 1888 environ, 73 x 92 cm, Van Gogh Museum, Amsterdam. Il représente Vincent assis devant son chevalet, l'air hagard, occupé à peindre cinq tournesols dans un vase placé sur l'une des douze chaises en paille. La manière dont Gauguin compose son tableau, où fleurs, toile et pinceau semblent se mêler, évoque la possibilité que Vincent soit en réalité en train d'appliquer la peinture directement sur les fleurs qui se trouvent devant lui.

37. *L'Homme à l'oreille coupée*, Arles, janvier 1889, 69 x 49 cm, Courtauld Institute, Londres.

38. Programme du concert, *Laboratorio lirico di Alessandria*, p. 13 (nous traduisons). Le chapitre 3 abordera plus en détail le travail de l'instrumentation dans cet opéra.

39. Propos recueillis par le journal *Musicisti*, « Michèle Reverdy, la prima rappresentazione di *Vincent* », p. 45.

Son intérêt pour la littérature, française ou étrangère, se voit à la diversité des textes qu'elle met en musique : le répertoire vocal constitue un axe essentiel de son catalogue. Pour des mélodies accompagnées ou des chœurs a cappella, elle choisit de façon éclectique Joachim Du Bellay, Aloysius Bertrand, Tristan Corbière, Federico García Lorca, Jorge Luis Borges, José Tono Martinez, Italo Calvino, Sandro Penna ; Lewis Carroll traverse son catalogue, depuis *Through the Looking Glass* jusqu'au récent *Which Dreamed it ?*, en passant par la troisième mélodie du cycle *De l'ironie contre l'absurdité du monde*. Les artistes contemporains sont également mis à contribution : Michel Siret-Gilles, Hans-Ulrich Treichel, Christian Doumet, qui lui écrivit ses *Nouvelles du monde après* ainsi que sa spirituelle *Fable de la mort et du boxe(u)r* ; Pascal Quignard, qui imagina pour elle *Le Nom sur le bout de la langue*, un conte musical original ; et enfin Pierre Michon, qui accepta l'idée de transformer son bref récit *Le Roi du bois* en spectacle théâtral et musical.

Les auteurs que Michèle Reverdy retient pour les mettre en musique ne suffisent pas à donner une idée nette de ses goûts littéraires. Car, au-delà des textes qui lui ont été proposés (Saint Jean de la Croix par Bernard Spizzi, Jakob Lenz par Hans Werner Henze), un autre paramètre intervient : « Il est des écrivains que j'adore lire, écrit-elle, mais que je serais incapable de mettre en musique, tant leur langue est riche (Stendhal ou Balzac), tant la construction de leurs phrases est complexe et se déploie longuement (Proust) »[40]. Tolstoï, Flaubert ou Schnitzler figurent encore au panthéon des écrivains vers lesquels elle aime retourner. L'auteure d'un *Hommage à Cioran* instrumental ne peut, en tout cas, s'empêcher de méditer sur la littérature. Cette curiosité se débusque à travers ses carnets de composition qui regorgent de références. Au milieu des esquisses du *Château*, le carnet consacré à cet opéra, par exemple, se voit rehaussé de citations de Max Brod ou encore d'Albert Camus – quelques phrases tirées de *L'Espoir et l'absurde dans l'œuvre de Franz Kafka*, appendice du *Mythe de Sisyphe*.

L'impact de cette culture est indéniable sur toutes ses œuvres qui se présentent comme des mises en musique de textes poétiques, narratifs ou théâtraux ; il est non moins réel sur l'ensemble de son catalogue, qui se feuillette comme on lit un poème. Michèle Reverdy prise en effet les titres imagés. Rares sont les œuvres qui, à l'instar du *Concerto pour orchestre*, portent un intitulé générique. Beaucoup possèdent des titres évocateurs, comme *Le Cercle du vent*, *Les Jeux de Protée* ou *Les Quatorze Poignées d'argile*. Certaines sont ouvertement liées à la littérature : *De l'ironie contre l'absurdité du monde* réveille l'esprit de Voltaire ; et pour son quatuor à cordes, elle précise :

> Le titre L'Intranquillité est un hommage que je rends à Fernando Pessoa, précise-t-elle, dont la pensée et l'écriture ont – par la voie d'une miraculeuse rencontre – trouvé dans mon esprit et dans ma vie, au moment même où je composais ce quatuor, d'étranges et merveilleuses résonances…[41]

À partir de là, on pourrait être tenté de chercher dans l'écriture de chacune de ses œuvres ce qui la rapporte à son titre. Ce serait une erreur, dans la mesure où Michèle Reverdy n'a jamais voulu composer sa musique instrumentale selon un programme, fût-il minimal, et où les titres sont la plupart du temps choisis après coup : comme si, la partition

40. Reverdy, *Composer de la musique aujourd'hui*, p. 149.

41. Notice publiée sur le site internet de Michèle Reverdy.

une fois achevée, il fallait lui attribuer un supplément d'âme poétique. Ainsi la compositrice, interrogée sur sa pièce pour orchestre *Lac de lune*, s'explique-t-elle :

> Au moment de la composition de cette œuvre, j'ai habité au-dessus d'un lac : le lac du Bourget. La maison dominait la rive sauvage, au-dessus de l'abbaye de Hautecombe ; et mon studio de travail surplombait toute l'extrémité du lac comme une proue de navire. La lumière changeait sans cesse, du matin au soir, et d'une saison à l'autre. On voyait des tempêtes se lever brutalement, l'eau devenait verte, plombée, c'était extraordinaire ! Ces changements de lumière sont très proches de la façon dont je travaille. [...] Le lac se reflétait certainement dans mon travail ; mon œuvre devenait ainsi un miroir de la nature. Je n'y ai pas pensé en composant, mais je suis sûre que la présence vivante de ce lac a imprégné mon œuvre[42].

Lac de lune n'est donc pas un poème symphonique, mais une œuvre autonome, investie d'une poésie purement musicale, tout juste auréolée d'un titre évocateur. Ce dernier révèlerait-il une sorte d'inconscient de l'œuvre, comme les propos ci-dessus tendraient à le faire croire ? Pas forcément. Car, choisis après coup, les titres de Michèle Reverdy sont parfois arbitraires : trouvés dans le dictionnaire au hasard (*Scenic Railway*), surgis d'une découverte de lecture a posteriori (*Ni d'ici ni d'ailleurs*, librement traduit de Gianrico Carofilio), soufflés par des amis (Christian Doumet lui suggère *Mine de cuivres* pour son quintette à vent). Pépites étincelantes, traits d'humour (*Pas de panique !*), saillies diverses (*Number One* ; *It didn't crash*) tendent à remplacer dans son catalogue les titres géométriques ou spatiaux du début de sa carrière (*Régions* ; *Espaces* ; *Kaléidoscope* ; *Tetramorphie*).

Plus que du côté des titres, c'est donc du côté de la musique vocale qu'il faut chercher un lien profond entre musique et littérature dans l'œuvre de Michèle Reverdy. « Mon amour de la littérature, écrit-elle, m'a amenée tout naturellement à écrire pour la voix. Je dis bien mon amour de la littérature, car c'est le texte qui stimule mon imagination sonore, et non la vocalité pure »[43]. D'où sa passion pour le genre de l'opéra.

La vocation de l'opéra

Il est en effet difficile de séparer, chez cette musicienne, le goût de la littérature et celui de l'opéra : ce genre constitue à la fois une origine revendiquée, et un horizon toujours espéré. Un horizon, au sens où son envie d'écrire un opéra bouffe est toujours vivace au moment où nous achevons ce livre ; et une origine, dans la mesure où elle n'a cessé de raconter que sa vocation de compositrice serait née du choc suscité en elle par une représentation des *Noces de Figaro*, au cours de son enfance[44]. Dans l'opéra de Mozart, la dimension théâtrale l'avait alors autant frappée que la partie musicale : c'était bien un *livret* qu'elle avait rédigé frénétiquement, avant d'esquisser quelques notes de musique...

Les grands chocs musicaux de l'adolescence furent lyriques – *Wozzeck* puis *Boris Godounov* – et ses goûts en la matière très éclectiques. Aujourd'hui encore, Michèle Reverdy ne cesse de se rendre à l'opéra. On est même étonné de trouver dans sa bibliothèque les programmes de productions, à la fois très récentes et très classiques, de l'Opéra de Paris :

42. Michèle Reverdy, « *Lac de lune* », propos recueillis par Emmanuel Reibel, programme des concerts de Radio France, 7 juin 2004.

43. Reverdy, *Composer de la musique aujourd'hui*, p. 141.

44. Voir le début du chapitre 1.

Macbeth en 2009, *Le Barbier de Séville* en 2010… La compositrice apprécie certains univers lyriques, comme le *bel canto* italien, qui pourraient sembler très éloignés de son esthétique. Au printemps 2010 encore, elle emporte la partition de *Turandot* dans sa maison de la Côte-d'Or pour le plaisir de relire Puccini…

L'opéra ne constitua pourtant pas l'alpha et l'oméga de sa formation musicale, dans cette époque d'après-guerre où pèse sur le genre un triple soupçon esthétique, idéologique et moral. Esthétique, car les concepts de représentation, de personnage théâtral ou de lyrisme avaient été ébranlés par les avant-gardes ; idéologique, car l'art *total* incarné par le genre s'était chargé d'une suspicion de nature politique ; moral, car l'opéra était devenu malgré lui le symbole de la culture qui avait fait sombrer le siècle dans l'horreur. Il était même alors de mauvais aloi d'affirmer son goût pour le genre. De fait, Michèle Reverdy commença sa carrière sur un terrain plus expérimental qui retarda ses débuts « théâtraux ».

Aujourd'hui, son catalogue comprend six opéras (*Le Château*, *La Nuit qui suivit notre dernier dîner*, *Vincent ou la haute note jaune*, *Le Précepteur*, *Le Fusil de chasse* et *Médée*), et cinq autres contes, mélodrames, saynètes ou mimodrames (*Through the Looking Glass*, *Un signe dans l'espace*, *Le Nom sur le bout de la langue*, *Les Ruines circulaires* et *Le Roi du bois*). Œuvres de grande ampleur pour certaines, ces onze partitions pour le théâtre constituent un axe majeur de son œuvre. « Personnellement, explique-t-elle, si j'écris des opéras, c'est parce que j'ai une passion pour le théâtre – qui est, lui aussi, un univers de conventions – et parce que j'adore la voix »[45].

Ces propos résument l'esprit avec lequel Michèle Reverdy aborde l'univers lyrique : sans complexe (j'écris des opéras car j'aime l'opéra), et avec lucidité : ce genre, régi par l'artifice, est le plus codé qui soit. S'y confronter, c'est donc en accepter les règles, quitte à les déjouer subtilement. Les conventions ne lui font pas peur : elle craint davantage les stratégies d'évitement ou de contournement du genre qui, dans son expérience de spectatrice, la déçoivent souvent. Durant l'été 1989, au Festival d'Avignon, elle entendit ainsi quatre petits opéras commandés à de jeunes compositeurs :

> Dans ces quatre œuvres, il y avait très peu de passages réellement chantés. La musique faisait sans cesse appel à l'artifice du parlé, du cri, du chuchotement, et l'auditeur – moi – restait sur sa faim en ce qui concerne la vocalité. Pourquoi engager des chanteurs s'ils ne chantent pas ? J'ai remarqué aussi que, souvent, les compositeurs pensent s'en sortir en faisant une scission entre le texte – récité par un acteur – et le chant – dans lequel le texte disparaît au profit de vocalises et d'onomatopées. À mon avis, cela est gênant car le rythme dramatique de l'œuvre est alors constamment rompu, et l'on en revient à ce découpage texte-musique, tant combattu par Wagner ![46]

On ne peut plus clairement se démarquer du « théâtre musical », pratiqué dans la descendance du Berio des années 1960, et ancrer au contraire son métier de compositrice dans ses attentes de spectatrice. Au moment où certains s'aventurent encore dans des formes complexes de théâtre musical et courent le risque de sombrer dans un métadiscours abscons, Michèle Reverdy se livre à des choix nets : ou bien le mélodrame, qui fait appel à un acteur

45. Reverdy, « Journal d'un opéra », p. 218.
46. *Ibid.*, p. 218.

récitant le texte, ou bien l'opéra. Le vrai opéra, et non le pseudo-commentaire sur la prétendue mort du genre :

> De nombreux compositeurs s'intéressent à la scène, mais on a l'impression que l'opéra leur fait peur et, tout en rêvant de produire une œuvre pour le théâtre lyrique, ils déploient tous leurs efforts pour en éliminer ce qui fait sa spécificité : certains renoncent au chant, d'autres renoncent au théâtre et tous regimbent à l'idée de créer de l'émotion [47].

Si elle est loin d'apprécier l'ensemble de la création lyrique contemporaine, elle admire en revanche les opéras de Henze, Ligeti et Eötvös. Dallapiccola, plus en amont, la passionne également. Dans son ouvrage *Composer de la musique aujourd'hui*, *Il Prigioniero* forme avec *Le Grand Macabre* et *Trois Sœurs* une trinité de modèles révérés sans réserve : « Ces trois œuvres sont de véritables opéras, car leur portée dramatique est puissante et leur musique n'est pas sacrifiée à l'autel de la mode » [48]. Ces éloges sont d'autant plus significatifs qu'ils sont rares sous la plume de la compositrice. Mais elle assume aussi l'héritage d'auteurs plus anciens, et de ce point de vue, ses références lyriques appartiennent plus à l'univers germanique qu'à la tradition française. Située dans la lignée de *Wozzeck* plus que dans celle de *Pelléas*, sa musique dramatique assimile plusieurs modèles : de Berg, elle retient non la vocalité, mais l'architecture et la rigueur formelle ; du Strauss de *Salomé*, l'énergie sans concession ; de Wagner, l'art de concentrer dans un prélude introductif le matériau d'un drame entier, ainsi que la technique motivique ; de Mozart enfin, le goût du lyrisme et des ensembles vocaux.

Affrontant la tradition du genre, Michèle Reverdy assume également sa propre langue, sans esquiver les problèmes qu'elle peut susciter. Débattue depuis les grandes querelles de l'époque baroque, la question de la musicalisation du français reste d'actualité. Au moment où Pascal Dusapin, par exemple, compose ses opéras à partir des textes originaux dont il s'inspire (*Medeamaterial* est écrit en allemand, *Perela* en italien et *Faustus, the Last Night* en anglais), Michèle Reverdy, qui s'appuie pourtant souvent sur des textes d'origine étrangère, fait presque systématiquement le choix de la traduction [49].

Pragmatique : telle se révèle Michèle Reverdy dans son rapport aux textes qu'elle porte à la scène. Pas de théorie ni de règle absolue, nulle volonté de puissance (elle accepte la collaboration avec des librettistes, contrairement aux *Literaturoper* se passant d'intermédiaires), aucune prétention qui dépasse son « métier » de compositrice. Lui demande-t-on si sa musique « signifie », elle répond par la négative en soutenant « qu'avec le texte, le message est là de toute façon » :

> Moi, je ne veux faire passer que de la musique. Il ne s'agit que de rapports de sons, de timbres, de matières sonores, de rapports dans l'écriture musicale. J'essaie, dans l'opéra surtout, de trouver des situations sonores qui soient très diversifiées parce que c'est du spectacle et que l'on doit être tout de suite dans la dramaturgie [50].

---

47. Reverdy, *Composer de la musique aujourd'hui*, p. 158.

48. *Ibid.*, p. 160.

49. Toujours dans ses opéras, et même dans le mélodrame *Un signe dans l'espace*, traduit de l'italien, ainsi qu'il lui fut demandé ; seul *Through the Looking Glass* est en anglais, quant aux *Ruines circulaires*, en français, elles peuvent être données dans la langue espagnole du texte original.

50. Entretien pour *Le Fusil de chasse*. Source : revue non identifiée, AMR.

Si la musique qui accompagne ses textes dramatiques ne véhicule rien de proprement signifiant, elle ne joue pas pour autant le simple rôle de toile de fond. « Ce qui m'intéresse dans l'opéra, explique-t-elle, c'est de trouver un nouveau sens qui, bien que motivé par le texte, soit propre à la musique sans être la simple illustration d'un climat. L'idée est donc d'en faire une œuvre nouvelle dans laquelle la musique prend la place des non-dits du texte »[51]. Sa musique a donc pour mission de démultiplier les potentialités du théâtre:

> Le théâtre n'a pas le temps, contrairement au roman ou à l'essai philosophique, de développer ses thèses. Le théâtre doit répondre à une conception plus « sommaire » du texte littéraire, afin que le « message » soit rapidement perçu par le spectateur. En cela réside l'une des forces de l'opéra, dans lequel la musique – représentée par l'orchestre ou par les lignes vocales – peut exprimer une complexité beaucoup plus grande que celle qui est contenue dans un texte – qui se doit de rester direct – et apporter ainsi de multiples clés pour sa compréhension[52].

La musique aurait ainsi l'ambition de hisser le théâtre au niveau du roman, voire de l'essai philosophique: réponse post-wagnérienne, mais singulière, à l'éternelle question de la primauté des paroles ou de la musique dans le genre dramatique !

Cette façon d'esquisser son idéal théâtral situe d'emblée Michèle Reverdy de façon intéressante dans le paysage de la création contemporaine. Bien éloignée de ceux qui ne se confrontent à l'opéra que de façon ironique, distancée ou conceptuelle, à la façon de Brian Ferneyhough dans *Shadowtime* ou de Mark André dans *...22,13...*, dont les longs commentaires compensent parfois le manque d'intelligibilité intrinsèque, Michèle Reverdy n'hésite pas à mettre en musique si ce n'est une « histoire », du moins un texte cohérent qu'elle ne cherche pas à brouiller par de multiples interférences littéraires. Nulle tentation restauratrice pour autant dans son goût du lyrisme et de la lisibilité scénique, qui reste ancré dans un langage atonal: ses opéras sont donc tout aussi éloignés de ceux de Philip Glass et John Adams. Sa conception du genre dramatique se rapproche davantage de celle de Henze, ou encore de ses contemporains Peter Eötvös, Philippe Boesmans, Pascal Dusapin ou Philippe Fénelon – questions stylistiques mises à part, bien entendu. Comme eux, Michèle Reverdy ne renonce pas à incarner des personnages sur la scène lyrique et remet même à l'honneur la dramaturgie d'intrigue, lorsque le sujet s'y prête. On pourrait résumer son approche dramaturgique de la sorte: assumer la grande tradition de l'opéra, sans adopter pour autant une démarche restauratrice.

De l'opéra rêvé à l'opéra monté, il y a pourtant un saut difficile à franchir. L'ampleur de la composition, le temps investi, les difficultés de réalisation, les résistances institutionnelles, multiples sont les freins. Mais le choix du sujet est toujours un moment crucial. Que nous apprennent les choix de Michèle Reverdy en la matière ?

Des lectures pour le théâtre

Peut-être les sujets de ses différents opéras – œuvres qui suscitèrent au fil de son parcours créateur l'investissement professionnel et psychique le plus conséquent – ont-ils quelque chose à nous dire, en effet, sur la compositrice et sur son rapport à la musique. Quelques

51. Entretien pour *Le Fusil de chasse*. Source: revue non identifiée, AMR.
52. Reverdy, « Journal d'un opéra », p. 211.

premiers constats peuvent être établis. Son inclination pour la littérature étrangère est une constante. Franz Kafka, Jakob Lenz, Yasushi Inoue, Christa Wolf : tous ses opéras tirés d'œuvres littéraires ont une source germanique ou japonaise ; ajoutons Lewis Carroll, Italo Calvino et Jorge Luis Borges pour les mélodrames, et nous aurons non seulement parcouru une partie de la bibliothèque imaginaire de la compositrice, mais constaté que sa collaboration avec le Français Pascal Quignard pour *Le Nom sur le bout de la langue* n'en est que plus rare.

Il n'est certainement pas anodin de placer ses débuts dramatiques sous les auspices de Kafka : ce dernier n'a cessé d'alimenter la scène contemporaine, de Philippe Manoury à Aribert Reimann[53]. Le sujet de *Vincent ou la haute note jaune*, certes original, la relie à la veine des *Künstleroper*, ces « opéras d'artistes » qui, dans la lignée de *Palestrina* de Pfitzner ou de *Mathias le peintre* de Hindemith, se consacrent à la représentation d'un créateur. Quant à *Médée*, c'est une partition qui s'inscrit tout particulièrement dans l'air du temps. Non seulement elle renoue avec le mythe, très en vogue dans les sujets d'opéra depuis les années 1990, notamment parce que celui-ci permet d'interroger le monde au moyen de clés archétypales, à des périodes de fortes mutations historiques ; mais elle s'attache à une figure qui, sous l'impulsion d'écrivains comme Heiner Müller, Ursula Haas, Hans Henny Jahnn ou Christa Wolf[54], est réinvestie de potentialités nouvelles aux résonances actuelles. Dans leur sillage, les *Médée* sont nombreuses dans l'opéra contemporain, de Rolf Liebermann à Aribert Reimann en passant par Pascal Dusapin et Georg Katzer[55].

Autre constante : Michèle Reverdy choisit la plupart du temps des textes complexes, polysémiques, à première vue difficiles à mettre en musique. Son attention se porte plus volontiers sur des textes narratifs : seul *Le Précepteur* est issu d'une pièce de théâtre. Même si depuis Wagner, l'opéra a opéré une fusion du dramatique et du narratif, l'adaptation en est rendue plus délicate. Aucun de ses choix ne présente un caractère d'évidence théâtrale. Pour son premier opéra, l'idée d'adapter *Le Château* de Kafka relève ainsi du défi le plus osé. Y a-t-il roman plus hostile à la musique ? Le texte de Kafka est un manuscrit inachevé, il se compose de discours parfois interminables, dont la nature est moins émotive ou affective qu'informative, rationnelle ou logique. Le flux verbal est d'ailleurs la matière première de ce texte, qui doit s'éprouver – à supposer que cette succession de visions et de conversations,

53. Manoury : *K.* (2001, d'après *Le Procès*). On songe encore à Philippe Fénelon et son *Chevalier imaginaire* (1991, d'après *La Vérité sur Sancho Pança* de Kafka et *Don Quichotte* de Cervantès ; la dernière phrase du *Chevalier imaginaire* ouvre par ailleurs sur la première phrase du *Château* de Kafka...) et, bien sûr, à l'opéra de Reimann sur le même sujet : *Das Schloss* (1992, d'après *Le Château* et l'arrangement théâtral de Max Brod). Karol Beffa a consacré son premier opéra (*K. ou la piste du château*, 2010) au même sujet.

54. Heiner Müller, *Medeaspiel*, 1968 ; Ursula Haas, *Freispruch für Medea* [Aquittement pour Médée], 1987 ; Hans Henny Jahnn, *Médée*, 1988 / Corti, 1998.

55. Pascal Dusapin, *Medeamaterial* (Bruxelles, 1992) ; Hanz Jürgen von Bose, *Medea Fragment* (Zürick, 1994) ; Rolf Liebermann, *Medea* (Hambourg, 1995 / Berne, 2001) ; Paul-Heinz Dittrich, *Zerbrochene Bilder* (Berlin, 2001) ; Georg Katzer, *Medea in Korinth* (Berlin, 2002, également d'après Christa Wolf) ; Aribert Reimann, *Medea* (Vienne, 2010). La fin du XXe siècle achève le parcours d'humanisation du personnage auquel on assiste progressivement depuis l'époque baroque. La magicienne de l'époque lullyste, cruelle et maîtresse des enchantements, devenue pathétique chez Charpentier, s'est mise à susciter la pitié chez Cherubini avant qu'on finisse par l'innocenter, voyant en elle la victime d'un monde xénophobe. Voir le chapitre « Médée : une voix » dans le livre de Michèle Dancourt et Emmanuel Reibel, *Prénom : Médée*, Paris, Éditions des Femmes, 2010, p. 263-287.

s'enrichissant sans cesse de complexité et de mystère, ait seulement été destinée à un lecteur... Lorsque Reimann s'est penché lui-même sur *Le Château*, il est passé par la version théâtrale de Max Brod pour en tirer un opéra [56]. Mais Michèle Reverdy a l'idée de débusquer dans ce roman foisonnant et inachevé ce qui serait malgré tout propice à la musique : « Le son, le bruit, toujours présents dans l'œuvre de Kafka, situent le personnage dans un environnement hostile (le téléphone, les cris d'enfants) » [57] ; sans ornement linguistique, doté d'un vocabulaire simple, le caractère elliptique du style de Kafka fait mouche également : la compositrice admire « la force de ce langage qui exprime une telle densité avec si peu d'effets » [58]. On pourrait ajouter que tout le roman de Kafka vise à exprimer une faillite de la logique et de l'esprit rationnel. Or n'est-ce pas là au XXe siècle le sujet d'opéra par excellence qui, d'*Elektra* de Strauss aux *Bassarides* de Henze, confie à la musique le soin de révéler la mise en échec de la raison moderne ?

Le Précepteur ne comprenait pas moins de difficultés que *Le Château*. En l'occurrence, c'est Henze lui-même qui a mis au défi Michèle Reverdy. Elle-même reconnaît que son commanditaire a été « mû, à [son] avis, par l'idée perverse de faire mettre en musique la castration par une femme... » [59] L'audace n'était pas seulement de mettre une femme face à ce type de sujet, passé de mode par surcroît, mais de placer une Française face à un monument de la littérature germanique qui avait conduit Zimmermann au chef-d'œuvre et qui hantait encore d'autres Allemands comme Wolfgang Rihm. Michèle Reverdy n'a pas cherché à créer l'équivalent français des *Soldats* (qu'elle n'apprécie guère en raison de l'uniformité des parties vocales) : elle a simplement revisité Lenz par le prisme de sa propre sensibilité.

Il n'y avait rien d'évident non plus à adapter *Le Fusil de chasse*. La gageure était de porter à la scène un roman épistolaire, ce qui ajoute à la question classique du passage entre le parlé et le chanté, celle plus épineuse du transfert d'une parole écrite à une parole dite. Un roman quasi « calligraphié », où la parole ne cesse d'être médiatisée, et qui exhibe la dimension scripturaire de l'écriture, est ainsi à mille lieues du monde de l'opéra qui extériorise l'affect plus encore que le théâtre. La question est assez proche dans *Vincent*, qui se fonde également sur une matière épistolaire, intrinsèquement anti-dramatique, mais aussi dans *Médée* qui prend sa source dans un roman fait de monologues intérieurs. Avatar moderne des romans épistolaires, les romans de monologues intérieurs sont fondés sur une écriture de la subjectivité qui n'appelle *a priori* aucune extériorisation. « Vous allez entendre des voix », peut-on certes lire à la fin du prologue de Christa Wolf. Plus qu'un appel au son, il s'agit en réalité pour la romancière allemande d'annoncer des voix virtuelles, suscitées par le lecteur, qui sont dépourvues de corps et de timbre.

Plutôt que d'incarner des personnages existant pour ainsi dire en chair et en os, Michèle Reverdy préfère donc écouter les voix absentes qui surgissent de ses lectures. Ouverture sur un espace imaginaire, latitude plus grande pour le créateur : sa musique dramatique cherche à représenter ces voix intérieures.

---

56. *Das Schloss* de Reimann, créé au Deutsche Oper de Berlin en 1992. Texte d'après le roman de Kafka, la version théâtrale de Max Brod et des extraits du *Journal* de Kafka.

57. Carnet de composition du *Château*, AMR.

58. *Ibid.*

59. Reverdy, « Journal d'un opéra », p. 198.

On comprend mieux alors le choix de certains sujets difficiles : ce n'est pas la dimension technique de « faisabilité » qui retient l'attention de Michèle Reverdy, mais les résonances subjectives que suscitent en elle les textes. Ses lectures se trouvant investies d'un imaginaire personnel qui les actualise : chacun des sujets abordés possède ainsi des échos autobiographiques. Frappante est par exemple l'empathie de Michèle Reverdy face au destin de Médée. Comment ne pouvait-elle pas être touchée par cette figure de femme, de mère, d'exilée, en proie à la violence d'une société dans laquelle il faut conquérir sa liberté ? On ressent une identification latente à ce personnage présenté comme une victime, et Jacqueline Rousseau-Dujardin note même que par son histoire personnelle, Michèle Reverdy a « plus de raisons que Christa Wolf [...] de se vivre comme étrangère, ou plutôt peut-être, étrange »[60].

Elle-même autorise les analogies autobiographiques, dès son premier opéra sur *Le Château* :

> Cette angoisse de la solitude, de l'absurdité d'une société qui ignore où elle se dirige et ne comprend ni la causalité ni la finalité de ses actes, tout cela correspond si bien à ma situation : pourquoi faire de la musique ? Quelle musique ? Pour qui ? Que cela ne peut que transparaître dans une œuvre qui est là tout entière pour signifier l'incongruité de notre vie terrestre[61].

Michèle Reverdy se lit bel et bien à travers Kafka. Le parallèle est troublant : de même que le roman est inachevé, son opéra ne parvient à se faire représenter ; K. se heurte à l'absurdité de l'administration et elle-même lutte pour se faire entendre. L'identification est manifeste :

> Curieusement mon opéra n'a jamais été joué malgré tous les efforts que j'ai faits pour le faire connaître : comme K., j'attends toujours devant la porte du Château. [...] Il semble que Kafka ait stigmatisé la situation même de l'homme et plus particulièrement de l'artiste, sans cesse à la quête de l'impossible et à la quête de lui-même et de sa liberté. L'artiste veut se faire admettre, veut se faire aimer, sans renoncer à son indépendance de cœur et d'esprit[62].

Cette thématique de la solitude, si vivement ressentie, court à travers toutes ses œuvres dramatiques. De K. à Médée, en passant par Vincent et par les quatre protagonistes du *Fusil de chasse*, sans oublier l'héroïne de *La Nuit qui suivit notre dernier dîner*, qui évoque à nouveau une histoire de séparation et dont la forme du monodrame lyrique théâtralise la solitude, Michèle Reverdy s'attache à des figures rejetées par leur famille ou par la société. Chacun des personnages semble être étranger au milieu de l'univers dans lequel il évolue. Souvent associée à l'errance ou à l'exil, cette thématique est liée au mensonge dans *Le Fusil de chasse* :

> Le *fusil*, explique-t-elle, est le symbole de la *solitude* mais aussi de la *mort* (qu'il peut infliger). Il est également le signe représentatif d'une place élevée dans la *hiérarchie sociale*. L'emblème du fusil peut donc, dans son ambiguïté, représenter le thème central du livre, qui est celui du *mensonge*. [...] Saïko a été la plus heureuse de tous – *de par son mensonge*. Elle est la seule à

60. Jacqueline Rousseau-Dujardin, « L'étranger chez Michèle Reverdy », dans Pierre Michel et Bernard Banoun (dir.), *Musique, arts et littérature dans l'œuvre de Michèle Reverdy*, Paris, L'Harmattan, 2005, p. 48.

61. Cahier de composition du *Château*, AMR.

62. Note manuscrite de Michèle Reverdy à propos de son opéra *La Nuit qui suivit notre dernier dîner*, AMR.

> n'être pas solitaire car *elle a choisi d'être aimée plutôt que d'aimer*. La mort devient pour elle un bonheur autant qu'une nécessité. Alors que le mensonge mène les autres protagonistes à la solitude et même à l'isolement – dans leurs « citadelles réciproques ».

Ces « citadelles réciproques » évoquent naturellement la solitude du créateur, seul face à ses incertitudes et à ses doutes. La figure de Vincent, de ce point de vue, pourrait être l'archétype de tous les personnages reverdiens, en tant qu'elle représente l'image de l'artiste soumis à l'incompréhension de ses proches, irrémédiablement enfermé dans son univers, mal aimé, inadaptable. Si la question de l'isolement du créateur, voire de sa fracture avec le public, possède des résonances dans l'histoire de l'opéra – c'est là le grand sujet schönbergien, d'*Erwartung* à *Moïse et Aaron* –, elle concerne de près ou de loin tous les textes que choisit Michèle Reverdy pour les porter à la scène.

Cette solitude des héros-artistes rejetés se conjugue avec une violence qui s'exerce à leur encontre (humiliations de K., lapidation des enfants de Médée) ou qu'eux-mêmes finissent par intérioriser (castration de Läuffer, automutilation de Vincent). L'intrigue du projet avorté d'*Éthelrude* constituait une nouvelle variation de cette thématique, puisque la jeune brodeuse imaginée par Pascal Quignard finissait par crever les tympans de Wolframm, au moyen de ses ciseaux et de son aiguille. « La nécessité de couper, de trancher passe d'un livret à l'autre des différents opéras », note Jacqueline Rousseau-Dujardin[63]. Que cette coupure soit physique ou métaphorique, sous la forme du rejet ou de l'exil. Ce théâtre de la solitude est donc également un théâtre de la cruauté, et pour reprendre des catégories établies par René Girard dans *La Violence et le Sacré*, chacun des personnages de Michèle Reverdy se mue, à des degrés divers, en bouc émissaire, victime sacrificielle d'une société aveugle – ou sourde.

Les héros-victimes de Michèle Reverdy s'insèrent alors dans un espace *autre*, celui de l'imagination foisonnante, celui du non-dit, celui qui mêle le rêve et la réalité. Toutes ses partitions scéniques interrogent ainsi l'ambiguïté des apparences (donc la faillite possible du sens) du point de vue d'une conscience solitaire. Dès sa première partition scénique, *Through the Looking Glass*, Michèle Reverdy se place sous l'égide de Lewis Carroll pour explorer cet « envers du miroir ». Quel crédit attribuer aux apparences, aux phénomènes et aux êtres qui nous entourent ? Si l'on rêve ce que l'on voit, peut-être est-on simultanément rêvé par quelqu'un. Que suis-je, dès lors, si ce n'est le figurant d'un théâtre d'ombres ?

Les Ruines circulaires filent la même thématique. C'est l'histoire d'un personnage qui veut « rêver un homme » et « l'imposer à la réalité » avant de découvrir par l'expérience du feu ce qui constitue la terrifiante chute de la nouvelle de Borges : « Avec soulagement, avec humiliation, avec terreur, il comprit que lui aussi était une apparence, qu'un autre était en train de le rêver. » Même aboutissement, sur un ton certes humoristique, dans *Un signe dans l'espace*, lorsque la dernière phrase de Calvino ouvre une faille : « Il était clair qu'indépendamment des signes l'espace n'existait pas, et peut-être même n'avait jamais existé. » Voilà qui fait encore penser à l'ambiguïté du Château de Kafka, dont on ne conçoit l'existence que par la médiation des signes (lettres, discours), mais qui se révèle aussi fuyant que le rêve. Lorsque le monde extérieur est fuyant, c'est le monde intérieur qui déborde au point d'envahir tout l'espace : les corbeaux sont dans *Vincent ou la haute note*

63. Rousseau-Dujardin, « L'étranger chez Michèle Reverdy », p. 44.

jaune la projection incarnée des démons intérieurs de Vincent, et les sortilèges de Médée l'extériorisation, dans l'espace de la cité, de sa souffrance personnelle.

Les personnages de Michèle Reverdy se situent ainsi toujours dans l'espace extensif de la remémoration, de l'imagination ou des sortilèges. Si le souvenir, le rêve ou la magie ne cessent d'imprégner le réel, c'est parce que l'espace imaginaire est le seul à pouvoir compenser les assauts de la solitude ou la vacuité du réel. Face à cette solitude, la seule issue est donc d'habiter le réel de signes. Ce que fait Qfwfq dans *Un signe dans l'espace*, mais aussi l'étranger des *Ruines circulaires*, l'héroïne de *La Nuit qui suivit notre dernier dîner*, Van Gogh dans *Vincent ou la haute note jaune*. Et Michèle Reverdy elle-même à chaque fois qu'elle s'investit dans ces textes interstitiels, donnant chair à ses voix intérieures et peuplant de sons ses lectures.

Une musicienne dramaturge

Thématisée dans les textes dont elle s'inspire, la solitude devient le nerf de sa propre dramaturgie. Tout commence par un plein investissement dans l'élaboration de ses livrets. Soit qu'elle-même adapte les textes, soit qu'elle participe activement à la tâche lorsqu'elle s'entoure de librettistes. « Au fur et à mesure de la composition, raconte ainsi Bernard Banoun à propos de *Médée*, nous avons retravaillé ensemble chaque scène et presque chaque réplique. Il y a de nombreuses moutures de ce livret »[64]. Classique négociation entre librettiste et compositeur, ce dernier ayant souvent le dernier mot. Comme à l'occasion de la scène finale du *Précepteur*, pour laquelle Michèle Reverdy a bataillé avec Hans Ulrich Treichel afin de clore non par la réplique « *Ah quel bonheur !* » initialement prévue mais par la phrase de Venceslas « *Pauvre petit homme !...* » La compositrice s'en explique : « Je ne pensais pas seulement, en terminant sur cette réplique, à la lâcheté de Läuffer, mais aussi, et surtout, à la condition bien précaire de notre humanité »[65]. Une fois admise cette grande responsabilité dans l'écriture même des livrets, on peut voir comment, dans cette élaboration textuelle, opère la « dramaturgie de la solitude ». En prenant l'exemple emblématique du *Fusil de Chasse*.

La dramaturgie de la solitude : l'exemple du Fusil de chasse

Le dispositif romanesque d'Inoue est singulier. Le narrateur raconte comment il a édité un poème intitulé *Le Fusil de chasse* pour le *Compagnon du Chasseur*, une revue publiée par la Société des chasseurs du Japon ; comment il a reçu quelque temps plus tard une lettre d'un certain Josuke Misugi, magnifiquement calligraphiée, lui assurant que le poème s'est inspiré de lui. Pour le remercier, Josuke envoie trois lettres au narrateur, trois lettres qui constituent le roman. Dans la première, une jeune fille nommée Shoko expose à Josuke qu'elle a lu le journal intime de sa mère et qu'elle sait pourquoi celle-ci est morte. La deuxième, celle de Midori, la femme légitime de Josuke, lui explique pourquoi elle ne

64. Bernard Banoun, Programme de *Médée*, donnée à l'Opéra de Lyon, 2001, p. 21

65. Reverdy, « Journal d'un opéra », p. 233.

le verra plus. La dernière est celle de sa maîtresse, Saïko, écrite juste avant son suicide. Les trois lettres dessinent peu à peu une histoire d'incompréhension et de mensonges réciproques.

Les sentiments et les faits évoqués dans le roman – qui ne cesse pourtant d'être écrit à la première personne – sont triplement mis à distance, notamment par une mise en abyme du destinataire : le « je » épistolaire s'adresse tout d'abord à Josuke, qui présente lui-même ces lettres au narrateur, lequel les soumet enfin au regard du lecteur. Ce savant dispositif engage une superposition de strates temporelles, puisque coexistent au moment de la lecture le temps du narrateur (découvrant l'histoire de Josuke), le temps de Josuke (lisant chacune des lettres qui lui sont adressées), le temps de l'écriture (celui des trois femmes), ce dernier se référant à des événements qui appartiennent eux-mêmes à différents moments du passé. Il n'existe donc aucun contact direct entre chacun des actants de ce récit, reposant sur une séparation totale des points de vue. Dans ce kaléidoscopique roman de la solitude, seule l'unicité du regard du lecteur assemble ces différents regards pour reconstituer *a posteriori* une intrigue.

Il y a quelque chose de musical dans ce texte qui s'attache, de façon paradigmatique, trois fois à la même histoire, comme trois variations sur un thème qui se dérobe. Mais le problème est épineux lorsqu'il s'agit d'en faire un livret d'opéra. Comment en effet répartir la parole ? Par qui, en d'autres termes, faire chanter les lettres ? Par les trois femmes ? Par leur destinataire Josuke ? Par une autre entité encore, la voix du narrateur ? Une première solution consistait à envisager *Le Fusil de chasse* comme un monodrame lyrique. Mais faire lire à Josuke l'ensemble des lettres, c'était courir le risque de statisme et de monotonie. Une autre possibilité était de faire chanter chacune des lettres par leurs différentes rédactrices. Mais l'isolement des trois voix féminines aurait donné lieu à une pure juxtaposition de trois séquences, très peu dramatiques. C'eût été donner trop de poids au temps de la rédaction, d'autre part, par rapport aux autres strates temporelles convoquées dans le roman. Michèle Reverdy a opté pour une répartition mixte de la parole. Chacune des lettres est dominée par l'une des trois voix féminines, mais pas exclusivement. Les autres voix peuvent s'immiscer dans chacune des lettres, selon plusieurs modalités :

1/ Chaque lettre évoque les événements qui précèdent la mort de Saïko, et qui rassemblent les différents personnages. Michèle Reverdy donne du relief à ce moment dramatique en faisant revivre brièvement la scène, sous forme d'un dialogue direct entre les différents personnages qui incarnent alors chacun leur propre rôle.

2/ Une autre idée consiste à introduire régulièrement la voix de Josuke pour la mêler à l'une des voix féminines : façon de relier la rédactrice et le lecteur de la lettre.

3/ Michèle Reverdy ménage encore l'espace d'un trio vocal, notamment lors de l'évocation de l'hôtel Atami par Midori : au début de leur mariage, Josuke fut infidèle à Midori en retrouvant Saïko au bord de la mer et cet hôtel marque le début des mensonges et des silences réciproques. Midori, rédactrice de la lettre, chante les paroles, tandis que les voix de Saïko et Josuke sont convoquées pour vocaliser l'esquisse d'un duo d'amour très sensuel.

4/ Les quatre voix, enfin, se trouvent associées dans la chanson introductive ainsi que dans la scène finale. Michèle Reverdy a choisi en effet de supprimer le narrateur du roman d'Inoue, seul le poème du « Fusil de chasse », écourté, et devenu chanson, sert de prologue à la lettre de Josuke. La reprise des paroles de cette chanson permet de boucler l'ensemble sous forme de quatuor vocal.

Les solutions trouvées au problème soulevé par le roman (les ambiguïtés de l'énonciateur) présentent plusieurs intérêts. D'une part, elles permettent de ménager des ensembles vocaux et de garantir ainsi une certaine diversité souhaitable à l'opéra. Ensuite, ce choix d'énonciation mixte permet de maintenir les ambiguïtés présentes dans le roman, que l'exécution vocale aurait pu gommer si chaque lettre avait été prise en charge par une seule chanteuse. Grâce aux intrusions de Josuke ou à celles des autres voix féminines, Michèle Reverdy rétablit par des moyens spécifiquement dramatiques l'appréhension des multiples niveaux de temporalités qui se superposent. Mieux, elle peut ainsi les faire jouer entre eux, en faisant entendre simultanément le temps du vécu (l'histoire d'infidélité et de mort), le temps du souvenir au moment de la rédaction des lettres, et le temps de la lecture. Il n'y a pas de passé, de présent et de futur, mais trois strates temporelles qui se rencontrent et fusionnent, sans que la lisibilité dramatique en pâtisse. Enfin, cette répartition particulière de la parole corse encore la thématique de la solitude. Elle ménage certes des rencontres entre les différentes voix, mais ce sont des rencontres faussées, sans communication directe, puisqu'elles appartiennent à différents niveaux d'intrigue. Le sentiment d'étrangeté n'en est que plus patent. Si dans le roman, seul le regard du lecteur (et du narrateur) pouvait réunir les points de vue pour élaborer une synthèse, dans l'opéra, seule l'oreille de l'auditeur (et de la compositrice) permet de réunir les voix pour saisir une polyphonie. Mais la musique associe moins les voix, en définitive, qu'elle ne souligne, lorsqu'elle les apparie, la béance qui les sépare.

Si *Le Fusil de chasse* est un cas-limite, ce type de situation apparait néanmoins dans plusieurs autres opéras. Le livret de *Vincent ou la haute note jaune* ne cesse de souligner le fossé qui sépare Vincent de ses proches : ni Gauguin, ni Théo, ni Rachel n'arrivent à instaurer de véritable communication verbale avec lui. Ces ensembles vocaux destinés à souligner la distance plus qu'à nouer une relation, on les retrouve encore dans les premières scènes de *Médée* :

> – Je t'ai vue, Médée, penchée au-dessus de la fontaine dans la cour de ton palais. Tu recueillais l'eau dans les mains.
>
> – Penchée au-dessus de la fontaine dans la cour du palais, je recueillais l'eau dans mes mains.
>
> – Et tu la buvais à grands traits.
>
> – Et je la buvais à grands traits.

La première scène entre Jason et Médée est-elle un duo ? Oui, au sens où elle associe les voix. Non, dans la mesure où elle ne met en place aucun dialogue, mais la remémoration d'un passé commun qui souligne la faille et la faillite du présent. De là le caractère hiératique, plus que dramatique, qui marque encore l'échange de la scène 3 entre Agamède et Médée :

> – En Colchide, déjà, tu t'es aveuglée, Médée. Ton père, le roi Aïétès, vieux et malade, avait concentré ses dernières forces sur une seule chose : garder le pouvoir.

> – En Colchide, déjà, je me suis aveuglée. Mon père, le roi Aïétès, vieux et malade, avait concentré ses dernières forces sur une seule chose : garder le pouvoir.

La scène se poursuit dans un strict parallélisme des répliques qui fige chacun des personnages dans son monde intérieur. Agamède n'a aucune prise sur Médée : les deux femmes se côtoient, mais ne se parlent pas. C'est en cela que les opéras de Michèle Reverdy, faisant se rencontrer des personnages parfois totalement isolés à travers des récits épistolaires ou à l'intérieur de monologues intérieurs, accentuent en fin de compte leur solitude intrinsèque.

Une dramaturgie séquentielle et spatiale

Cette façon d'appréhender le livret entraîne plusieurs conséquences d'ordre dramaturgique. Tout d'abord, à l'exception peut-être du *Précepteur*, les opéras de Michèle Reverdy ne sont pas des opéras d'action, c'est-à-dire d'interaction entre personnages. Bernard Banoun l'a bien noté : « Les intrigues exposent bien plutôt la désagrégation de toute relation personnelle. Les seules relations qui s'établissent durant le temps de la représentation sont d'éphémères rencontres sexuelles »[66]. La compositrice elle-même le reconnaît : « Le théâtre ne doit pas être forcément un théâtre d'action pour être profondément dramatique. Je préfère un théâtre qui mette en évidence des états psychiques »[67].

Cette succession d'états psychiques intérieurs entraîne une dramaturgie conçue de façon séquentielle, et non selon la linéarité d'un drame continu. On ne trouve jamais aucun « acte » dans ses œuvres théâtrales, mais une division générale en « scènes », « tableaux » ou « chants ». Très frappant dans *Le Précepteur*, agencé en 21 scènes, mais aussi dans *Le Château* ou dans *Médée*, ce découpage s'apparente à une division cinématographique qui n'est pas sans rappeler l'héritage de Berg. Les différentes scènes sont parfois reliées par un interlude, notamment lorsqu'une forte distance temporelle les sépare, mais jamais de façon systématique[68]. La technique est similaire dans les mélodrames, et même lorsque le texte source n'est pas subdivisé en scènes, Michèle Reverdy le traite comme une succession de moments : la musique du *Nom sur le bout de la langue* est ainsi composée de onze séquences dramatiques, celle d'*Un signe dans l'espace* de cinq sections musicales qui possèdent chacune leur individualité ; quant à la musique du *Roi du bois*, elle est faite de douze sections venant s'entrelacer au texte de Pierre Michon, « séquencé » pour les besoins du théâtre.

La dramaturgie pratiquée par Michèle Reverdy recherche par conséquent le contraste entre les scènes ou les sections, plus que la linéarité organique d'un drame. En dehors du modèle apporté par Berg, le choix de sujets narratifs et descriptifs, évitant souvent la dimension dramatique, y est pour beaucoup. L'effet de cette construction séquentielle dépend alors du rythme dramatique. Ou bien celui-ci est lent, comme dans *Médée* ou

---

66. Bernard Banoun, « De quelques constantes dans les livrets des opéras de Michèle Reverdy », *Musique, arts et littérature dans l'œuvre de Michèle Reverdy*, p. 114.

67. Michèle Reverdy, note manuscrite sur *La Nuit qui suivit notre dernier dîner*, AMR.

68. Michèle Reverdy craignait ainsi que l'interlude entre les deux dernières scènes du *Précepteur* ne donne l'impression d'être un « remake » de *Wozzeck* (« Journal d'un opéra… », p. 230).

Le Fusil de chasse, et la succession des scènes entraîne un certain hiératisme adapté aux sujets. Ou bien il est enlevé, au contraire, et les scènes se télescopent dans une succession de contrastes francs. C'est notamment le cas du *Précepteur*.

> La première partie, explique Michèle Reverdy, du début jusqu'à la fin de la scène 6, sera constituée par les scènes de présentation : nous faisons la connaissance des principaux personnages, dans des situations univoques. Ces scènes de présentation se succèdent très rapidement. J'imagine des sortes de flashs à déplacer très vite sur la scène, en éclairant brusquement un point ou un autre. Ce sont des scènes très « typées » musicalement, chacune adoptant une écriture musicale spécifique et une couleur instrumentale unique, correspondant au personnage dans sa situation primitive[69].

Les contrastes du *Précepteur* sont très adaptés au rythme saccadé de la pièce de Lenz, dont la compositrice a cherché à rendre la frénésie[70].

Cette dramaturgie est simultanément influencée par un goût prononcé pour la peinture. La technique consiste à faire correspondre aux différentes scènes du livret une succession autonome, quoique apparentée, de *tableaux musicaux*. Chacun est caractérisé par une configuration timbrale et harmonique absolument singulière qui le différencie des tableaux adjacents. Les scènes s'enchaînent donc moins selon une logique de continuité temporelle, qu'elles ne se juxtaposent dans un esprit « spatial ». Dans le cas de *Vincent ou la haute note jaune*, la succession des numéros musicaux peut s'assimiler au parcours de tableaux d'une exposition ; elle s'apparente plus encore aux différentes stations d'un chemin de croix – d'autant que le sous-titre, « Sept Paroles de la vie et de la mort de Vincent Van Gogh », invite à filer la métaphore religieuse. Le même parcours spirituel, par haltes successives, marque la dramaturgie du *Château* ou celle de *Médée*. La conception dramatique de Michèle Reverdy semble donc plus marquée par un imaginaire spatial (la structure comme architecture faite de tableaux, de volumes ou de surfaces) que par un imaginaire temporel (au sens du fil d'une action qu'il s'agirait de dérouler).

Comme l'architecture d'un bâtiment, la structure de ses opéras s'appréhende en terme de lignes de forces, au regard d'une structuration numérique. Ces lignes de forces s'obtiennent grâce à la création de climax vers lesquels tendent les scènes. Tout le *Précepteur* s'oriente ainsi vers la scène 18, celle de la castration de Läuffer, qui renoue avec le matériau percussif et violent du prologue. Les onze scènes de *Médée* s'organisent comme deux séries de cinq scènes réparties autour de la sixième, intense confrontation au cours de laquelle Médée se livre à une sorte de psychanalyse de Glaucé ; le contre-climax du dixième tableau (lapidation des enfants de Médée) ne fait que précipiter l'exil de Médée, abandonnée dans une ultime scène de désolation. Les chiffres onze et six, structurant la dramaturgie de l'opéra, sont eux-mêmes tirés du roman de Christa Wolf, qui se compose de onze grands monologues venant de six personnages différents. Michèle Reverdy prise tout particulièrement ces jeux numériques : c'est par les chiffres qu'elle allie la macrostructure de l'œuvre (construction

69. *Ibid.*, p. 200.

70. « J'ai lu la plupart des pièces de Lenz. Dans toutes, le rythme dramatique est tellement rapide qu'il frôle la frénésie. Les personnages et les lieux géographiques sont multiples et s'interfèrent sans cesse. Le temps passe également sans crier gare – plusieurs années pouvant parfois séparer deux scènes successives. Il faudra que je rende compte de cette frénésie et de cette agitation dans ma musique. » (« Journal d'un opéra… », p. 201).

dramaturgique) et sa microstructure (harmonie de chaque scène), créant ainsi une cohérence cachée régissant l'ensemble. La vision globalisante de l'architecte l'emporte une nouvelle fois sur l'appréhension dynamique du dramaturge. Mais évoquer le lien entre macrostructure et microstructure, c'est aborder la construction spécifiquement musicale des œuvres de Michèle Reverdy, ouvrir, donc, la porte du laboratoire de composition.

LABORATOIRE DE COMPOSITION

> C'est curieux, j'élabore une œuvre, je la construis, je fais des plans, des schémas et des projets de durées précises pour chaque section. Et lorsque je commence à écrire, l'œuvre s'échappe, et on dirait que c'est elle qui me dirige, elle qui prend les décisions et impose des virages imprévus, des matières sonores que je n'avais pas inventées. L'œuvre m'est irréductible. Suis-je réellement le compositeur ? ou suis-je un instrument au service d'une puissance occulte qui me possède ? [1]

Beaucoup de compositeurs craignent de lever le voile sur l'acte créateur : Michèle Reverdy n'hésite pas à parler de ce moment très intime. C'est sans fard qu'elle évoque les doutes qui l'assaillent, sans masquer ses périodes d'abattement et son « intranquillité » profonde ; c'est avec une grande liberté qu'elle parle de sa démarche compositionnelle, y compris sous son jour le plus technique ; et avec autant de simplicité qu'elle montre tous les documents témoignant de la genèse de ses œuvres : manuscrits, esquisses, cahiers de composition. L'examen de cette riche documentation permet de suivre le mouvement de la création et de saisir la logique sur laquelle repose l'ensemble de son œuvre. C'est ce laboratoire de composition que nous nous proposons de parcourir et d'analyser.

Michèle Reverdy travaille à sa table et au piano, toujours au crayon (illustration 24). Quatre ou cinq heures par jour en moyenne : elle ne croit pas à l'inspiration, mais à l'alliance de l'imagination et du travail. Voilà pourquoi elle n'écrit jamais au fil de l'idée, ici ou là, des fragments qui lui traverseraient l'esprit. Si, comme le chapitre précédent l'a montré, sa sensibilité se montre réceptive à de nombreuses influences (picturales, littéraires, théâtrales), elle conçoit avant tout la composition comme un vaste jeu de construction, intellectualisé, qui réclame du temps, de la patience et de la méticulosité. Chaque partition est conçue, avant d'être réalisée, à partir d'un certain nombre d'éléments de base qui sont ensuite élaborés et mis en œuvre : dans la dialectique du contrôle et de l'abandon, Michèle Reverdy tente toujours de faire triompher le premier. De là vient une certaine lenteur, dans le processus créateur, que met bien en relief ce paragraphe du « Journal d'un Précepteur » :

1. Note manuscrite, Gordes, le 15 septembre 1988, carnet de composition (1985-1988), AMR.

> Ce qui est terrible en musique, c'est que l'on écrit très lentement quelque chose qui sera entendu très vite. Il ne faut donc jamais perdre l'idée de la continuité du discours. Je viens d'écrire une minute quarante-cinq secondes en six jours, en m'attachant à soigner le moindre détail, harmonique, rythmique, contrôlant le verticalisme note par note. Puis je me suis attachée à contrôler les densités, les dynamiques – ce qui pour moi est toujours difficile car je sais ce que je veux entendre, mais j'hésite toujours sur la façon de l'indiquer graphiquement pour l'interprète. [...] À chaque fois que j'avance d'une seconde, je relis tout ce qui précède dans le mouvement [...] afin de garder le sens du discours musical. Tout cela est très long. C'est ce que j'appelle mon petit travail de fourmi [2].

Le travail de fourmi – un travail de Titan ! – se ritualise, avec ses affres inévitables. Une minute de musique réclame parfois une semaine de travail. Au cœur de l'écriture du *Concerto pour harpe*, elle note le 23 juillet 2005 : « Passé hier six heures à écrire 3 mesures (cuivres, mesures 200-202) que j'ai gommées ce matin ».

> C'est un métier de dentellière, ajoute-t-elle, où il ne faut pas regretter le « temps perdu »... car j'ai bien pu constater que ces mesures si laborieusement travaillées ne s'intégraient pas à l'ensemble, et qu'il était beaucoup plus efficace (et dans la ligne du discours musical) de laisser un seul accord immobile, plus fort expressivement à cet endroit précis, que des mouvements intérieurs compliqués... [3]

Obsession de fourmi, précision de dentellière ? Artisanat furieux, sans aucun doute !

> La minutie de ce travail d'horloger nous rend maniaques. Un grain de poussière dans le rouage d'une œuvre d'orchestre me tient éveillée toute une nuit. Certains compositeurs considèrent même la calligraphie musicale comme un but en soi, se souciant peu du résultat sonore. L'un d'eux me confia un jour en plaisantant qu'il était atteint, non pas de logorrhée, mais de graphorrhée ! D'autres recopient avec grand soin leurs partitions, tirant les barres de mesures à la règle, soignant à l'extrême le graphisme de chaque signe. Cette maniaquerie peut s'étendre à d'autres activités de la vie du compositeur. Il ressent le besoin de se construire un cadre strict, par une organisation précise de son emploi du temps – toujours le temps ! – par l'instauration de certains rites. De nombreux compositeurs sont des maniaques de l'ordre, du rangement, des crayons bien taillés. John Cage m'a confié autrefois qu'il commençait sa journée en arrosant ses plantes, ajoutant que cela l'occupait pendant deux heures tous les matins car il en avait plus d'une centaine. Ces rites constituent peut-être des garde-fous contre le danger de basculer dans le précipice d'une trop forte passion [4].

Si chaque musicien compose avec ses névroses, comment Michèle Reverdy procède-t-elle ? C'est avant tout la méticulosité de son organisation qui frappe. Elle aborde la composition comme un architecte esquisse ses plans. Elle commence par ouvrir un nouveau carnet. Planifie son calendrier de travail. Pense charpente avant fenêtres et volets (elle imagine une organisation d'ensemble). Choisit matériaux et couleurs (elle définit un réservoir harmonique). Décline le nuancier (elle transpose et renverse ses séries d'accords). Détermine des mesures (elle prévoit des durées approximatives). Dessine des plans (elle livre des schémas analytiques

2. Michèle Reverdy, « Journal d'un opéra », *À la musique, X^e rencontres psychanalytiques d'Aix-en-Provence*, Paris, Les Belles Lettres, 1993, p. 220.

3. Michèle Reverdy, carnet de composition, AMR.

4. Michèle Reverdy, *Composer de la musique aujourd'hui*, Paris, Klincksieck, 2007, 50e question, « Du danger d'être compositeur ? », p. 177-178.

en couleur). Ébauche des formes (elle esquisse des motifs mélodiques, rythmiques, de timbres).

Pareille ingénierie précède systématiquement la mise au jour de l'œuvre. C'est pour épouser la démarche de cette architecte du son que nous étudierons tour à tour la façon dont elle définit le matériau, élabore la forme, met en place l'instrumentation et écrit, le cas échéant, ses parties vocales. Car la méthode est la même lorsqu'elle travaille à partir d'un support verbal :

> Les textes donnent tout simplement naissance à un imaginaire sonore qu'ensuite j'essaie d'organiser. Tout d'abord, je me donne un matériau, généralement un réservoir harmonique qui va être le même dans toute l'œuvre et qui va lui donner une couleur. Ensuite, je travaille l'agencement des différents motifs qui s'articulent dans une forme musicale [5].

La simplicité de la démarche présente comme évident ce qui ne l'est point : une approche formaliste des genres vocaux, comme des genres instrumentaux, et un primat de l'instrumental sur le vocal (au moment de la conception tout au moins).

DÉFINIR UN MATÉRIAU HARMONIQUE

Au commencement n'était pas le Verbe, pour Michèle Reverdy, mais le matériau harmonique. Douze accords transposés douze fois dans *Le Scherzo des petits plats* pour flûte, hautbois, basson, clavecin et violon ; cinq accords allant de sept à onze sons dans *Propos félins* pour orchestre à cordes et chœur d'enfants ; onze transpositions de onze accords dans *Le Fusil de chasse*... Qu'elle se lance dans une œuvre vocale ou dans une œuvre instrumentale, depuis le début des années 1980, la méthode est scrupuleusement la même : la compositrice prédéfinit son matériau comme un peintre prépare sa palette. La plupart du temps, cette dernière prend la forme d'une grille d'accords synthétisée sur une feuille de papier à musique, à laquelle la compositrice ne cesse alors de se reporter.

Constituer une grille d'accords

Suivant les œuvres, le nombre de ces accords prédéfinis est très variable. Il est souvent décidé de façon purement arbitraire. *En terre inconnue* est par exemple construit à partir de neuf accords, allant de six à neuf sons : sans doute les multiples de trois sont-ils implicitement déduits de la formation choisie – un trio pour piano. De fait, le nombre des parties semble souvent décisif. *L'Île aux lumières* (1983) fait ainsi reposer l'ensemble des paramètres – accords, mais aussi séquences et rythmes – sur le nombre 19 :

> Quant au matériau compositionnel de base, il doit son choix à un alea : au moment de la commande, l'orchestre de Juvisy comportait 19 cordes – à savoir 11 violons, 3 altos, 4 violoncelles et 1 contrebasse. J'ai donc décidé arbitrairement que la magie du chiffre 19 régirait la construction de l'œuvre : 19 séquences, groupées en quatre grandes sections, donc 19

5. Note à propos du *Fusil de chasse*, AMR.

modes de jeux différents, 19 accords, 19 rythmes et leurs variations. Seuls les intensités et les registres échappent à cette loi[6].

Pareille prédétermination de l'ensemble des paramètres est rare chez Michèle Reverdy : elle est le signe d'une œuvre de la première manière, soumettant le mélodique à la texture et au timbre, et l'intuition à l'intention. En revanche, la fascination pour les chiffres arbitrairement déterminés, structurant un nombre d'accords et de transpositions, est un trait constant de sa technique. Sa pièce pour harpe seule, les *Quatorze Poignées d'argile* (1999), est ainsi fondée sur un vieux texte de la mythologie sumérienne ; Michèle Reverdy s'y intéressa peut-être d'autant plus que ce récit démiurgique repose sur un fort paradigme numérique :

La Déesse Mami prit quatorze poignées d'argile.
Elle plaça sept poignées à droite.
Elle plaça sept poignées à gauche.
Au milieu, elle posa une brique.
Ea, agenouillé sur une natte, ouvrit le nombril des figurines
Des deux groupes, sept produisirent des hommes.
Sept produisirent des femmes.
La déesse qui crée les destins
Les compléta par paire. Mami
Dessina des formes humaines.

Les deux séries de sept poignées d'argile lui font songer, en l'occurrence, aux sept pédales de la harpe… Ce chiffre hautement symbolique – celui de la perfection de la création – devient alors le fondement du matériau harmonique : l'œuvre est construite à partir de sept accords, transposés sept fois. Voilà qui évoque le deuxième mouvement de *Lac de lune*, qui repose lui aussi sur sept transpositions d'une série de sept accords de sept sons ; en l'occurrence, la prédétermination harmonique structure simultanément le temps puisque ce mouvement se structure en sept épisodes et les durées s'organisent elles-mêmes selon les multiples de sept[7].

Pour les œuvres vocales, la méthode est la même, à ceci près que l'harmonie est « mathématiquement » déduite de l'architecture des textes[8]. La *Médée* de Christa Wolf s'articulait ainsi autour de six personnages à travers onze monologues ; malgré le remaniement important de la matière, le livret retient six personnages (par adjonction du chœur et retrait de Leukos) et se compose de onze scènes : le matériau harmonique s'établit à son tour en onze accords transposés six fois. Le plus dense de ces accords (A) comporte onze sons, les trois suivants (B, C, D) en contiennent respectivement dix, neuf et huit, tandis que les sept derniers accords sont de sept sons (illustration 25).

6. Notice publiée sur le site internet de Michèle Reverdy.

7. L'œuvre entière repose sur vingt-trois accords ; accords, proportions et durées jouent avec les nombres premiers. (Voir « *Lac de lune* », entretien recueilli par Emmanuel Reibel, programme des concerts de Radio France, 7 juin 2004).

8. Seul *Vincent* a été conçu sans constitution d'un réservoir harmonique préalable.

La constitution de la grille d'accords – le nombre de ces derniers une fois déterminé – repose sur la volonté de varier les couleurs et les densités harmoniques. Elle est également fondée sur un souci de cohérence macro-structurel. Le matériau de base du *Nom sur le bout de la langue*, par exemple, constitué de six accords, est en même temps articulé autour d'un axe de la bémol. La grille harmonique du *Précepteur* (vingt et un accords) dessine, elle, une vaste mélodie utopique :

> Comme le livret élaboré par Uli comprend vingt et une scènes, je décide arbitrairement de me constituer un réservoir harmonique de 21 accords, allant du plus élémentaire – deux sons – au plus complexe – 11 sons. La partie supérieure de ces accords enchaînés forme alors une grande mélodie de 21 sons qui sera présente dans chaque scène – mais variée dans ses registres, ses timbres et ses rythmes. Parfois noyée dans un écrin contrapuntique, cette mélodie ne sera pas toujours perceptible, mais j'espère que sa présence souterraine jouera le rôle d'un élément inconscient pour la mémoire de l'auditeur. En outre, chacun des 21 sons de cette mélodie sera également le son pivot de chacune des vingt et une scènes, en sorte que l'œuvre elle-même dans son entier sera régie par cette grande et utopique ligne mélodique. Ainsi, je compte préserver l'unité de l'œuvre en lui choisissant une « couleur » harmonique caractéristique, puis une « figure » mélodique déduite de cette même série harmonique – ordonnant aussi bien le macrocosme de la grande forme que le microcosme de la moindre cellule musicale[9].

La structuration par les chiffres et la prédétermination harmonique révèlent chez Michèle Reverdy une obsession de la cohérence à grande échelle. Mais cette technique est assouplie par une absence de systématisme au fil de l'écriture.

Puiser librement dans ce réservoir harmonique

Contrairement aux procédés d'écriture chers aux postsériels, en effet, la grille harmonique n'engage par elle-même aucun processus : ni cahier de route contraignant, ni formule originelle à vocation démiurgique, elle ne représente qu'un matériau de base quantitativement limité mais qualitativement performant, un « réservoir » dans lequel la compositrice choisit librement ses harmonies, comme une palette de couleurs à sa disposition, et duquel elle peut déduire des lignes mélodiques, comme le montre une page de son carnet de *Médée* où elle note les mélodies engendrées par l'enchaînement des onze accords de base (illustration 26).

De la même façon, en effet, qu'un peintre utilise les tons purs, écarte certaines teintes ou procède à des mélanges, plusieurs techniques sont envisageables à partir de la grille d'accords. La compositrice s'en explique au sujet de ses *Propos félins* :

> J'ai choisi cinq accords allant de sept à onze sons, que j'ai ensuite transposés cinq fois. Chaque section de l'œuvre utilise une série d'accords regroupés selon des critères de disposition ou de transposition. Ainsi, la couleur harmonique d'une section peut rester uniforme, si j'utilise un seul accord dans toutes ses dispositions et toutes ses transpositions – on peut comparer cette vision sonore à une toile peinte en camaïeu. Par contre, lorsque j'utilise tous les accords dans toutes les transpositions, les couleurs éclatent…[10]

9. Reverdy, « Journal d'un opéra », *op. cit.*, p. 202.
10. Notice publiée sur le site internet de Michèle Reverdy.

Plus généralement, Michèle Reverdy peut décider de fonder une séquence sur un seul accord, s'il s'agit de créer une certaine monotonie ou, au théâtre, de ralentir le rythme dramatique ; elle peut aussi structurer un épisode autour de l'ensemble des transpositions d'un accord unique, ce qui procure un effet d'irisation harmonique et d'instabilité acoustique ; pour favoriser des polarités, elle peut encore favoriser un ensemble d'accords ayant la même fondamentale, ou la même note supérieure ; l'ensemble du réservoir est enfin requis dans les moments de saturation sonore ou de climax dramatique. La compositrice résume :

> Si je veux un épisode stable, restant dans les camaïeux, j'utiliserai un seul accord. Si je veux des couleurs changeantes – comme le travail de Monet sur les cathédrales –, j'utiliserai le même accord dans ses différentes transpositions. Et si je veux que les couleurs éclatent en un grand feu d'artifice et que le temps musical paraisse plus agité, j'utiliserai tous les accords dans toutes leurs transpositions. Je peux aussi avoir un point d'ancrage : dans ce cas je choisirai des accords ayant une note commune. Les possibilités de maniement de ce matériau sont innombrables. La couleur harmonique est un garant de l'unité de l'œuvre [11].

Pour Michèle Reverdy, la technique compositionnelle est donc un moyen et non une fin. Le plus important pour elle n'est pas le système (la grille d'accords) mais l'effet (la variation acoustique des couleurs). *Vincent ou la haute note jaune* le montre bien : cet opéra est en effet l'une de ses rares œuvres exemptes de réservoir harmonique préétabli. Or paradoxalement, le principe d'écriture reste le même : soigner la diversité des teintes harmoniques tout en cherchant à créer l'unité d'une couleur d'ensemble.

Le cas de Vincent *: ajourer l'atonalité par la modalité*

Dans cet opéra, la cohérence générale est assurée par l'effet de boucle instauré entre prologue et épilogue, l'un et l'autre construits de façon privilégiée sur un accord de huit sons (*do si do# fa sol la* bémol *ré mi*) qui ponctue harmoniquement les deux pages [12]. Flûte, cor, harpe et marimba ponctuent l'ensemble par un ultime mouvement de croches ascendantes, donnant le dernier mot à la note *la* bémol. Or ce *la* bémol constitue le centre de gravité de la partition.

Dans le premier tableau du deuxième chant (« Le Confident Théo »), où la voix de Vincent est tout juste accompagnée du hautbois d'amour, la ligne instrumentale se présente comme une vaste variation sur *la* bémol, un peu à la façon de la variation autour d'une note présente dans *Wozzeck*. Dans le dépouillement le plus total, avec une allure improvisée due à l'absence de barres de mesures, le hautbois d'amour engage un motif qui s'apparente à une belle et longue broderie autour de *la* bémol (exemple 1).

11. Reverdy, *Composer de la musique aujourd'hui*, *op. cit.*, p. 101.
12. Aux mesures 41 et 925.

Chant II

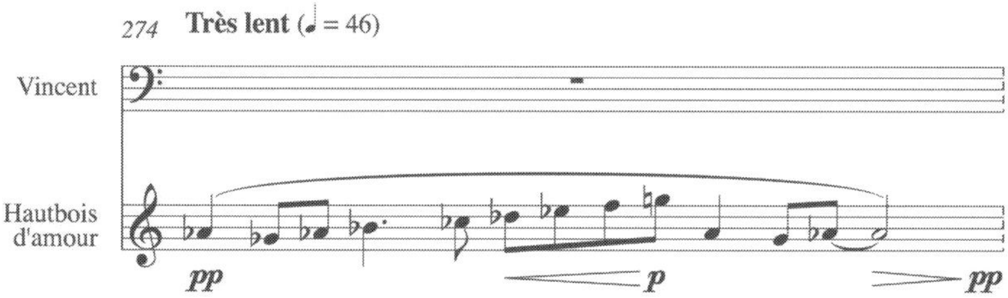

Exemple 1. Michèle Reverdy, *Vincent ou la haute note jaune*, chant II, « En Arles. Le Confident Théo », mes. 274.

Celle-ci revient plusieurs fois au cours du tableau, sans cesse variée. Contrastant avec le langage atonal du premier chant, le style quasi modal de cette partie donne une couleur à la fois intimiste et nostalgique à cette scène, qui peut se résumer à une tension vers ce *la* bémol, sur lequel se rejoignent enfin voix et instrument, pour la première fois, sur la dernière note.

Cette quasi-tonique reste le centre de gravité du tableau suivant (« Les Tournesols »), dans un univers bien différent. Ce *la* bémol, en continuum avec la scène précédente, est attaqué par le cor[13], puis par la flûte, la harpe et le marimba qui le répètent en trémolos. Dans un contexte totalement atonal à présent, le *la* bémol devient note pivot à laquelle s'accrochent tour à tour, obsessionnels, les chœurs vocalisant (290, 311, etc.), la voix de Rachel (322) et celles des corbeaux (326). L'effet est saisissant tant sur le papier qu'à l'écoute : de quoi figurer, si ce n'est la « haute note jaune » des tournesols que Van Gogh a tenté de peindre, du moins la folie qui est en train de s'emparer de lui[14].

À côté de ces effets d'unification, on note dans l'écriture harmonique une recherche constante du contraste et de la variété, adaptée à l'esprit ou à la « couleur » de chaque tableau. Michèle Reverdy sait ainsi régulièrement « ajourer » son langage atonal, ce qui lui permet d'éviter la monotonie des gris perpétuels au profit de couleurs harmoniques beaucoup plus diversifiées. Tandis que, par exemple, dans le chant IV, des passages quasi diatoniques donnent à la vision de l'enfant Vincent une teinte virginale, le chant VI, représentant l'agonie de Vincent, repose en grande partie sur des échelles défectives. Tout le solo de flûte basse y est écrit sur un mode hexatonique polarisé autour de *ré* (*ré* - *mi* bémol - *mi* - *la* - *si* bémol - *ré* bémol), tandis que la voix de Vincent n'expose ses brèves répliques que sur cinq notes, contrastant avec la partie plus riche de son frère (exemple 2).

13. À la mesure 275.

14. Les corbeaux, symbolisant l'intériorité obsessionnelle de Vincent, prononcent d'ailleurs dans cette scène le seul mot de « fou » (en dehors de leurs vocalisations), en même temps que Vincent, à la mesure 310, sur le même accord obsessionnel dont la partie supérieure est un *la* bémol.

Chant VI – L'agonie

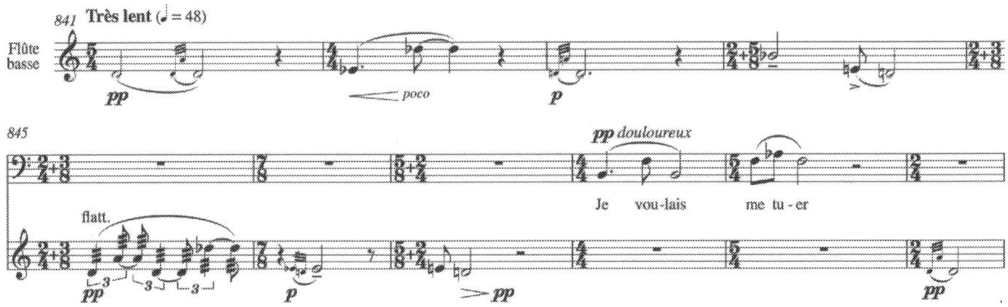

Exemple 2. Michèle Reverdy, *Vincent ou la haute note jaune*, chant VI, « L'Agonie », mes. 841-850.

Ainsi, avec ou sans réservoir d'accords, les œuvres de Michèle Reverdy se caractérisent par une « palette harmonique » entrant systématiquement en correspondance, dans le genre de l'opéra, avec les situations du livret.

Déterminer une structure

Après la palette harmonique, toujours première, vient la « composition » proprement dite, d'abord envisagée en termes formels. Celle-ci fait l'objet d'un savant travail d'élaboration dont témoignent tous ses carnets. Schémas fourmillant de chiffres et de lettres, temporalités chronométrées et autres tableaux rehaussés de couleurs montrent combien la musicienne pense logique et équilibre d'ensemble avant même d'écrire une seule note. Dans les œuvres vocales, cette structure est même définie en amont, indépendamment du texte :

> La forme, et le maniement des matériaux musicaux que j'utilise (modes d'écriture, choix des harmonies), gardent une certaine indépendance par rapport au déroulement [du texte]. La forme a donc ici sa vie propre et exprime un discours musical parallèle au texte, certes, mais qui ne lui est pas entièrement subordonné[15].

L'architecture prime bien sur l'écriture. De fait, dans ses carnets, le laboratoire compositionnel se présente la plupart du temps comme l'analyse préalable de l'œuvre en devenir : pour elle plus que pour tout autre compositeur, sans doute, analyser sa musique revient donc à en étudier la genèse. Quels sont donc les modes de construction privilégiés par Michèle Reverdy ?

15. Reverdy, « Journal d'un opéra », *op. cit.*, p. 214.

Illustration 24 : Michèle Reverdy à sa table de travail, fin des années 1980.
Photo Dulce Aranjo.

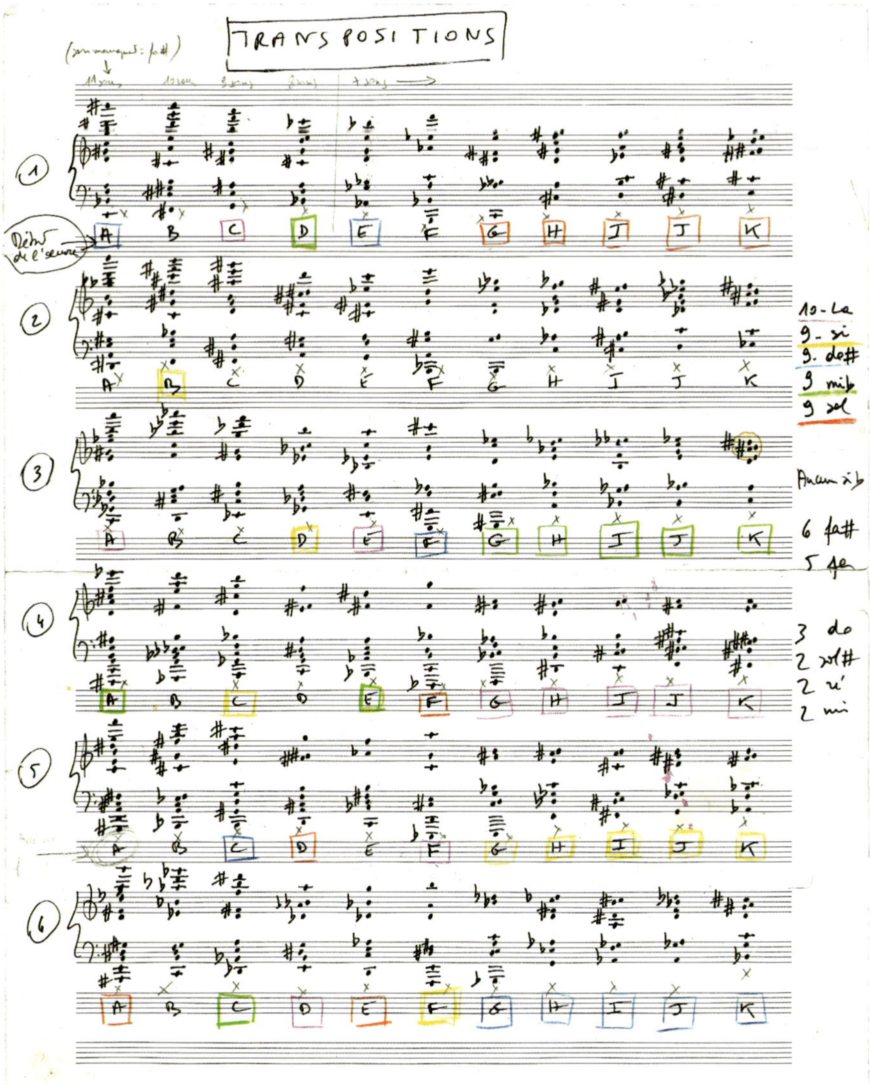

Illustration 25 : Réservoir harmonique de *Médée* (onze accords et six transpositions). Carnet de composition Médée, feuille volante.

Illustration 26 : Réservoir harmonique de *Médée* (onze accords et mélodies engendrées).
Carnet de composition Médée, p. 1.

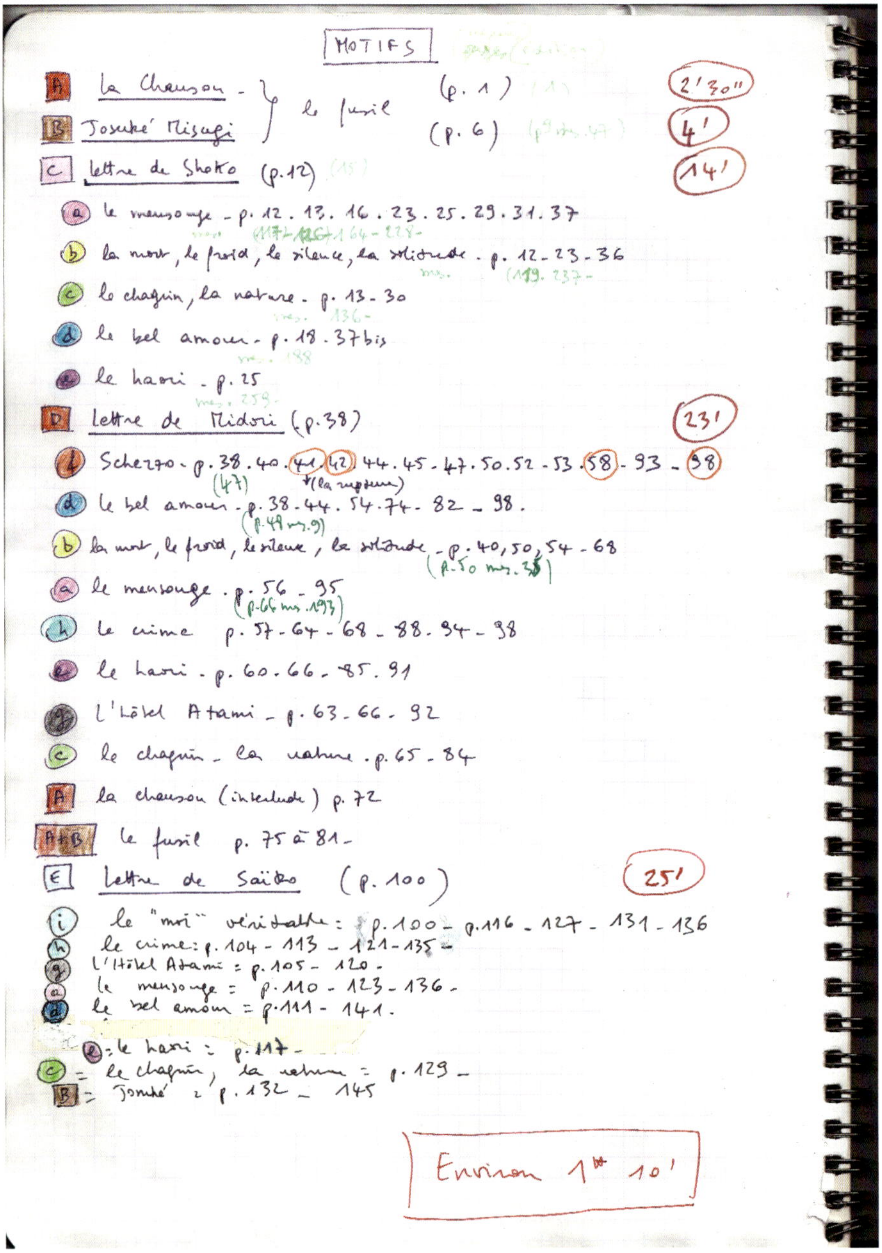

Illustration 27 : Carnet de composition *Le Fusil de chasse*, p. 2.

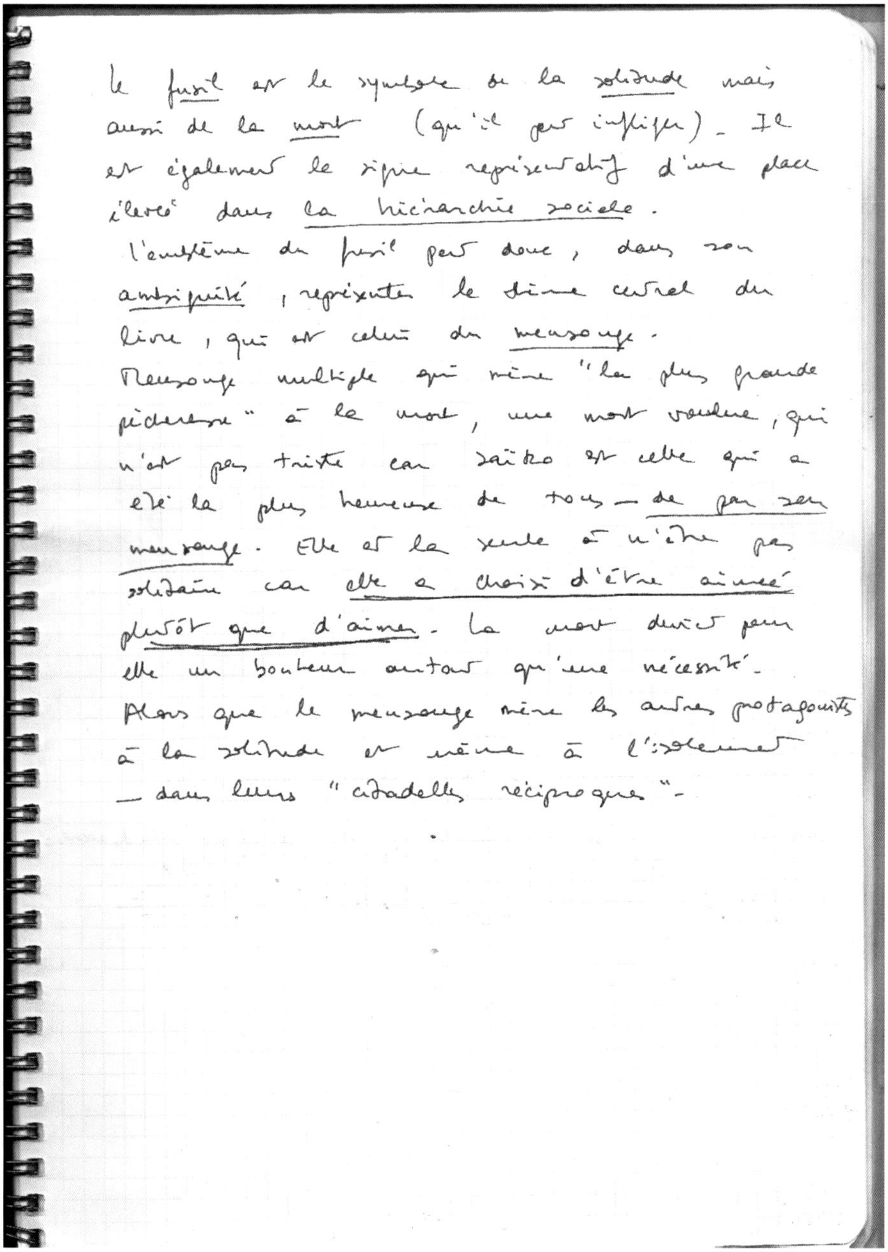

Le fusil est le symbole de la solitude mais aussi de la mort (qu'il peut infliger). Il est également le signe représentatif d'une place élevée dans la hiérarchie sociale.
L'emblème du fusil peut donc, dans son ambiguïté, représenter le thème central du livre, qui est celui du mensonge.
Mensonge multiple qui mène "la plus grande pécheresse" à la mort, une mort voulue, qui n'est pas triste car Saïko est celle qui a été la plus heureuse de tous – de par son mensonge. Elle est la seule à n'être pas solitaire car elle a choisi d'être aimée plutôt que d'aimer. La mort devient pour elle un bonheur autant qu'une nécessité.
Alors que le mensonge mène les autres protagonistes à la solitude et même à l'isolement – dans leurs "citadelles réciproques" –

Illustration 28 : Carnet de composition *Le Fusil de chasse*, p. 3.

Illustration 29 : Carnet de composition *Le Fusil de chasse*, p. 4.

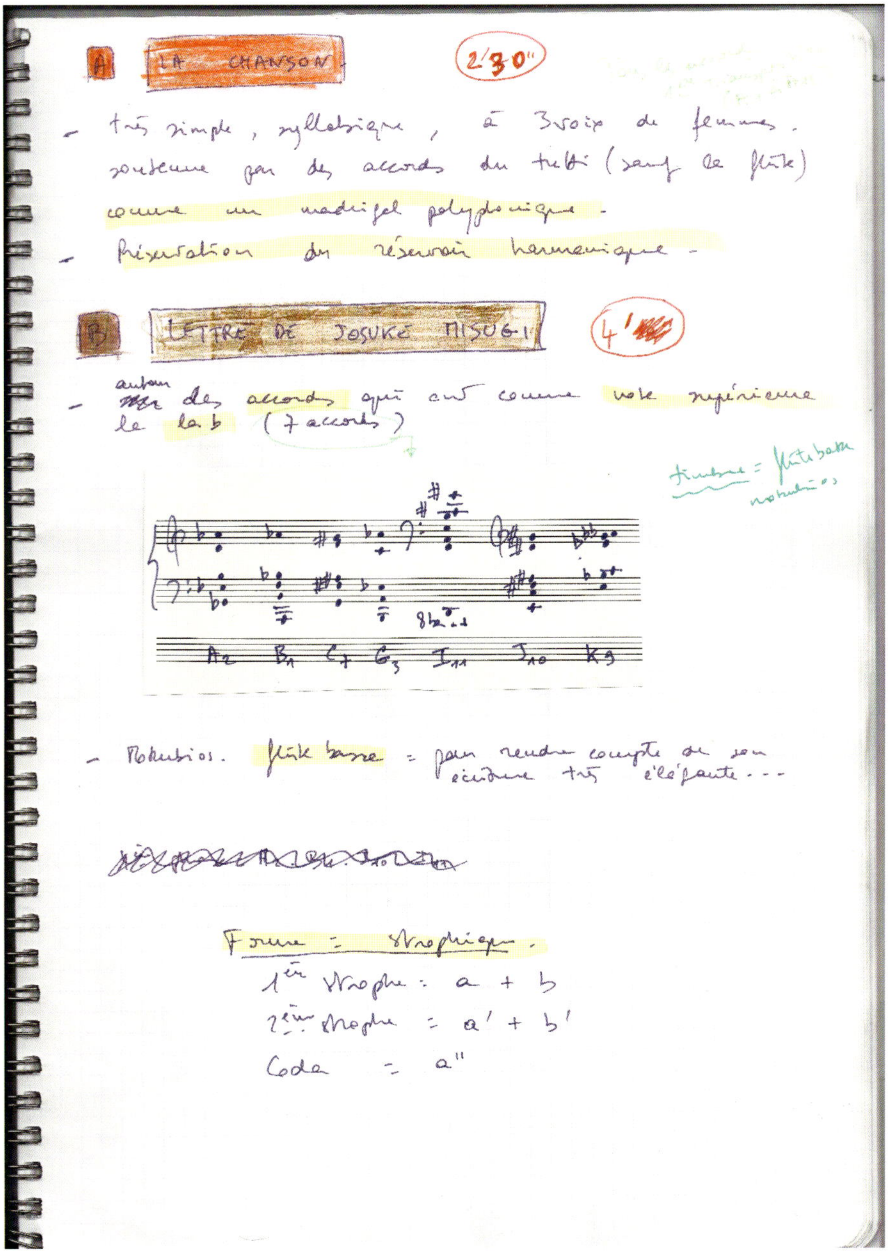

Illustration 30 : Carnet de composition *Le Fusil de chasse*, p. 7.

Illustration 31 : Carnet de composition *Le Fusil de chasse*, p. 8.

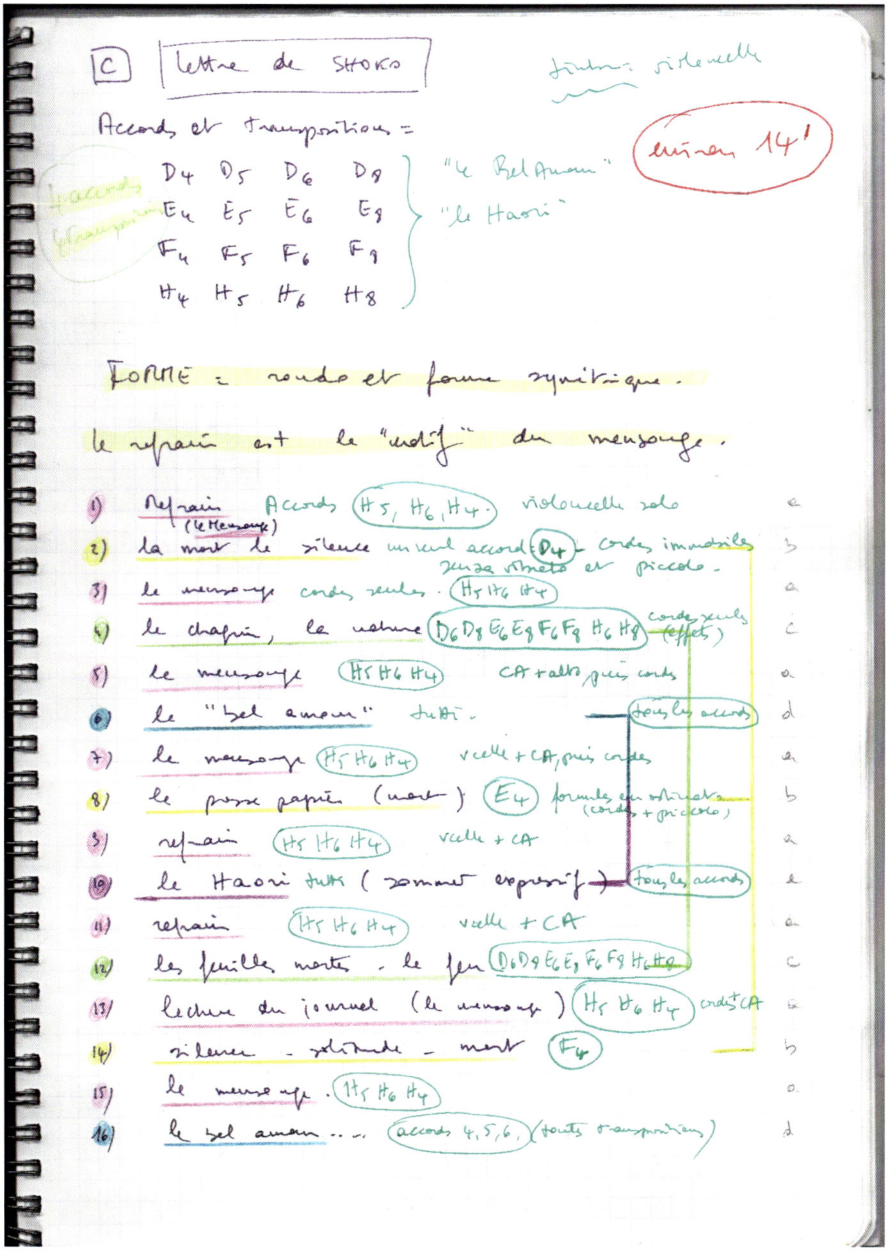

Illustration 32 : Carnet de composition *Le Fusil de chasse*, p. 9.

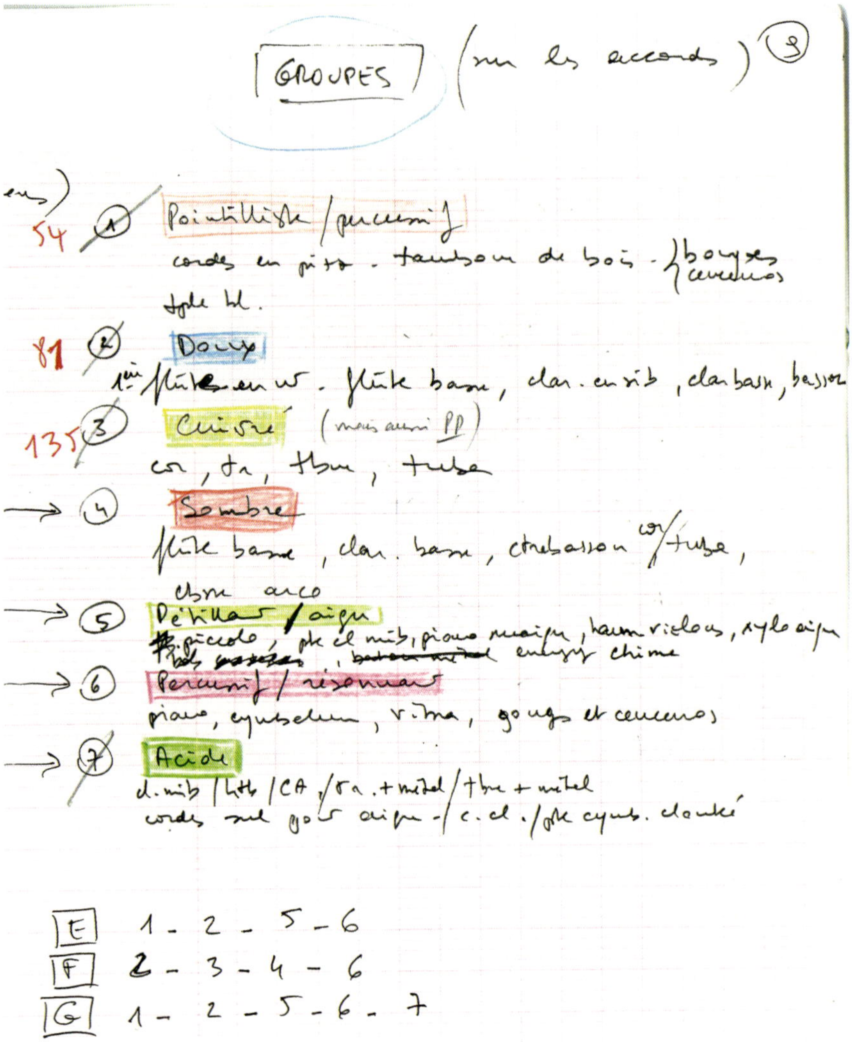

Illustration 33 : Carnet de composition *Concerto pour orchestre*, p. 9.

Illustration 34 : *Le Cercle du vent*, p. 4.
Copyright © Salabert éditions – Paris
Reproduit avec l'aimable autorisation de Hal Leonard MGB

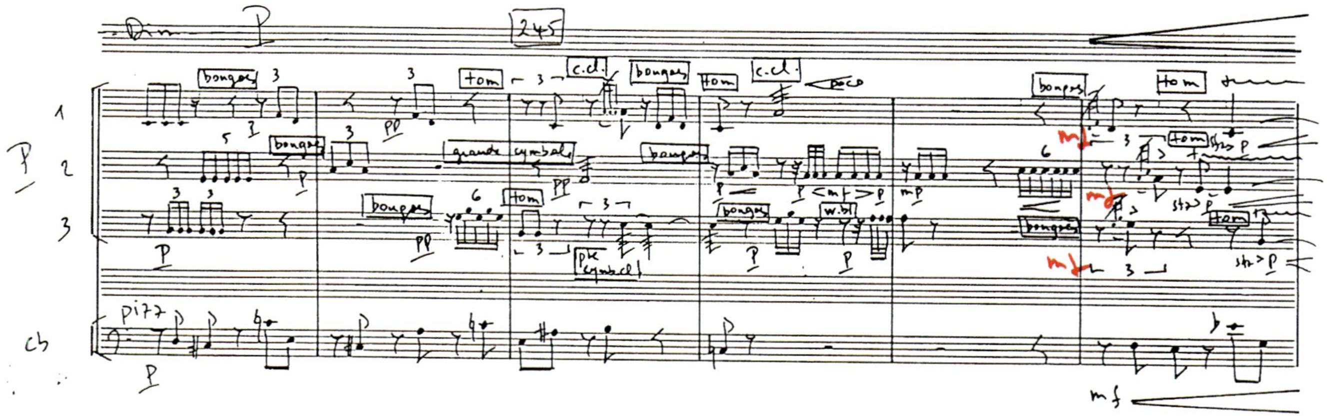

Illustration 35 : *Le Cercle du vent, mesures* 243-248.

Illustration 36 : *Scenic Railways*, solo de contrebasse, p. 37.

Illustration 37 : *Un signe dans l'espace*, mesures 8-13.

Illustration 38 : *Un signe dans l'espace*, mesure 432.

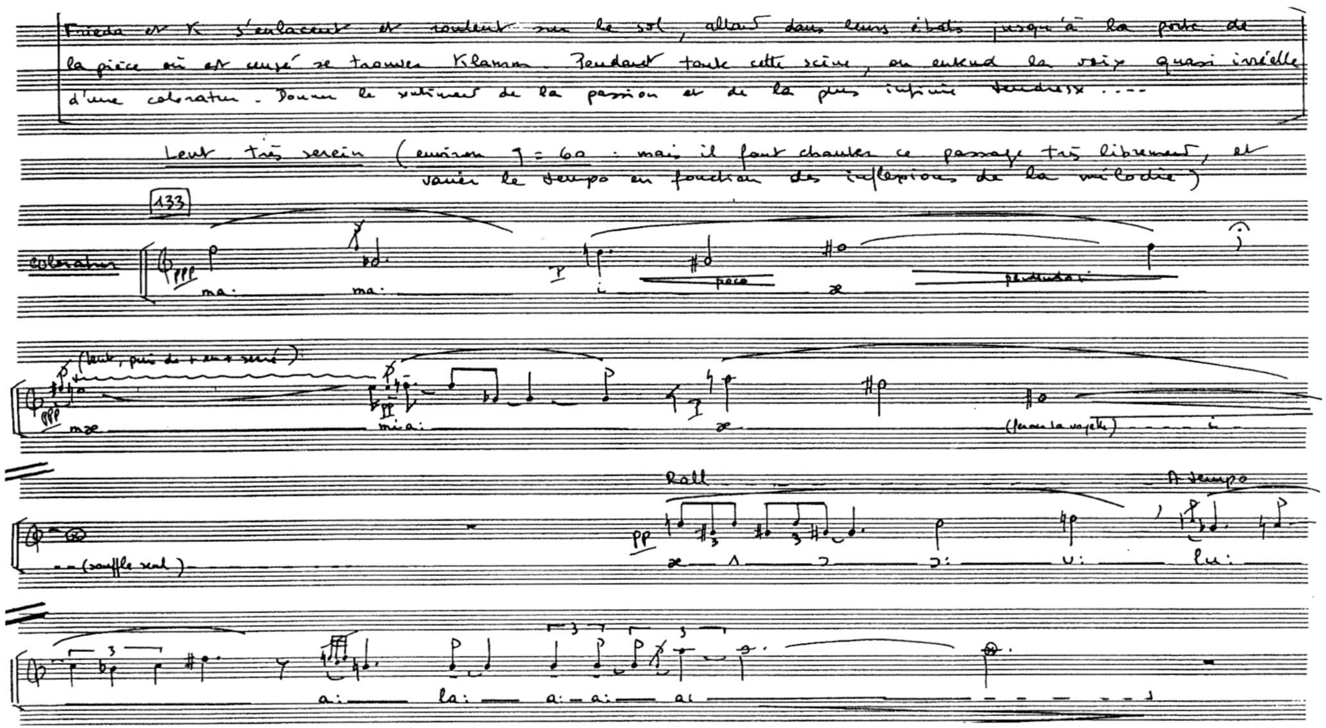

Illustration 39 : Manuscrit autographe du *Château,* 4e tableau, mesure 133.

Concilier la téléologie et l'architecture sonore

D'une façon générale, la structure de ses partitions manifeste une tension entre une dimension narrative (temporelle) et une dimension architecturale (spatiale). La première est liée au fait que sa musique présente souvent une dimension téléologique : c'est le cas notamment de toutes ses premières œuvres conçues comme crescendo de texture, accélération rythmique, densification ou raréfaction timbrale, extension ou compression de l'harmonie. L'œuvre semble projetée en avant, comme si elle mimait un scénario abstrait qui façonnait simultanément une écoute directionnelle. Cette dimension téléologique est confortée, à ses débuts, par ses hantises de la répétition. Sa musique se développe alors essentiellement de façon organique, faisant interagir ou fondre progressivement ses composantes formelles, construisant ou déconstruisant continuellement un univers sonore fortement individualisé. Dans ces conditions, « la directionnalité du geste formel de l'œuvre traduit spontanément la posture de la parole adressée ou de l'ouverture dirigée vers l'auditeur à qui on s'adresse »[16]. On trouvera une confirmation de ce procédé, alliant geste formel simple et prise en compte des capacités perceptives de l'auditeur, dans les propos mêmes de la compositrice :

> Je cherche à opérer une transmutation ininterrompue de la matière initiale dans toutes ses composantes, afin de donner naissance à des images sonores apparemment nouvelles, mais ayant toutes la même origine. En organisant et en contrôlant la périodicité de ce phénomène, on s'offre le pouvoir d'agir sur l'état psychique de l'auditeur, excitant chez lui une mémoire enfouie, en jouant sur les souvenirs sonores stockés par son inconscient dès le début de l'œuvre[17].

En même temps, en architecte, Michèle Reverdy délaisse volontiers la continuité du flux sonore au profit de discontinuités temporelles lui permettant de définir, au sein de ses œuvres, des épisodes, des sections, voire des parties. Loin des répétitifs, des spectraux ou du premier Ligeti, elle aime le discours événementiel, les contrastes et les coups de théâtre :

> J'ai eu toujours dans toutes mes œuvres – musique de chambre, pièces orchestrales ou opéras – une approche dramatique de la musique : il y a toujours un déroulement ; un début, un développement, des épisodes de climax et de détente, une fin. Il s'agit toujours de construction directionnelle et de processus dramatique. C'est mon caractère, je n'y peux rien, et ma musique est comme ça. [...] La musique généralement évolue, elle a un parcours, un déroulement : comme l'opéra... [18]

Construction directionnelle *et* processus dramatique : la téléologie à laquelle Michèle Reverdy soumet la plupart de ses œuvres s'accompagne donc d'une approche dramatique qui lui fait volontiers adopter une structuration par panneaux – comme les tableaux d'une exposition – ou par épisodes – comme les actes d'une pièce de théâtre. La dynamique temporelle peut naître du contraste entre sections juxtaposées (comme le rythme naît, en architecture, des oppositions formelles). La structuration en épisodes contrastés l'amène

16. Ivanka Stoianova, « Michèle Reverdy : '...Per la sola ragione che la mia anima è appagata...' », programme du *Laboratorio lirico di Alessandria*, création de *Vincent*, 1990, p. 17.

17. Stoianova, « Michèle Reverdy », *op. cit.*, p. 18.

18. *Ibid.*, p. 16.

alors à renouer avec l'idée de répétition formelle (restée à l'état de tabou quasiment jusqu'au *Nom sur le bout de la langue*). Dans ces conditions, le lien entre les différents épisodes est assuré par la cohérence harmonique, déjà étudiée, mais aussi par la présence de motifs conducteurs et de différents procédés d'écriture assurant la cohésion de la partie comme du tout.

Dessiner des motifs conducteurs

D'ordre mélodique, rythmique ou timbral, les motifs font leur apparition avec l'écriture du *Château*. En abordant son premier opéra, Michèle Reverdy se trouve en effet confrontée à un enjeu compositionnel nouveau : il s'agit d'élaborer et d'incarner une diversité considérable de caractères, de situations ou de tableaux, tout en préservant l'unité du langage musical et la cohérence formelle de l'ensemble. Sa bonne connaissance de l'histoire de l'opéra l'oriente vers les *leitmotive* wagnériens.

De fait, le carnet de composition du *Château* met en évidence un certain nombre de thèmes conducteurs. Au nombre de cinq, ceux-ci sont trois à être exposés dès le premier tableau. La « solitude » est évoquée par un motif de bois et de violons, dans le registre suraigu, rehaussé de percussions métalliques. Le « château » est représenté par un motif dans le registre extrême grave et une matière sourde convoquant clarinette basse et contrebasse, basson et contrebasson, tuba et trombones, contrebasses et grosse caisse ; très identifiable, suscitant selon la compositrice une « présence obscure », il est fait de cinq accords qui connaîtront douze transpositions. Le troisième motif est celui de la « passivité de la majorité humaine » ; de nature mélodique et non harmonique, celui-ci consiste en une double ligne fuyante confiée à deux clarinettes. À ces trois thèmes s'ajoute le motif du téléphone, reposant sur deux systèmes d'accords aux deux harpes, rehaussées de percussions sèches, ainsi que le motif des aides, grimaçant, constitué d'un appel ironique des hautbois et du cor anglais sur staccato de wood-block et de trompette avec sourdine.

Associés à une idée, un lieu ou un personnage, ces éléments que Michèle Reverdy appelle « thèmes » sont assez proches des leitmotive wagnériens [19]. Ils sont appelés à des transformations finissant par les rendre parfois méconnaissables ; en revanche, à la différence des motifs de la tétralogie, ils ne semblent pas s'auto-engendrer et sont en nombre beaucoup plus limité.

Dans *Le Précepteur*, timbres et motifs instrumentaux sont de la même façon liés aux personnages, nombreux, qui se succèdent et se mêlent :

> Le précepteur Läuffer (baryton), caractère servile au début, est présenté dans la première scène par les timbres des trois clarinettes et des deux flûtes. Le Commandant (ténor) qui a un débit de parole très rapide et saccadé est caractérisé par une écriture musicale pointilliste dans des timbres un peu aigres [...]. La partie du Conseiller (basse profonde) qui a, au contraire, un discours plutôt posé, calme et ample, est liée au legato des cordes [l'alto solo, notamment] et au timbre chaleureux du cor. Le menuet et la clarinette basse font le portrait sonore de la Commandante. Les timbres qui caractérisent l'amour de la jeune Gustel pour Fritz sont les carillons cristallins, les glissandi légers des violons, les traits clairs des clari-

19. Les dossiers pédagogiques de Michèle Reverdy montrent l'analyse qu'elle a produite des *leitmotive* dans la tétralogie (bibliothèque de Michèle Reverdy, AMR).

nettes, etc. L'énumération successive des caractères ou même des scènes au début de l'opéra devient progressivement évolution, mise en relation, influence réciproque, transformation, densification et amplification continuelle vers la scène finale[20].

Dans ses autres œuvres théâtrales, il arrive que le matériau motivique soit plus éclaté[21], mais la plupart du temps, un nombre restreint de motifs est associé à une idée[22]. Le pragmatisme théâtral et le souci de lisibilité scénique l'emportent toujours. Semblable clarté saute aux yeux lorsqu'on feuillette ses carnets de composition. Dans celui du *Fusil de chasse,* dont nous présentons six pleines pages (illustrations 27 à 32), on voit que Michèle Reverdy s'est attachée à préparer en amont les neuf motifs sur lesquels repose l'opéra. Chaque motif (noté de *a* à *i*) est désigné verbalement : successivement le mensonge ; la mort, le froid, le silence, la solitude ; le chagrin, la nature ; le bel amour ; le haori ; scherzo ; l'hôtel Atami ; le crime ; le « moi » véritable. La compositrice utilise surtout neuf crayons de couleurs pour les individualiser : au fil du carnet, elle peut alors décliner le nuancier ou la palette, suivant les sections de l'opéra, et associer éventuellement ces motifs à certains accords spécifiques du réservoir harmonique.

Médée fournit un autre bel exemple de variété et de lisibilité motivique : dès le prologue et la première scène sont exposés une dizaine de thèmes. Ceux-ci caractérisent plusieurs visages de Médée (tour à tour magicienne, guérisseuse, lumineuse, tendre ou amoureuse) ainsi que l'univers héroïque de Jason ; ils évoquent encore une idée (le crime, le secret) ou un lieu – l'ordre implacable de la ville de Corinthe étant associé au strict agencement de la fugue. Michèle Reverdy a elle-même répertorié les occurrences de chacun de ces thèmes :

Thème	Caractéristiques musicales	Occurrences
1. Médée, la magicienne : les tambours de Médée	Percussions : timbales et octobans[23]	I, 1, 45 ; X, 1951
2. Médée « lumineuse » : souvenirs heureux de Colchide	Thème allant, lignes brisées « continuo »[24] et bois	I, 47, 168, 188 ; VI, 1137

20. Stoianova, « Michèle Reverdy », *op. cit.*, p. 26.

21. *La Nuit qui suivit notre dernier dîner*, par exemple, est construit sur un réservoir de motifs mélodiques : flûte et violoncelle possèdent un réservoir de 12 motifs de 3 à 7 notes ; la partie vocale est construite à partir de 17 motifs mélodiques de 3 ou 4 notes.

22. Dans *Un signe dans l'espace* prédominent celui de la « révolution galactique », exposé aux trois clarinettes, et celui du « signe » proprement dit.

23. Pour les sonorités percussives de « peaux », Michèle Reverdy employait auparavant bongoes (dans le registre aigu), tumbas (dans le registre médian), toms et toms contrebasses (dans le registre grave). Utilisés notamment dans le jazz, les octobans, cylindres à peaux tendues de toutes les tailles, permettent d'unifier la couleur sur l'ensemble des hauteurs.

24. Le « continuo » est formé de cymbalum, clavecin, harpe, vibraphone, steel-drums et cordes en pizzicato.

3. Médée la guérisseuse, libre, sauvage	Variation de la précédente (ligne ductile répartie aux trois clarinettes en *perpetuum mobile*)	I, 106, 168, 188, 350; VI, 1162
4. La tendresse de Médée	Contrechant de violoncelle solo, harpe, tenues de flûte et clarinette	I, 120, 285; III, 660; IV, 839; VI, 1112; IX, 1898; XI, 2178
5. La passion amoureuse: Jason et Médée	Thème lyrique aux cordes	I, 136, 168, 188; III, 546; VIII, 1664; IX, 1776; interlude, 1904, 1937
6. Jason « fanfaron » - les Argonautes	Motif percussif, accords verticaux puis solo de trompette bouchée	I, 145, 318; III, 570; IX, 1828; IX, 1872
7. Le tragique, le crime	Tam-tam, cordes dans un registre grave, timbales, cors sur une cellule chromatique obstinée	I, 259, 272, 276, 283, 294, 360; II, 530; III, 639, 668; VI, 1292; IX, 1918; X, 1965, 1992
8. Le secret	Balancement de deux accords dans une nuance *ppp*	I, 264, 273, 278, 364; II, 513; VI, 1297
9. Corinthe	Fugue (sujet énoncé à sa première apparition au cor anglais, tempo modéré, géotropisme syncopé)	I, 298, 333; II, 493; IV, 745, 834, 844; V, 970; VIII, 1710, 1771
10. La bonne conscience des Corinthiens	Motif d'accord soutenant un chant de type *recitativo*	I, 344; II, 489; III, 625; V, 963
11. Le pouvoir	Motif chromatique et saut d'octave, associé à un son pivot disant l'obsession	II, 379; Interlude, 853; V en entier; VI, 1384; VIII, 1721
12. La haine, la trahison	Timbres grinçants, discordants: motif de fusée stridente à la petite clarinette, deux piccolos, glissandos des cordes, slaps des cuivres, sons zingués à la harpe, wood-block et gong à glissando	II, 447, 499

13. Le scherzo d'Agamède	Motif staccato réparti en mélodie de timbres	III, 588, 669; VI, 1421 → 1470; IX, 1838
14. La douleur	Déploration de Médée avec flûte basse et tambour de bois	IV, 686; VI, 1333, 1358, 1437, 1470; X, interlude 2040, 2062
15. Le mensonge	Sextolets d'octaves, mélodie de flûte basse	IV, 747, 842; V, 978
16. Les victimes innocentes	Motif chromatique ascendant	IV, 847; VIII, 1607, 1752; X, 1984, Interlude 2034, 2056, 2089
17. Source créatrice	Motif jaillissant à la harpe, au clavecin et aux piccolos, vibraphone et crotale tibétaine	V, 901, 938; IX, 1821
18. Glaucé	Rythme scandé dans le grave avec variations. Quintolets et harmoniques immobiles des cordes	VI, 1041, 1126, 1201, 1378, 1414, 1437→ 1470; X, interlude 2013, 2082
19. La peste (l'accusation)	Motif varié de contrebasson	III, 618; VII, 1488

Michèle Reverdy importa progressivement cette technique venue de ses opéras vers son œuvre instrumentale : divers thèmes ou motifs conducteurs, soumis à transposition ou à variation (changement de registre ou de rythme, traitement en mélodie de timbres, etc.), alimentent la structure de chacun des épisodes tout en assurant la cohésion d'ensemble. Dans le détail, en revanche, différents processus formels sont appelés à construire le discours.

Élaborer différentes formes musicales

À petite échelle, les manières de structurer une séquence ou une scène sont multiples. Canons, fugues, scherzos, variations : Michèle Reverdy aime jouer avec les formes, y compris celles du passé, sans pour autant adopter de posture ironique ou distanciée. Quelques exemples tirés de sa musique théâtrale : la sixième saynète de *Through the Looking Glass* est tout entière construite en miroir – clin d'œil aux deux panneaux symétriques de Tweedledum et Tweedledee, indiquant au cœur de la fantasmagorie d'*Alice au pays des merveilles* la possibilité d'une lecture mais aussi d'une mémoire s'exerçant dans les deux sens. Dans *Un signe dans l'espace*, la première partie est structurée par une « invention sur deux thèmes » et la deuxième par une « invention sur cinq accords ». Dans *Le Fusil de chasse*, la lettre de

Shoko est conçue comme un rondo symétrique dont la forme est strictement millimétrée dans le carnet de composition (illustration 32).

Certainement hérité de Berg, ce goût pour des procédés formels issus du passé prend des aspects très variés, car celles-ci contribuent à la caractérisation, au même titre que l'instrumentation ou la texture. En effet, chaque forme possède un « esprit » susceptible de s'adapter à telle ou telle situation des livrets. La fugue, par exemple, évoque immanquablement l'ordre, la cérébralité ou l'abstraction. Il n'est pas étonnant que la quatrième section d'*Un signe dans l'espace* s'organise autour d'une fugue, lorsqu'il est question, ontologiquement, du « signe premier », resté « insensible à la mutation des temps », « né avant tout commencement des formes ». Dans *Médée*, le motif de Corinthe consiste lui aussi en une fugue exprimant le caractère sévère et implacable de cette cité xénophobe ; mais celle-ci peut s'emballer, à la fin de l'opéra, pour signifier au contraire le désordre – un peu à la façon du *Précepteur,* dans lequel une fugue démoniaque occupe le centre de la scène de castration.

Très caractéristique encore est le scherzo, que Michèle Reverdy prise tout particulièrement, et qui suscite d'excellentes pages de caractère dans chacun de ses opéras. On songe à la lettre de Midori dans *Le Fusil de chasse*, ou à la scène 3 de *Médée* – « scherzo grotesque » d'Agamède. Plus qu'un simple agencement formel, c'est surtout l'esprit du scherzo qui est convoqué afin de cadrer avec les situations ou les personnages des livrets. Plus railleur et sarcastique que ludique ou féerique, le « *scherzando* » est un excellent moyen de caractérisation psychologique que l'on retrouve intrinsèquement lié aux deux aides du *Château*, véritables Dupond et Dupont grotesques, ou encore, dès la deuxième scène du *Précepteur*, associé au personnage du Commandant. Qu'il s'agisse des aides, du Commandant, de Midori ou d'Agamède, le scherzo se marie volontiers aux voix de caractère (mezzo-soprano ou ténor bouffe), dans des pages à l'écriture morcelée, quasi pointilliste, qui favorise les orchestrations restreintes et nasillardes de la petite harmonie.

On voit donc qu'une grande variété, et même une grande fantaisie, président à l'élaboration formelle des partitions : comme si la souplesse du détail compensait dans sa musique la rigueur de la macro-structure. On touche là un aspect essentiel de la composition, chez Michèle Reverdy : la tentative, dans le geste même de l'écriture, de se libérer de tous les corsets qu'elle élabore en amont de la composition (grilles d'accords, prédéfinition du matériau motivique, construction de l'architecture d'ensemble).

Allier contrôle et liberté : l'exemple du Concerto pour orchestre

Le carnet de composition du *Concerto pour orchestre* est emblématique des modes d'élaborations adoptés par Michèle Reverdy où l'écriture d'un plan formel précède, pour reprendre le mot d'Almuth Grésillon, la « mise en œuvre »[25]. Sur une trentaine de pages couvrant le mois de septembre 1993, la compositrice rédige en effet son plan en l'amendant progressivement, revenant, à l'image du mouvement des marées, partiellement effacer les avancées de la veille pour modifier quotidiennement, ou presque, la topographie du projet. Cette constitution progressive ne résulte pas que d'une agrégation d'idées successives engendrées les unes par les autres : un paratexte foisonnant, constitué de commentaires de

25. Almuth Grésillon, *La Mise en œuvre : itinéraires génétiques*, Paris, CNRS Éditions, 2008.

la compositrice à sa propre intention, permet d'entrevoir une part du mystère créateur qui a présidé à ces mouvements internes, résultats d'une tension, puissamment ressentie par la compositrice, entre contrôle et liberté, formalisme et intuition. En effet, après dix-neuf pages de plan formel où alternent lettres, chiffres, couleurs et noms d'instruments, la compositrice se livre aux réflexions suivantes :

> Il faut, maintenant que j'ai mis en place mes matériaux, comme des cartes à jouer, que je rêve cette œuvre. Le scénario inventé hier, qui procède par accumulation des objets jusqu'à un tutti final est le plus élémentaire possible. Il faut donc trouver des itinéraires plus subtils et peut être, comme je le pense de plus en plus souvent, se laisser aller davantage à l'intuition. J'ai toute ma vie craint de me laisser trop aller dans le sens de mon intuition, traumatisée par « l'esprit Boulez » depuis mes tendres années... J'ai pourtant toujours lutté contre un trop-plein de rationalisme et d'esprit de déduction, me rebellant dès mes premières œuvres contre le système, mais l'utilisant quand même dans une certaine mesure. Je n'ai pas encore résolu le problème – ou l'énigme. Je n'ai pas encore trouvé l'équilibre entre le travail des combinatoires et la liberté d'expression. La visite des expositions de Nîmes et de Lyon la semaine dernière m'a encore poussée à me poser des questions. Ces expositions avaient toutes deux trait à « l'art-brut », à l'art qui se refuse en tant qu'art et en tant qu'artisanat, pour ne plus se faire que trouvaille et détournement de l'objet hors de sa fonction utilitaire pour devenir « objet d'art » – Duchamp, Cage, Boltanski, etc... Je ne nie pas que cette prise de position m'intéresse et m'oblige à m'interroger. Mais je garde la même pensée qu'il y a 30 ans : cela ne mène-t-il pas à une trop grande facilité, à un « boboïsme » de l'attitude créatrice, voire même à la stérilité. Au fond, me disais-je en parcourant ces expositions, ces formes de conception artistique n'amusent que ceux qui les pratiquent, mais excluent le public d'une quelconque jouissance. C'est intéressant, mais ça finit par être lassant et répétitif. Alors, pour en revenir à mon œuvre ? Dois-je laisser la bride sur le cou à mon imagination sans la juguler par une technique ou un plan formel préconçu et strict ? Dois-je aller dans le sens du laisser-aller sonore ou dois-je justifier la musique par une attitude intellectuelle ? Trouver l'équilibre... retrouver le naturel après avoir appris à posséder pleinement le métier... [26]

Dans la polyphonie des discours tenus dans ce carnet, où le travail compositionnel est contrepointé de notes de lectures, de visites d'exposition et réflexions personnelles d'ordres divers, la compositrice se livre sans retenue ; les masques figés du carnaval de la représentation sociale tombent pour laisser place à l'ambivalence d'une intériorité complexe. Ces dernières se font jour à l'occasion de la composition du *Concerto pour orchestre*, mais traversent, plus largement, l'ensemble de son œuvre. Dans ce texte, comme dans d'autres contextes, le dialogue avec les autres arts est fécond, agissant ici comme un catalyseur, qui permet à la pensée de se déployer plus largement, support à la réflexion, qui, toutefois, n'offre aucune solution... L'origine de la difficulté à se positionner est pointée dans le texte : moment quasi-freudien, le traumatisme naît dans l'enfance – celle de l'art – tant la contrainte des mots d'ordre et le poids institutionnel de l'avant-garde aux temps de ses débuts – ce qu'elle nomme « l'esprit Boulez » [27] – semble avoir contraint la compositrice. On comprend ici

26. Michèle Reverdy, carnet de composition 1993-1994, AMR.

27. Il est du reste peut-être anodin, mais amusant cependant, de noter que le cahier portant la trace de cette tension s'ouvre sur une page de commentaires consécutifs à la lecture de l'ouvrage, aujourd'hui classique, de Jésus Aguila sur le Domaine musical (Jésus Aguila, *Le Domaine Musical : Pierre Boulez et vingt ans de création contemporaine*, Paris, Fayard, 1992). De sa plume toujours vive de journaliste et critique musical, elle avait écrit

comment son art est investi de ces forces antagonistes, qui s'expriment en termes esthétiques, et, par l'acte de composition, se résolvent harmonieusement.

Conséquence de cette tempête intérieure, un vent de liberté emporte, le 13 septembre suivant, certains aspects d'une forme jugée trop corsetée ; mais la liberté retrouvée n'est que relative. Ainsi Michèle Reverdy écrit-elle : « Tout ce qui précède est trop systématique. Je me suis donc laissée aller à une certaine liberté en écrivant les 3 premières minutes de l'œuvre. Je me retrouve avec le déroulement suivant : [...] »[28].

D'autres carnets de composition témoignent du même tiraillement entre deux voies vécues comme antagonistes, celle de l'intuition, où pointe, par le recours au modèle naturel, une possible influence de l'auteur du *Catalogue d'oiseaux*, son maître Olivier Messiaen, et celle qui est « un magnifique jeu de l'esprit », d'essence plus formaliste :

> Tous les modèles sont dans la nature : l'organisation de ces blocs de pierre dont la structure sans répétition s'impose dans la force. Ou le chant des cigales qui [semble fonctionner sur le mode homorythmique alors que, par des jeux de silences alternés, la superposition des chants individuels évolue à des tempi différents]. Inversement, je m'inquiète parfois de ma démarche trop intellectuelle : calcul des durées, des hauteurs, etc... Mais, finalement, je rassure mon esprit en me disant que tout participe à la création. Une musique bien construite, une musique qui survive aux modes (Bach : *L'Art de la fugue* etc., Mozart : *Don Juan* ou la *Flûte*, Berg : *Wozzeck*) est une musique qui ne s'intéresse pas seulement à la matière sonore. C'est aussi un magnifique jeu de l'esprit. Une suite d'élucubrations fantastiques[29].

Loin des écrits destinés à être lus par un public, et dirigés vers cet horizon, ces pensées de l'intimité créatrice couchées sur le papier, rythmant les carnets de composition, introduisent le doute, pointent la faille, mais finalement montrent la fertilité de ces tensions contradictoires, à même d'engendrer une œuvre.

ORCHESTRER

L'harmonie, les matériaux et les formes sont chez Michèle Reverdy indissociables des timbres. D'une certaine façon, écrire, pour elle, c'est orchestrer. On reconnaît ici un héritage bien français – transmis par son maître Olivier Messiaen –, mais, plus encore, une patte stylistique très personnelle. Passionnée par tous les instruments acoustiques, celle qui termina sa carrière pédagogique comme professeur d'orchestration au Conservatoire fit de son rapport particulier au timbre une vraie marque de fabrique, tant dans sa musique instrumentale que dans sa musique théâtrale.

à ce sujet quelques semaines avant : « le 23 juillet 93. Le livre de Jésus Aguila sur le Domaine musical m'incite à réfléchir à l'évolution de la musique depuis les années 50. C'est un magnifique travail de "mise en ordre" et d'analyse du fait musical pendant ces quarante dernières années, et sa lecture est "tonique" ! De plus il ne manque pas d'humour et d'esprit caustique. Bref, c'est une lecture aussi passionnante qu'un bon roman policier, le tout s'associant à un travail historique et analytique très intelligent, sans jamais tomber dans la théorisation ni dans le pédantisme. Chapeau ! »

28. Reverdy, carnet de composition 1993-1994, *op. cit.*, AMR.

29. Michèle Reverdy, carnet de composition de *Scenic Railway*, daté de 1984, feuille détachée en tête du carnet, portant en tête la mention « Crête. Le 18 juillet 1982 », AMR.

De fait, si le timbre de quelques instruments (la harpe, la flûte basse, le cymbalum, les percussions) l'attire particulièrement et trouve une place de choix dans son œuvre, Michèle Reverdy n'a pas d'exclusive. Elle déclare en effet « aimer tous les instruments de l'orchestre », et, comme un enfant devant une pâtisserie, « saliver de gourmandise en imaginant telle ou telle alliance de timbres »[30] lorsque s'esquisse le rêve d'une future œuvre. Cet appétit d'inouï ne se nourrira paradoxalement pas des avancées de la musique électroacoustique, les sirènes des machines n'ayant, contrairement à nombre de ses contemporains, jamais détourné Michèle Reverdy des plaisirs de la musique instrumentale :

> Lorsque je terminais mes études de composition dans la classe de Messiaen, j'ai eu le désir de savoir ce qu'était la musique électro-acoustique. À l'époque, le GRM (Groupe de Recherche Musicale) était encore sous la direction de son fondateur, Pierre Schaeffer. J'y ai donc fait un stage de deux ans et j'ai appris comment faire une prise de son, un montage, un mixage : c'était amusant. On a ensuite essayé de me faire comprendre l'intérêt et le maniement des sons de synthèse ainsi que les techniques connues de la musique électronique. Je me suis alors beaucoup ennuyée. [...] Je fus intéressée un moment par la spatialisation ou la transformation du timbre instrumental en direct, mais là encore, je n'étais pas convaincue par les œuvres que j'entendais au concert. La couleur impersonnelle des sons électroniques ne me touchait pas et je préférais de loin la spatialisation physique des instrumentistes[31].

Aux possibilités nouvelles offertes par l'électronique, elle préférera donc s'appliquer à développer, à l'instar d'un Berio dont elle juge l'œuvre admirable, les potentialités de l'instrumental : « J'ai souvent, dans mes premières œuvres, expérimenté de nouveaux modes de jeu, en travaillant sur les marges, et sur les sons qui jusque-là étaient considérés par les professeurs d'instruments comme des "ratages" de l'interprète »[32].

Le son – au sens de timbre – constitue donc le centre de gravité de l'œuvre de Michèle Reverdy, réaffirmant toujours que « ce qui compte, c'est le son ». Et de se redire « gourmande, boulimique même de beauté sonore. De raretés sonores »[33]. De fait, plasticienne du son et sculptrice de timbres, la compositrice éprouve la nécessité de ne jamais cesser de s'orienter vers ces points cardinaux :

> Quand on est perdu dans des longues heures de travail d'élaboration où pour écrire une minute de musique on met parfois une semaine, on a tendance à perdre de vue que l'on travaille sur un matériau sonore. Il faut se faire violence pour y revenir. Et je me rends compte, en écoutant la musique des autres, que très peu de compositeurs gardent cette exigence au 1er plan de leurs préoccupations. On a trop tendance à se laisser entraîner par la belle écriture (partitions séduisantes, bien faites, puis déception à l'écoute : çà ne sonne pas)[34].

Toujours pensée en relation étroite avec l'interprète, cœur et sang de l'instrument, la recherche timbrale appartient ce faisant à une zone d'expérimentation qui permet à la compositrice de quitter son isolement. Dans la vie créatrice et l'imaginaire artistique de Michèle Reverdy, la relation à l'interprète, par le truchement du timbre, est ainsi névralgique :

30. Reverdy, *Composer de la musique aujourd'hui*, *op. cit.*, question n° 25, p. 93.
31. *Ibid.*, question n° 23, p. 84-85.
32. *Ibid.*, question n° 25, p. 90.
33. Reverdy, carnet de composition de *Scenic Railway*, *op. cit.*
34. *Ibid.*

> J'adore aussi les relations humaines qui s'établissent entre le compositeur et les interprètes. Pour moi c'est une partie essentielle de mon travail. Après la phase solitaire, il y a cette seconde naissance de l'œuvre, la plus belle, la plus émouvante, et là, je ne suis plus seule. Et ça, ça me plaît profondément, ce travail de groupe [35].

Si ce goût pour l'inouï comme mirage vers lequel tendre peut parfois, sur les pages du journal de l'artiste, confiner à l'utopie (« Rêve : 2 pianos accordés à un petit ½ ton et un orgue de village à moitié bousillé » [36]), il est cependant une colonne vertébrale de l'œuvre, qu'il charpente, et surplombe.

Dans sa musique instrumentale

Longtemps Michèle Reverdy a enseigné à ses étudiants du Conservatoire que de « bonne orchestration » il n'y avait guère, que les dispositions instrumentales du passé, les doublures convenues et usages particuliers de tout instrument devaient nécessairement être réinventés, pour tout projet, en résumé que l'orchestre constituait un réservoir de timbres et d'alliages infinis dans lequel puiser à foison. Cette ligne pédagogique du professeur s'était adossée aux pratiques et convictions de la compositrice : il est de fait difficile de trouver dans l'œuvre de Reverdy des techniques d'orchestration pérennes à même de définir les caractéristiques d'un « style orchestral » propre. Ses carnets d'esquisses témoignent d'une recherche structurelle liée aux timbres, qu'elle associe dans des textures contrastantes (illustration 33). Des « manières » d'envisager le maniement de la matière musicale se font toutefois jour : une tendance nette à bannir les masses orchestrales imposantes et compactes au profit de textures aérées, toiles transparentes et ajourées dont les trames sont des soli et sur lesquelles, à l'instar d'un artiste-peintre, la compositrice dépose des touches de timbre, avec une prédilection, mais pas d'exclusive, pour les instruments qu'elle chérit. Le début du *Cercle du vent*, pour grand orchestre, est emblématique de cet aspect : les timbres des bois se détachent nettement de la dentelle que tressent cordes et percussions (illustration 34).

Le traitement du matériau dans *Scenic Railway*, écrit pour l'Ensemble InterContemporain, est conçu de la même manière, comme les notes personnelles de Michèle Reverdy, prises au lendemain de la création, le révèlent :

> L'orchestre a été splendide ! [...] De plus, Jean-Claude Pennetier est un musicien superbe. Il a très bien compris ce que je cherchais dans cette œuvre et même davantage ! Mettant par exemple en relief certaines « phrases » – blocs en *Klangfarben* – au détriment du reste, et façonnant ainsi dans la matière sonore des reliefs mouvants, variant selon le bloc choisi.

---

35. Reverdy, carnet de composition de *Scenic Railway*, *op. cit.* La même idée se retrouve dans *Composer de la musique aujourd'hui* : « Le compositeur œuvre dans une grande solitude et dans le silence pendant des semaines, des mois, des années. C'est donc un bonheur pour lui de travailler avec ses interprètes, de chercher avec eux des solutions techniques permettant de traduire au mieux la musique qu'il a imaginée puis, lorsque l'œuvre est terminée, de l'entendre renaître sous leurs doigts, avec leur talent, leur enthousiasme. Les interprètes sont les amis des compositeurs. »

36. Reverdy, Carnet de composition de *Scenic Railway*, *op. cit.*

L'exploration du registre grave de l'orchestre constitue une autre caractéristique de son œuvre. La flûte basse en *ut* retient particulièrement l'attention de la compositrice : son timbre chaud et caractérisé, franchement différent de la flûte en *ut* – qualité qu'elle ne prête guère à la flûte grave en *sol* – l'attire tant qu'elle lui confie des *soli* d'importance. Le timbre mystérieux de la clarinette contrebasse est également recherché[37]. Les pages 28 et 29 de la partition de *Scenic Railway* illustrent leur usage : d'une polyphonie *ppp* émerge un dialogue entre la flûte basse et la clarinette contrebasse (exemple 3).

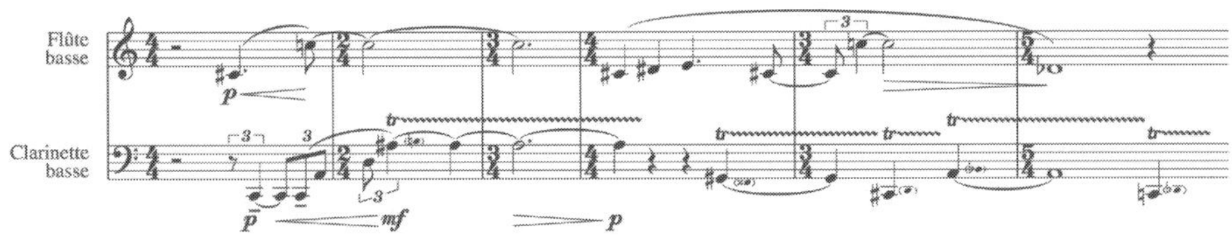

Exemple 3. Michèle Reverdy, *Scenic Railway*, p. 28-29.

Cet appétit de timbres graves s'assouvit plus loin lors d'un virtuose solo de contrebasse « le plus vite, le plus délirant possible… » (illustration 36) ou encore à la fin de l'œuvre au sujet de laquelle la compositrice écrit :

> Je suis de plus en plus persuadée, lorsque j'entends par exemple vers la fin de Scenic Railway toute cette partie dans l'extrême grave d'où émerge la flûte-basse au timbre méconnaissable dans un tel contexte, que non seulement on peut encore découvrir des merveilles inconnues dans la musique purement instrumentale, mais que, étant donné l'état actuel des techniques de synthèse des sons, on n'atteindra jamais à une telle somptuosité du timbre : on dirait du velours, c'est somptueux, cette assemblée d'instruments super graves[38].

Dans le palais instrumental de la compositrice, les percussions revêtent elles aussi les habits de favoris. Parmi celles-ci se dégage le cymbalum, découvert lors de la résidence de Michèle Reverdy au Conservatoire de Strasbourg en 1993, dont elle se dit « séduite par le timbre au charme étrange et par la virtuosité qu'implique sa pratique […] qui participe de son charme »[39]. Elle l'a intégré dans plusieurs œuvres, dont *Les Gémeaux*, ou, plus tard, l'opéra *Médée*. Également rencontré pour la première fois à Strasbourg lors d'une visite chez un facteur d'instruments à percussion, un tambour de bois particulier qui se présente « sous la forme d'une boîte rectangulaire sur le dessus de laquelle sont taillées huit lames de bois, donnant huit hauteurs différentes »[40] a fait une entrée remarquée dans l'univers de la compositrice, friande de la douceur de son timbre de velours profond comme le grenat, qui l'a depuis intégré dans la plupart de ses œuvres où la percussion est requise. Outre ces timbres particuliers, les percussions en général prennent une place importante dans le

37. Malgré l'intérêt majeur qu'elle porte à cet instrument, elle ne l'aura, à son goût, pas assez utilisé. En effet, il faut souvent un musicien supplémentaire pour jouer cet instrument, ce que ne lui ont que rarement permis les commandes reçues.

38. Reverdy, Carnet de composition de *Scenic Railway*, *op. cit.*

39. Reverdy, *Composer de la musique aujourd'hui*, question n° 25, *op. cit.*, p. 91.

40. *Ibid.*, p. 92.

dispositif instrumental de Michèle Reverdy. Utilisées comme des instruments à part entière et non comme une épice relevant une préparation déjà aboutie, elle n'hésite pas à leur confier des interventions fort denses ainsi que de nombreux épisodes solistes (illustration 35).

Ses préférences se tournent vers le grand marimba (auquel est destiné sa pièce *Solo*), le vibraphone, dont elle affectionne la subtilité dans les nuances fragiles, les timbales, le gong à glissando, les temple-blocks ou encore la caisse-claire jouée le plus piano possible. Sa maîtrise des percussions et son amour pour elles la conduit à composer *Which Dreamed it?*, pour deux pianos et deux percussions.

Dans sa musique théâtrale

Dans toute son œuvre théâtrale, Michèle Reverdy caractérise ses sujets par le timbre plus encore que par la mélodie ou l'harmonie. Avec un réel souci de lisibilité dramatique, elle choisit d'associer ses différents personnages à certains timbres instrumentaux. Dès *Le Château*, « Gisa est toujours accompagnée par les trois bassons; l'instituteur par le saxophone ténor; K. par les violoncelles (trois parties réelles); les aides par quatre cors bouchés et Frieda par les deux harpes et les violons divisés »[41]. Assouplie dans les œuvres postérieures (seul Jason, dans *Médée*, trouve dans la trompette bouchée un double instrumental), cette technique est encore très efficace dans *Le Précepteur*: percussions de Läuffer, clarinette basse de la Commandante, cor, alto et violoncelle du Conseiller, arbre à crotales de la jeune Gustel. « Chaque personnage [est] signalé au cours de l'œuvre par quelques traits musicaux qui lui sont propres et qui, comme les traits de son visage, son allure physique ou son comportement, [permettent de le reconnaître] »[42].

Mais l'instrumentation des œuvres théâtrales échappe à cette simple technique d'association. Qu'elle repose sur un ensemble de chambre ou sur l'orchestre symphonique, elle se caractérise par ses contrastes, son goût pour les couleurs pures et les timbres rares, qui font du coloris instrumental, certes toujours lié à la situation dramatique, presque une finalité en soi. On songe à la petite flûte en *mi* bémol de *La Nuit qui suivit notre dernier dîner*, aux trois clarinettes basses d'*Un signe dans l'espace* ou aux steel-drums et aux tambours de bois de *Médée*. Pour *Le Précepteur*, à la recherche d'un « timbre très cristallin pouvant produire un glissando aérien », Michèle Reverdy entreprend de fabriquer un « arbre à crotales » associé au personnage de Gustel, réalisé « avec des crotales tibétaines, aux hauteurs non tempérées, et au timbre tellement transparent qu'il semble percer l'espace »[43]. Dans la scène 10 de *Médée*, tous les instrumentistes de l'orchestre sont invités à entrechoquer des pierres au moment de la lapidation des enfants – réminiscence sans doute involontaire des pierres utilisées par Xenakis dans sa propre *Medea-Seneca*[44]. La dimension descriptive de cet emploi est atténuée par l'effet saisissant sur le plan rythmique et timbrique: plus qu'une donnée à « illustrer » servilement, chacune des situations dramatiques est ainsi le prétexte à une exploration sonore.

41. Carnet de composition du *Château*, note consacrée au 7e tableau, AMR.

42. Reverdy, « Journal d'un opéra », *op. cit.*, p. 200.

43. *Ibid.*, p. 213.

44. Commande du Théâtre de France en 1967 pour la version scénique de *Medea* de Maria Casares. Brève page pour chœur d'hommes et cinq instrumentistes. C'est le chœur qui chez Xenakis scande ses paroles en entrechoquant les pierres, dans un souci d'archaïsme qui n'est certes pas présent chez Michèle Reverdy.

Qu'elle dispose d'un grand orchestre ou d'un simple effectif de chambre, Michèle Reverdy le traite de façon assez similaire : en concevant son ensemble instrumental comme un réservoir de timbres (au même titre que préexiste à l'œuvre un « réservoir harmonique »). La palette de timbres est donc destinée à varier de façon incessante le coloris instrumental en fonction de la nécessité dramatique. Dans *Médée*, le grand orchestre est donc moins une entité organique qu'une somme d'individualités à mettre en valeur tour à tour, à apparier, ou à opposer. Il se voit souvent fragmenté en de multiples entités qui prennent successivement la parole et donnent un visage sans cesse changeant au discours. Rarement rassemblé en *tutti*, l'orchestre symphonique de *Médée* fait ainsi se succéder plusieurs configurations restreintes : accompagnement des voix à la façon d'un *continuo* moderne pour les scènes d'intimité (cymbalum, harpe, clavecin, steel-drums, vibraphone et cordes en pizzicati), instrumentations de chambre (solo de flûte basse et tambour de bois à la scène 4, duo d'alto et de cymbalum dans le postlude de la scène 10) ; même les moments de tension économisent les timbres instrumentaux, à l'image de l'interlude purement percussif qui sépare les scènes 5 et 6.

À partir d'un réservoir de possibles, l'orchestration ne cesse donc d'être pensée en termes d'éclairage et de *coloration*, et c'est dans cette mesure que *Vincent ou la haute note jaune* constitue encore l'archétype d'une technique présente dans tous les opéras. « Afin d'exprimer le climat psychologique et émotif de chaque épisode de la vie du peintre, écrit Michèle Reverdy, j'ai attribué à chaque tableau un groupe de timbres instrumentaux bien caractérisés »[45]. Dans cet opéra consacré à Van Gogh, l'emploi d'un effectif restreint, privé de la majeure partie des instruments à cordes, donne à l'ensemble de la partition une couleur spécifique, homogène ; mais les neuf instrumentistes, répartis en quintette à vent, harpe, contrebasse et deux percussionnistes, sont néanmoins appelés à être associés de multiples façons. Le tableau suivant présente la répartition des instruments tout au long de l'opéra et montrent qu'à l'exception du troisième chant, conçu comme une série de variations affectant aussi bien le tempo que l'orchestration, chaque scène se *caractérise* par *une* instrumentation spécifique – ce que recherche Michèle Reverdy dans la plupart de ses œuvres dramatiques.

45. Programme du *Laboratorio lirico di Alessandria*, p. 13. Voir *supra*, note 16.

	B	T	S	E	Ch	ChE	Fl	Picc	FlB	Hb	CA	HA	Cl	ClB	Cor	Fag	Har	Cb
Prologue				■	■	■		■		■			■		■	■		
Chant 1	■	■	■		■			■					■		■	■	■	■
Chant 2, T1	■											■						
Chant 2, T2/3	■	■			■	■	■			■			■		■	■	■	■
Chant 2, T4	■		■		■ F		■								■	■	■	
Chant 3	■		■		■ F					■					■		■	■
Plus lent			■										■					
Lent	■		■			■			■							■		■
Assez vif	■		■							■							■	■
Plus lent	■					■			■				■		■	■		■
Chant 4	■			■		■											■	
Chant 5	■				■	■	■			■			■		■	■	■	■
Chant 6	■	■							■		■			■				
Très vif	■	■				■			■		■			■	■		■	
Epilogue					■	■	■				■		■		■	■	■	■

	Tar	2CC	P Cy	G Cy	3 T	3 Tu	2 B	Vibr	Cla	WB	CC	MCy	6 T	6 TB	Mar	4 CT	Tam
Prologue	■	■									■		■		■		
Chant 1																	■
Chant 2, T1																	
Chant 2, T2/3		■	■	■	■		■				■	■	■	■	■		
Chant 2, T4															■		
Chant 3																	
Plus lent						■	■						■				
Lent																	
Assez vif									■	■					■		
Plus lent									■	■					■		
Chant 4								■								■	■
Chant 5						■	■										
Chant 6										■					■		
Très vif																	
Epilogue			■						■						■		

B : baryton – T : ténor – S : soprano – E : voix d'enfant – Ch : chœur (dont F : voix de femmes seules) – Ch E : chœur d'enfants – Fl : flûte – Picc : piccolo – FlB : flûte basse – Hb : hautbois – CA : cor anglais – HA : hautbois d'amour – Cl : clarinette – ClB : clarinette basse – Fag : Basson – Har : harpe – Cb : contrebasse – Tar : tarole – 2CC : 2 caisses claires – P Cy : petite cymbale – G Cy : grande cymbale – 3 T : 3 toms – 3 Tu : 3 Tumboes – 2 B : 2 bongoes – Vibr : vibraphone – Cla : paire de claves – WB : wood-blocks – CC : caisse claire – MCy : cymbale moyenne – 6 T : 6 toms – 6 TB : 6 temple blocks – Mar : marimba – 4 CT : 4 crotales tibétaines – Tam : Tam-Tam

Tableau synthétisant l'emploi des timbres dans *Vincent ou la haute note jaune*.

Variété et contraste semblent deux maîtres mots dans cette répartition des timbres. *Variété*, dans le sens où l'on ne retrouve jamais deux types d'associations identiques ; même les pages de tutti sont différenciées, certains des interprètes pouvant emprunter des instruments différents (hautbois / hautbois d'amour / cor anglais, clarinette / clarinette basse, piccolo / flûte / flûte basse, percussions variées). *Contraste*, dans le sens où la spécificité timbrale de chaque scène se dégage par différenciation par rapport à celles qui lui sont adjacentes.

Le contraste réside parfois dans l'effectif: entre la scène parisienne (quasi tutti du Chant 1) et le tableau des tournesols (tutti) se glisse le monologue de Vincent (Chant 2, T1), se déployant sur une unique partie de hautbois d'amour, *alter ego* de la voix du peintre. Le contraste peut également résulter de la tessiture instrumentale : pour la scène de l'agonie de Vincent (Chant 6), l'association de la flûte basse, du cor anglais et de la clarinette basse crée une couleur lugubre qui se distingue des instruments élevés de la même famille employés dans la scène précédente. Le contraste vient encore de la nature même des instruments, comme dans la scène intitulée « la pie du cimetière de Zondert » (Chant 4) où Vincent, victime d'une hallucination, voit venir à lui un petit enfant – sa propre projection passée, ou le frère mort ? Michèle Reverdy ne recourt là qu'à des instruments résonants : harpe, vibraphone et crotales tibétaines. À l'hallucination visuelle dont est victime Vincent répond ainsi une magie sonore, dont le caractère fantastique vient également du fait qu'elle est sans référent par rapport au reste de l'œuvre, puisque vibraphone et crotales n'interviennent que pour cette unique scène. Dans la scène des tournesols (Chant 2, T2/3), c'est le chœur qui est lui-même utilisé comme couleur, dans la mesure où, non reliée à un texte ou à une action dramatique, son écriture vocalisée sur la voyelle [a] contribue à le désincarner de façon inquiétante en laissant planer sur toute la scène, de façon obsessionnelle, une menace qui connaît son climax au moment où Vincent cherche à agresser Gauguin.

Parmi ces différentes configurations instrumentales, l'une semble occuper une place très particulière : les scènes de monologue vocal sur solo instrumental. D'essence mélodique, contrapuntique et intimiste, ces scènes de solitude courent à travers toutes les partitions théâtrales de Michèle Reverdy. Celle-ci exprime certes quelques interrogations dans son journal du *Précepteur*, à propos de la scène 5 où le monologue du Conseiller n'est accompagné que d'un alto solo, instrument de la voix intérieure : pareille parcimonie n'est-elle pas excessive sur une scène de théâtre ? Ce type de duo n'est-il pas difficile à exécuter compte tenu de la grande distance séparant la scène et la fosse ? Mais son goût pour la raréfaction de la matière instrumentale l'emporte. L'alto est donc seul à accompagner le Conseiller, de même que le hautbois d'amour est mis à nu, seul, pour entourer la voix de Vincent. L'orchestre de Michèle Reverdy se dépouille également dans ses mélodrames : on songe au grand solo de flûte qui accompagne la tristesse de Colbrune, dans *Le Nom sur le bout de la langue.*

Présente dans sa musique instrumentale, on l'a vu, la flûte basse ne manque jamais d'imposer sa couleur profonde et intime au cœur de ses opéras. Le premier solo de flûte basse qui apparaît dans son œuvre dramatique sert de prélude à *La Nuit qui suivit notre dernier dîner* (exemple 4).

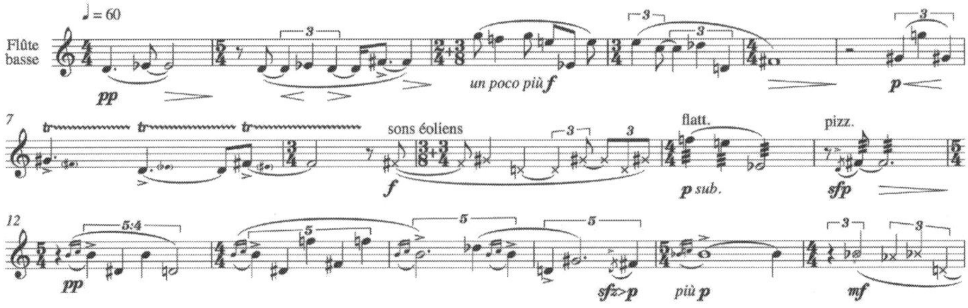

Exemple 4. Michèle Reverdy, *La Nuit qui suivit notre dernier dîner*, mes. 1-17.

Le souffle grave et mystérieux de l'instrument ouvre l'espace de la remémoration, le cours sinueux des pensées non encore exprimées de la chanteuse solitaire. Un nouveau solo de flûte basse sert d'introduction à la scène 8 du *Précepteur*. Après une scène d'amour, Läuffer et Gustel, à demi-dévêtus, évoquent la difficulté à poursuivre leur relation. Michèle Reverdy avoue avoir voulu ici « installer un climat de dépression »[46]. De fait, la sensualité de la flûte basse se conjugue avec une atmosphère de déliquescence pour évoquer la « petite mort » des amants, tandis que s'ajoute dans l'imaginaire de ce timbre une idée d'amertume qui irrigue l'ensemble de la scène. Parmi les très belles réussites, il faut signaler le solo de flûte basse qui ouvre la lettre de Josuke, dans *Le Fusil de chasse*, où s'enlacent l'instrument et la voix (exemple 5).

Lettre de Josuké

Exemple 5. Michèle Reverdy, *Le Fusil de chasse*, « Lettre de Josuke », mes. 47-54.

46. Reverdy, « Journal d'un opéra », *op. cit.*, p. 216.

C'est aussi le cas du grand monologue de Médée, à la scène 4 de *Médée*, tout juste auréolé de tambour de bois et brièvement ponctué par des interruptions du chœur. Par le duo instrumental et vocal intimiste et désolé, l'espace scénique se trouve dans tous les cas circonscrit à l'espace mental du personnage, qui dévoile ainsi au spectateur les béances du désarroi et de la solitude. Peut-être faut-il lire dans pareille « castration » de l'orchestre une façon de conjurer la solitude, tout en cherchant un ressourcement dans l'instrument du souffle profond – l'instrument de la voix subconsciente. Car toujours la voix surgit de ces longs solos de flûte basse…

Écrire pour la voix

À travers son œuvre, Michèle Reverdy prouve qu'elle aime la voix : et même toutes les voix, de la basse profonde au soprano léger ; sous toutes ses formes, de la cantillation *recto tono* à la virtuosité colorature ; à travers toutes les dispositions : solos, duos, ensembles et chœurs. Si l'on met à part ses œuvres vocales spécifiquement destinées à la jeunesse, la présence de chœurs d'enfants dans *Le Château* et dans *Vincent ou la haute note jaune* manifeste même une extension qui dépasse la simple nécessité dramatique et qui traduit un goût manifeste pour la voix « pure » par excellence. Mais Michèle Reverdy adopte délibérément un type d'écriture bien différent suivant qu'elle compose une mélodie, une pièce de théâtre musical ou un opéra.

Mélodies

Si le drame, au cœur du projet opératique, induit une intelligibilité du texte que la conception théâtrale de Michèle Reverdy lui impose de ne sacrifier à aucun autre paramètre, dans le genre de la mélodie, en revanche, son imagination déliée de la contrainte narrative se rêve dans mille expérimentations qui prennent l'ambivalence poétique comme modèle. Cette distinction fonde la différence fort sensible de traitement vocal entre opéra et mélodie : là où, pour le premier, l'attention et le plaisir du spectateur sont relatifs à la compréhension de l'intrigue, il n'est selon la compositrice nullement nécessaire que le texte poétique soit compris au moment même de l'écoute, dans la mesure où son sens – à la différence de l'intrigue théâtrale – n'est ni univoque ni transparent. Le moment de la lecture du poème importe peu : la perception de son sens peut être déphasée par rapport à la musique, qui elle-même se veut une clé d'accès à l'expression de la poésie. Dans l'univers de Michèle Reverdy, l'éclatement de la vocalité est la conséquence esthétique de la complexité du sens poétique. De fait, au relatif syllabisme vers lequel tend l'opéra se substitue dans la mélodie un modèle vocal plus discontinu, pointilliste même, qui certes est en relation de suggestion avec le texte, mais n'a jamais pour objectif prioritaire de servir son intelligence :

> Je me permets dans ce type d'œuvres, à certains moments, de déstructurer le texte, d'introduire des vocalises ou onomatopées au centre des phrases, de répéter ou d'intervertir certains mots ou groupes de mots. Je n'exploite pas systématiquement ces procédés, mais parfois le

sens des poèmes me pousse intuitivement à les employer pour trouver une équivalence musicale à leur expression [47].

La première mélodie des *Nouvelles du monde après*, sur des poésies de son ami Christian Doumet, est exemplaire de cette pratique (exemple 6).

Exemple 6. Michèle Reverdy, *Nouvelles du monde après*, partie vocale, mesures 11-14.

Le traitement de la voix rejoint celui des autres instruments du petit ensemble : une ligne aux intervalles larges, constituée de valeurs brèves entrecoupées de silences, dans un mode de jeu *staccato*, qui participe à la création d'une texture éparse, aux angles vifs, pensée comme représentation des thèmes du désert, de l'aridité et la dureté de la terre, contenus dans le poème. Cette écriture de la voix proche des interjections instrumentales l'accompagnant pourrait passer pour une « écriture instrumentale de la voix », ce qu'elle n'est toutefois pas : à la différence de compositeurs de la seconde moitié du XXe siècle dont l'écriture vocale a pu tendre vers une écriture proprement instrumentale, la musique de Michèle Reverdy ne quitte volontairement jamais l'idiome vocal. Cet emploi agressif de la voix se retrouve également dans la deuxième des *Sept Enluminures*, où le matériau est fragmenté en micro-figures brèves et percussives (exemple 7).

Exemple 7. Michèle Reverdy, *Sept Enluminures*, II, parties de clarinette et de voix, mesures 10-16.

La multiplicité de l'invention vocale répondant à tant de diverses sollicitations poétiques génère fréquemment des modèles vocaux instables, ce dont témoigne la troisième mélodie

47. Reverdy, *Composer de la musique aujourd'hui*, *op. cit.*, question n° 25, p. 92.

des *Nouvelles du monde après*. Le début, d'une grande douceur rythmique autant que mélodique, fait entendre les mots « mon amour », suivis de sons « (bouche fermée) » (exemple 8).

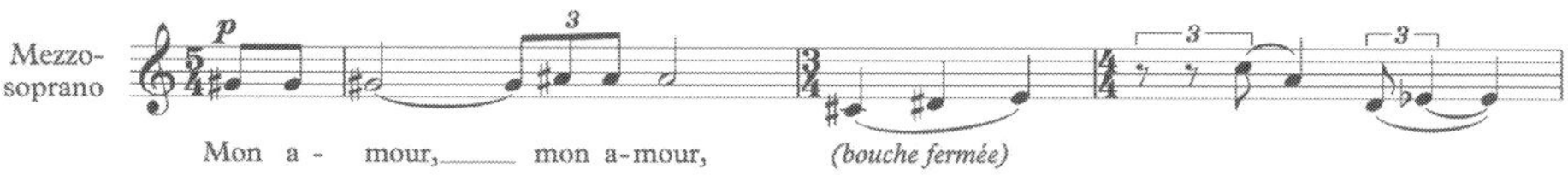

Exemple 8. Michèle Reverdy, *Nouvelles du monde après*, III, partie vocale, mesures 5-7.

Cette écriture contraste avec ce qui suit directement (exemple 9) : une phrase rapide et *staccato*, à la métrique déstructurant les accents de la langue (appui sur « le » dans « appelle », sur la dernière syllabe de « tumulte » par exemple).

Exemple 9. Michèle Reverdy, *Nouvelles du monde après*, III, partie vocale, mesures 8-14.

Hormis une œuvre de jeunesse détruite, avec piano seul, la voix est toujours dans les mélodies de Michèle Reverdy associée à un ensemble instrumental. De ce genre, – en dehors de *Which Dreamed it ?*, *De l'ironie contre l'absurdité du monde* et des *Ruines circulaires* – le piano est banni : trop connotée, son écriture, même réinventée, renvoie nécessairement à un passé suggestif dont Michèle Reverdy refuse que son œuvre soit le réceptacle. Cela explique les formations de *Cante Jondo*, pour voix de soprano et sept instrumentistes, de *Nouvelles du monde après*, pour voix de mezzo et baryton, avec un ensemble composé de flûte, clarinette, piano, percussions et violoncelle ou encore des *Sept Enluminures* pour voix de soprano, clarinette, piano et percussions. En cela, Michèle Reverdy prend modèle sur de nombreuses œuvres jalonnant sa généalogie musicale, des *Chansons Madécasses* de Ravel à *Circles* de Berio, des *Trois Poèmes de la lyrique japonaise* de Stravinsky aux *Phrases du souffle* de Ballif ou encore *Pli selon pli* de Pierre Boulez.

Michèle Reverdy n'abandonne pas avec ce genre les modèles compositionnels mis en place avec la musique instrumentale : les cahiers de composition témoignent des mêmes procédures de génération harmonique, précédant l'écriture mélodique, conçue comme le déploiement de ce matériau harmonique. Ainsi les six premières mesures des *Sept Enluminures* sont-elles fondées sur l'accord numéro 1 pour cette partition, que l'on retrouve dans une position harmonique à la mesure 4 au piano, dont l'écriture en accord riches et colorés, avec des éléments de retours cycliques n'est pas sans rappeler celle du *Quatuor pour la fin du temps* (exemple 10).

Exemple 10. Michèle Reverdy, *Les Sept Enluminures*, mesures 1-5.

Cette genèse n'est toutefois que la conséquence, pour Michèle Reverdy, de la rencontre primordiale avec le texte :

> L'un de mes plus grands plaisirs lorsque j'ai le projet d'écrire une œuvre vocale réside dans la rencontre avec une écriture littéraire qui me touche, puis dans l'analyse structurelle du texte choisi – analyse toute personnelle, intuitive, et sans doute sans grand rapport avec une analyse littéraire orthodoxe – si tant est que cela puisse exister… Mon amour de la littérature m'a donc amenée tout naturellement à écrire pour la voix. Je dis bien mon amour de la littérature, car c'est le texte qui stimule mon imagination sonore, et non la vocalité pure[48].

Théâtre musical

Certes anecdotique dans son catalogue, le théâtre musical manifeste un usage plus ludique de la voix. La fantaisie passe souvent par le mode de déclamation : l'exécution de *Through the Looking Glass* (suite de cinq pièces d'après *Alice au pays des merveilles*) réclame ainsi une « voix blanche, un peu enrouée » et la partition précise « Surtout, aucun vibrato ! » Dans *Un signe dans l'espace*, la vocalité fait alterner le parlé, le parlé-rythmé, le parlando et le chanté. Dans ce « mimodrame » à mi-chemin entre le mélodrame et la cantate de chambre, Michèle Reverdy ne cesse de jouer avec le texte d'Italo Calvino. Celui-ci est réparti entre la voix du contrebassiste, qui incarne souvent le personnage de Qfwfq, et les deux voix des chanteuses qui jouent davantage un rôle de narratrices ; leur partie est traitée de façon mécanique et s'efforce de donner l'impression qu'il s'agit de voix de poupées. Pareille diversité dans les modes d'émission n'existait point dans les mélodies.

Dès la première phrase d'*Un signe dans l'espace*, la répartition subtile entre le parlé et le chanté fait mouche (illustration 37). « Le soleil est situé dans la zone externe de la voie lactée, lit-on, et il faut deux cents millions d'années environ pour que s'accomplisse une révolution complète. » Cet incipit est confié aux deux chanteuses a cappella, « *molto staccato* et articulé exagérément » ; le mot « environ », en revanche, est prononcé par la voix parlée du contrebassiste, créant ainsi une mise en relief humoristique restituant tout le sel de la

48. Reverdy, *Composer de la musique aujourd'hui*, *op. cit.*, question n° 43, p. 141.

prose de Calvino. On voit qu'à la différence des mélodies, l'intelligibilité du texte devient un paramètre déterminant de l'écriture. Michèle Reverdy multiplie alors les clins d'œil, comme dans la dernière partie : « Dans l'espace s'accumulaient les signes, hiéroglyphes, idéogrammes, et chacun d'eux pouvait aussi bien être ou ne pas être un signe. » (illustration 38) Cette phrase est déclamée par le contrebassiste, sur trille de clarinette basse et tremolos de cordes *sul ponticello*, sauf les mots « être ou ne pas être », confiés, eux, aux chanteuses et aux instruments... En faisant entendre une fausse citation shakespearienne au cœur de la prose de Calvino, la musique démultiplie en réalité l'humour du texte.

Opéras

Dans ses opéras, conformément aux attentes spécifiques suscitées par le genre, l'écriture vocale est à la fois moins désarticulée que dans ses mélodies et plus lyrique que dans ses pièces de théâtre musical. Du point de vue de la typologie des voix, tout d'abord, la compositrice recourt à une palette très diversifiée de timbres. Avec néanmoins des éléments saillants. Tous ses grands rôles masculins sont confiés à des barytons : cette voix convient particulièrement aux héros complexes auxquels elle s'attache. K. est un baryton (comme chez Reimann et Manoury), ainsi que le sont le rôle-titre dans *Vincent ou la haute note jaune*, Josuke dans *Le Fusil de chasse*, et même le claironnant Jason dans *Médée*. C'est encore la tessiture de Läuffer, étonnante pour un jeune précepteur, mais qui peut s'expliquer par la complexité psychologique croissante du rôle. Tandis que les voix de basse ou baryton-basse sont réservées aux figures du pouvoir (l'instituteur et le maire du *Château*, Akamas dans *Médée*) les ténors sont peu nombreux. Il s'agit souvent de personnages secondaires (Théo, Gauguin), correspondant à des rôles bouffes ou de demi-caractère (les Aides dans *Le Château*, le Commandant, le comte Wermuth ou Pätus dans *Le Précepteur*). Toutes les voix féminines sont enfin requises : alto dans *La Nuit qui suivit notre dernier dîner*, mezzo de Midori, soprano lyrique de Saïko ou de Médée. Plus caractéristique : presque tous les opéras contiennent un rôle de soprano colorature, confié à un personnage secondaire dans le livret, ainsi valorisé par la musique. Après Pépi, dans *Le Château*, viennent Lise, la jeune fille qui finit par épouser Läuffer dans *Le Précepteur*, Shoko dans *Le Fusil de chasse* et Glaucé dans *Médée*. Ce sont à chaque fois des femmes très jeunes, incarnant l'innocence ou la pureté.

Michèle Reverdy résout dans son œuvre la tension entre son approche formaliste de l'écriture et son amour inconditionnel pour les voix. L'équilibre est obtenu en déduisant les parties vocales de la texture instrumentale – en dépit de son amour des voix, celles-ci restent secondes dans la genèse de l'œuvre – mais en redoublant d'attention quant à l'intérêt des parties chantées.

> Généralement, explique-t-elle, je construis chaque scène autour des matériaux orchestraux, toujours minutieusement agencés dans un discours que je veux très cohérent, et les parties vocales émergent de cette matière primordiale proposée par l'orchestre. Ensuite, évidemment, je retravaille incessamment les lignes, afin qu'elles prennent leur autonomie, dans une écriture qui convienne à la voix. Mais, à l'origine, elles sont engendrées par l'orchestre[49].

49. À de rares exceptions, Michèle Reverdy a au contraire commencé par l'écriture de la partie vocale avant de se consacrer à la partie instrumentale. C'est notamment le cas de la scène 6 du *Précepteur*.

Ce discours volontariste trahit une crainte persistante par rapport à tout ce qui ressemblerait, de près ou de loin, à une texture de mélodie accompagnée, ou encore à de grandes déclamations *arioso* sur de longues pédales harmoniques, dans l'esprit des opéras empreints de langage post-spectral. Michèle Reverdy ne veut pas se résoudre à subordonner l'instrumental au vocal, au sens où par exemple, dans certaines œuvres lyriques contemporaines, l'orchestre et l'harmonie ne constituent que l'habillage minimal de la ligne chantée. Rarement « accompagnateur » des voix, son orchestre intervient au contraire dans l'action : il conduit le drame et interagit en permanence avec les voix. Mais cette conception wagnérienne du rapport entre l'orchestre et les voix (« Je conçois ma musique comme une pâte sonore homogène et non pas comme une mélodie accompagnée »[50]) est simultanément contrebalancé par une attention permanente au profil des lignes vocales. Si donc, du point de vue de l'écriture, les parties vocales sont *déduites* des parties instrumentales, du point de vue de la perception, elles sont premières dans la mesure où Michèle Reverdy travaille toujours dans le sens de leur mise en valeur. Renvoyant dos à dos le *Sprechgesang* germanique et la très linéaire déclamation française, elle donne du relief à ses parties vocales en leur réservant d'amples mouvements lyriques et en leur prêtant un profil souvent diatonique au sein d'un contexte atonal.

À la différence de ses mélodies ou de ses mimodrames, qui déstructurent volontiers le texte, Michèle Reverdy accorde dans ses opéras toute son attention à l'intelligibilité des paroles. Mais elle ne se livre pas pour autant à un récitatif perpétuel : « Si, contrairement à mes œuvres vocales de chambre, j'adopte dans l'opéra une écriture syllabique, toujours pour des raisons de compréhension du texte, je ne renonce néanmoins pas au chant : j'aime le *bel canto* et j'essaie d'écrire des lignes vocales expressives »[51]. Le lyrisme expressif est donc une donnée fondamentale de ses opéras. Mais Michèle Reverdy recourt également à des modes de déclamation plus variés, choisis en fonction de la situation dramatique.

De nombreuses pages privilégient ainsi une récitation *recto tono*, à l'instar du premier chœur des enfants dans le *Château*, où les trois parties martèlent le texte dans un contrepoint rythmique sur trois lignes de déclamation distantes d'un demi-ton chacune. De quoi créer une texture et un mouvement adaptés à la situation menaçante. La compositrice aime à l'inverse déployer d'amples vocalises : dès la scène d'amour entre K. et Frieda, au quatrième tableau du *Château*, une voix de colorature entonne une longue mélodie, très libre et sans texte, complètement a cappella (illustration 39) !

Seule l'ivresse du chant, chez Michèle Reverdy, peut dire l'ivresse de l'amour. On retrouve ces mélismes vocaux à travers la partie très ornée de Lise, dans *Le Précepteur*, mais aussi, plus généralement, dans toutes les pages où le chœur est employé comme simple timbre vocal. Traité bouches fermées, ou vocalisant sur une voyelle, il peut créer ainsi un arrière-plan sonore tour à tour apaisant et menaçant (le chœur d'hommes du *Château*, les corbeaux de *Vincent ou la haute note jaune*). À la scène 10 de *Médée*, le procédé se double d'un effet de spatialisation : pendant le monologue d'Akamas, le chœur d'hommes vocalise en coulisse, créant un effet dramatique et sonore saisissant.

50. Programme de l'Opéra de Lyon, p. 9.
51. *Ibid.*

Dans les parties de déclamation lyrique, on a parfois reproché à Michèle Reverdy ses maladresses de prosodie. Certains choix peuvent susciter l'étonnement, dans le traitement de certains *e* muets notamment, lorsqu'on entend par exemple Agamède, à la scène 2 de *Médée*, déclamer « la--- rei-*ne* a--- disparu derrière une tenture », avec un double accent sur *la* et sur *a* qui ne correspond nullement au rythme naturel de la langue (exemple 11).

Exemple 11. Michèle Reverdy, *Médée*, scène 2, mes. 519-520, partie vocale.

Mais pourquoi vouloir à tout prix chanter comme on parle ? En réalité, Michèle Reverdy travaille à subordonner en permanence la prosodie à l'intelligibilité des paroles qui, elle, est indispensable sur une scène d'opéra. Elle s'en explique :

> Je casse délibérément la prosodie de la langue française, afin de rendre le texte plus intelligible. J'ai remarqué depuis longtemps que le discours de notre langue, s'il est respecté dans l'écriture vocale, implique un rythme monotone laissant alterner un doux ronron de triolets, troublé de temps à autre par la présence d'un groupe de quatre doubles croches. De nombreux compositeurs français ne se sont pas méfiés de ce piège induit par la douceur des accents toniques de notre langue. C'est sans doute cela déjà qui faisait déclarer bien injustement à Rousseau que la langue française était incompatible avec la musique. Je m'inscris en faux contre cette affirmation péremptoire, mais je ressens la nécessité de faire un minutieux travail de déstabilisation du phrasé, m'appliquant bien souvent à mettre les points d'appui de la phrase musicale là où on ne les attend précisément pas : à savoir à ne pas faire coïncider l'accent tonique du langage parlé avec les temps forts du phrasé musical. J'ai remarqué alors que le discours devient beaucoup plus intelligible, sans doute parce que l'attention de l'auditeur, sans cesse contrariée dans son attente, reste en éveil[52].

Voilà une position originale qui, choquant certes les puristes de la langue française, témoigne néanmoins d'une approche pragmatique de la scène. Concrètement, Michèle Reverdy provoque l'auditeur en déplaçant les accents, mais aussi en traitant souvent les fins de phrases de façon nette et tranchée, en martelant les trois ou quatre dernières syllabes sur une corde de récitation à rythme égal. On trouve une première apparition de cette technique dans *Un signe dans l'espace*, lorsque Qfwfq affirme qu'il laisse le signe derrière lui, « séparé de lui par d'interminables étendues d'espace » (exemple 12).

52. Reverdy, « Journal d'un opéra », *op. cit.*, p. 209-210.

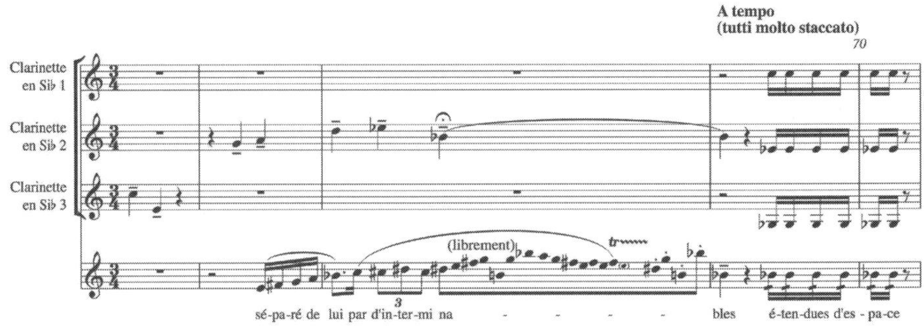

Exemple 12. Michèle Reverdy, *Un signe dans l'espace*, mesures 67-70.

Outre une intelligibilité parfaite, le contraste entre « l'interminable » vocalise de la voix de soprano et le débit saccadé, quasi *parlando*, de la fin de la phrase, crée un effet comique savoureux. On retrouve ce traitement de la parole dès la première scène du *Précepteur*, et il est souvent associé, dans cet opéra, au personnage du Commandant qui est traité comme un pantin. Il permet une diction mécanique qui, par exemple, souligne à l'envi les diérèses à la scène 4 – « Aucune cessati-on des occupati-ons, nulle récréati-on et point de distracti-ons » – avec une verve comique qui rappelle le petit vieillard et la leçon d'arithmétique de *L'Enfant et les Sortilèges*.

Cette façon de heurter les fins de phrases, quitte à les rendre sèches et tranchantes, se retrouve également dans un contexte très différent. Dans *Médée*, elle souligne toujours la violence du passé colchidien. « Absyrtos, frère, tu n'es donc pas mort, les femmes en furie t'avaient dispersé dans les champs, pauvre frère déchiqueté » se remémore la magicienne dans la première phrase de la scène 4 (exemple 13).

Exemple 13. Michèle Reverdy, *Médée*, scène 4, mes. 691-699.

Martelé dans un mouvement saccadé de valeurs rythmiques égales sur une même note, le mot *déchiqueté* gagne un relief soudain, d'autant que le chœur d'hommes rejoint la voix de Médée sur cet unique mot. La violence du passé se voit ainsi actualisée de façon saisissante dans la psyché de Médée : ce terme a suffisamment marqué le spectateur pour qu'il l'identifie, dès sa deuxième occurrence (mes. 715) et encore à la troisième (mes. 742) comme une sorte de « leit-mot » clouant dans les mémoires la souillure originelle qui obsède Médée.

De façon plus générale, en dépit d'une grande variété de lignes vocales, souvent souples et amples, on peut dégager chez Michèle Reverdy un archétype mélodique correspondant à celui de tous ses grands héros : il s'agit du mouvement vocal ascendant et tendu, débutant de façon lyrique et sinueuse, et se raidissant sur une note élevée, quand le mouvement ne se brise pas de surcroît sur le martèlement *recto tono*. (voir ex. *Médée* scène 4 : mes. 797-801 ; 816-818 ; etc.). Cette tension de la phrase, en adéquation avec la situation dramatique dans *Médée*, se projette à grande échelle lorsqu'une scène est traitée dans un mouvement de tension croissante. C'est le cas de la scène 6, au cours de laquelle Médée se livre à une psychanalyse sauvage de Glaucé. Vocalement, on assiste à une quête progressive des aigus : après le martèlement des *la* au moment de la remémoration du meurtre familial (« et puis, le cri de ma mère, un cri de bête qu'on égorge » mes. 1325-1328), on gagne le *si* bémol, le contre-*ré* bémol et enfin, acmé insupportable de la scène, le contre-*ré* au moment de la désignation du coupable (« mon père, le roi » mes. 1371-1372) (exemple 14).

Exemple 14. Michèle Reverdy, *Médée*, scène 6, mes. 1366-1373.

La tension vers l'aigu de la tessiture n'est que le reflet inversé de la quête des profondeurs obscures du moi.

Difficile à interpréter pour les chanteurs, mais en parfaite harmonie avec l'esprit souvent violent des textes mis en musique, cette tension vocale se trouve compensée par un style sobrement orné, notamment dans la voix de Médée. Le « motif de la tendresse », pour la première fois exposé à la mesure 120, se reconnaît à la vocalise de quatre notes qui débute la phrase mélodique (exemple 15).

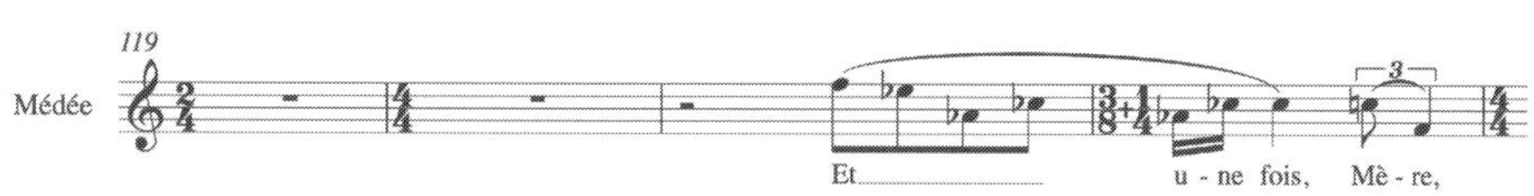

Exemple 15. Michèle Reverdy, *Médée*, scène 1, mes. 119-122.

Lointain souvenir des sortilèges de la magicienne (associé à l'époque baroque aux pyrotechnies vocales), ce mélisme d'une grande sobriété humanise le personnage en même temps qu'il assouplit l'écriture vocale. Les débuts de phrase de Médée commencent très souvent par ce genre d'inflexion (mesures 304, 661, 741, 770, où Michèle Reverdy s'appuie systématiquement sur la voyelle *a*, et encore mesures 1625, 1664, 1899). Les vocalises de la toute dernière scène se font menaçantes au moment de la malédiction, mesures 2152 et 2154 (exemple 16).

Exemple 16. Michèle Reverdy, *Médée*, scène 11, mes. 2151-2155.

Mais c'est la dimension pathétique de la voix qui a le dernier mot: la dernière phrase de Médée (« Peut-on imaginer un monde, une époque où j'aurais ma place ? À qui poser la question ? ») finit par une ultime vocalise qui rappelle le « motif de la tendresse », précisément sur le [*a*] débutant le dernier syntagme, mesure 2178 (exemple 17).

Exemple 17. Michèle Reverdy, *Médée*, scène 11, mes. 2178-2180.

Du point de vue de l'audition, son profil géotropique transforme la particule prépositionnelle (*à*) en une interjection exclamative (*ah*) exprimant la détresse et la plainte du personnage. Dépossédée de ses enfants comme de ses sortilèges vocaux d'antan, Médée ne peut plus fonder son identité que sur le lancinant *lamento*.

Épilogue herméneutique: des voix pour conjurer le réel?

La magie de Médée, dans l'opéra, consiste ainsi à faire naître un chant élégiaque loin de toute pyrotechnie vocale. Un chant qui assure simultanément sa rédemption: elle n'est pas la sorcière qu'Euripide a voulu faire d'elle, seulement une femme dont la souffrance s'extériorise en voix. On touche là l'un des aspects les plus profonds des œuvres dramatiques de Michèle Reverdy: la nécessité de conjurer la souffrance ou la violence exprimée dans les livrets. L'un des moyens récurrents est de conjurer le tragique par le rire. C'est ce que l'on trouve dans des partitions comme *Un signe dans l'espace*, ou encore dans *Le Précepteur* où le finale ébouriffant, en forme de motet polytextuel à huit voix, assure une distanciation salutaire par rapport à la noirceur du propos. Mais plus que le rire, c'est bel et bien le chant, et souvent le chant vocalisant, libéré de toute contingence textuelle, qui a pour fonction d'exorciser la souffrance. Dès *Le Château*, on est frappé par la façon dont l'opéra se termine; non sur la phrase inachevée de Kafka, mais sur un élément tiré du cœur du roman: « Dans mon souvenir, le printemps et l'été me semblent aussi brefs que s'ils ne duraient pas plus de deux jours, et même ces jours-là, le plus beau jour, il tombe encore de la neige. Dans combien de temps ? » L'œuvre s'achève sur un point d'orgue textuel et musical, car après cette dernière phrase prononcée par Pépi puis par K., les deux personnages entonnent, *pianissimo*, une interminable vocalise, dans un environnement orchestral très allégé, tout juste fait d'harmoniques de violons, de soupirs de flûte et de clarinette, avant que la crotale tibétaine ne vienne refermer l'ensemble comme dans un rêve. Nous voici bien loin des méandres infernaux de l'administration dans lesquels nous laissait Kafka : tout se passe comme si la musique hissait les personnages – et l'auteur, et les auditeurs – au-dessus de leur sort tragique. Comme si, éternisant l'instant suspendu, elle les arrachait au cours tragique du temps – le temps qui est précisément le sujet de la dernière phrase mise en exergue par Michèle Reverdy, contrairement au texte originel.

C'est encore la musique, dans *Le Précepteur*, qui assure la rédemption de Läuffer : le personnage de Lise, qui accepte d'épouser le héros mutilé et stérile, est un rôle de colorature vocalisant qui n'a quasiment rien à dire, mais tout à chanter. La magie vocale qui émane de Lise, très éloignée de l'univers de Lenz (d'où l'étonnement de certains critiques à la création), en dit long sur la façon dont Michèle Reverdy tente d'absoudre la noirceur du drame. Et c'est à nouveau la musique, dans *Vincent ou la haute note jaune*, qui semble assurer la rédemption du peintre. Les « Sept Paroles de la vie et de la mort de Vincent » nous racontent en effet une Passion moderne. Celle d'un peintre qui sombre dans sa quête de la lumière Idéale, c'est-à-dire, à l'opéra, dans sa quête du Son. Qu'un peintre se mutile l'oreille, dans un contexte musical, prend un sens très particulier. Et lorsqu'au cours de la scène du bordel, Vincent entre en scène avec ces mots : « Voici ce coquillage au fond duquel écouter ma misère », l'oreille se fait conque, et la conque musique. L'orchestre déploie alors une texture nouvelle : tempo très lent, sobre instrumentation de flûte, cor, basson, harpe et marimba utilisés le plus souvent en discrètes doublures des voix, et, derrière les deux protagonistes, un chœur de voix féminines à six parties, qui ne font que vocaliser sur le phonème [*u*], et qui sont polarisées autour de la note *fa* — mystérieuse pédale supérieure à travers toute la scène. Nul chant aguicheur de prostituées, sous la plume de la compositrice, mais un envoûtant chant de sirènes qui semble s'élever de la conque enchantée. L'envoûtement sonore se poursuit jusqu'à la fin du tableau, où les voix féminines, répétant en boucle et a cappella quatre accords, s'éloignent et s'éteignent peu à peu... La quête d'une possible rédemption (c'est-à-dire d'un exutoire artistique) prend donc ici encore la forme d'un chant vocalisé. Ces voix soustraient Vincent au temps, l'espace d'un instant qui devient éternité.

On touche là aux raisons profondes qui attachent Michèle Reverdy à l'univers de la voix et du théâtre.

> Je dois régler mes problèmes avec le temps, confesse-t-elle. C'est peut-être l'une des raisons pour lesquelles j'écris de la musique. Comme j'ai l'impression, souvent, de passer ma vie à attendre – quelqu'un ? quelque chose ? – je conjure le temps tout-puissant en l'occupant avec mes sons. C'est une façon de l'obliger à s'écouler à mon rythme... [53]

Elle n'hésite pas non plus à citer Levi-Strauss : « La musique, comme la mythologie, est une machine à détruire le temps » [54]. Et encore : « La musique a le pouvoir, parce qu'elle

53. Reverdy, « Journal d'un opéra », *op. cit.*, p. 218.

54. « La couleur Reverdy », *Télérama*, 10 avril 1991, entretien avec Gilles Macassar ; citation reprise en tête de son article « Divagations sur le temps... musical », dans Pierre Michel et Bernard Banoun (dir.), *Musique, arts et littérature dans l'œuvre de Michèle Reverdy*, Paris, L'Harmattan, 2005, p. 9.

existe dans un espace inimaginable, de réaliser cette chimère de l'ubiquité spatiale et temporelle »[55]. Conjurer le temps. Grâce, notamment, à ces vocalises lancinantes dans lesquelles se fondent tout à la fois la nostalgie du passé, la souffrance du présent et l'appréhension du futur. Enfermés dans « les ruines circulaires » de leur passé, les personnages de Michèle Reverdy tentent, par le chant, de s'abstraire du temps. Ce que réussissent Vincent, par l'automutilation qui transforme son oreille en conque enchantée, mais aussi K., qui finit par hanter un hiver perpétuel, Läuffer, soustrait au drame après son auto-castration, Josuke, qui se rend maître de tous les temps, et Médée enfin, qui, dans son ultime *lamento*, dit n'être plus d'aucun temps.

55. Michèle Reverdy, « Divagations sur le temps… musical », XXe *siècle, Images de la musique française*, textes et entretiens réunis par Jean-Pierre Derrien, Paris, Sacem / Éditions Papiers, 1986, p. 18.

DIRE, ÉCRIRE, TRANSMETTRE

Michèle Reverdy aime parler de musique. De la sienne comme de celle des autres. Au plaisir évident qu'elle y prend s'ajoutent des impératifs matériels, à l'instar de tant de ses contemporains dont si peu vivent de leur art :

> Pratiquement tous [les compositeurs] ont des travaux alimentaires. Je ne connais pas un compositeur qui vive de sa musique ; et même ceux qui le peuvent, Olivier Messiaen, par exemple, gardent une activité professionnelle. La plupart du temps, ils travaillent en tant que professeurs, interprètes, ou pour une radio, une maison d'édition. En ce qui me concerne, je sais que j'ai besoin de travailler – je suis professeur d'analyse au Conservatoire de Paris – pour gagner ma vie mais aussi pour mieux supporter le métier très solitaire qu'est celui d'écrire la musique. Je suis également productrice à France-Culture, j'y fais des émissions musicales, je demande à des personnes de parler de leurs créations. Ces activités sont très bénéfiques, ne serait-ce que pour l'équilibre qu'elles apportent dans ma vie ; c'est ce qui me permet, tous les matins, de me consacrer à mes compositions [1].

C'est ainsi que parallèlement à un poste de professeur au Conservatoire de Paris, elle a pratiqué journalisme et critique, à la radio comme dans diverses revues spécialisées, rédigé plusieurs ouvrages, dont deux consacrés à son maître Olivier Messiaen, et publié un plus récent intitulé *Composer de la musique aujourd'hui*. Toute sa vie elle a en outre donné de nombreuses conférences. Ces rameaux professionnels multiples convergent tous vers un même horizon : dire, écrire et transmettre la musique. Un travail de médiation, varié, qui contrepointe l'ensemble de sa carrière, et dont il est nécessaire de connaître le contenu et les enjeux : les discours et écrits de compositeurs permettent en effet, par une voie moins convenue que celle de l'étude de l'œuvre, mais combien riche et suggestive, de s'introduire au cœur même de l'esthétique. Le portrait de Michèle Reverdy – œuvre, manière et style – resterait nimbé d'ombres diffuses sans l'examen de ces textes qui permettent d'éclairer d'une nouvelle lumière l'artiste et son œuvre.

ÉCRIRE SUR LA MUSIQUE EN COMPOSITRICE

La figure du compositeur maniant aisément le verbe a connu de multiples incarnations dans la musique française du XXe siècle, de monsieur Croche, alias Debussy, aux *Regards sur autrui* de Pierre Boulez, en passant par les grandes entreprises de théorisation du

1. « Michèle Reverdy, profession : compositrice. Entretien », *ARDIAM*, n° 11, juillet-août 1986, p. 19-20.

langage dont le *Traité de rythme, de couleur et d'ornithologie* de Messiaen constitue un parangon. Michèle Reverdy s'inscrit dans cette généalogie, partageant avec ces illustres prédécesseurs une vraie liberté de ton : émanation d'une réflexion de créateur, le discours de l'artiste bénéficie d'une légitimité *per se*. S'affranchissant des méthodologies universitaires, qui fondent le savoir sur la recherche d'une objectivité détachée de l'affect et du cas particulier, notamment par l'analyse de sources, le discours de compositeur diffère de celui du musicologue : il ne recherche pas la précision scrupuleuse de l'historien, du philologue ou de l'analyste. Il appartient à la sphère de l'artiste et jouit à ce titre sinon du statut même de création, du moins de son aura : il constitue ainsi une extension du domaine de l'œuvre, truchement par lequel il acquiert une autonomie au regard du discours scientifique. Cette liberté de ton, cette libre association d'idées se retrouvent sous la plume de Michèle Reverdy. Le diapason de cette posture résonne dans les propos d'ouverture de l'émission du 6 mars 2006 sur France Musique :

> Ce que je me propose de faire au cours des cinq émissions de cette semaine, c'est de suivre quelques trajectoires à travers l'histoire de la musique pour vous livrer ma vision sur l'évolution du langage musical. Je ne suis ni historienne, ni musicologue. Mon propos est totalement subjectif et reflète mes préoccupations de compositeur. Toute ma vie j'ai questionné les œuvres du passé – lointain et immédiat – et c'est à travers ces œuvres que j'ai appris mon métier. J'y ai trouvé un sujet permanent de réflexion sur mon art, et, évidemment beaucoup de bonheur[2].

Le subjectif et le partial sont légitimés et même érigés en valeurs, en raison de la créativité qu'ils ont permise dans son œuvre. Nombreux sont les autres textes, de toutes natures, écrits dans la même tonalité :

> N'étant ni historienne, ni musicologue, mon approche de l'œuvre de Messiaen est celle d'un compositeur. C'est donc une vision très personnelle que je vais vous livrer, et que j'avais déjà abordée dans les deux ouvrages que j'ai autrefois consacrés à ses œuvres de piano et d'orchestre édités chez Leduc[3].

De la même manière, dans une conférence sur « Le temps musical », donnée à plusieurs reprises, mais conçue initialement pour un cours de préparation à l'agrégation de philosophie à l'Université de Grenoble (Illustration 49), Michèle Reverdy introduit son discours en insistant sur l'essence personnelle et non philosophique de son propos :

> Je parlerai beaucoup de mes œuvres, ferai écouter ma musique et essaierai de vous faire comprendre ma démarche. Cela sera sans doute un peu difficile pour ceux d'entre vous qui n'ont jamais fait de musique de leur vie, néanmoins j'espère que, même si certaines choses vous échappent, vous aurez, à la fin de cette conférence, une vague idée de ce qu'est un compositeur, c'est-à-dire quelqu'un qui travaille avec la matière même du temps.

Les écrits de Michèle Reverdy sont donc fondamentaux pour comprendre son univers : quel qu'en soit le sujet, ils sont un point d'accès à ses propres centres d'intérêt, ainsi qu'à son monde musical intérieur. Lire un texte sur d'autres compositeurs qu'elle-même nous permet d'y retrouver en filigrane, comme sur un palimpseste, une projection de ses questions

2. Dossier « Émissions de radio », AMR.
3. « Conférence sur Olivier Messiaen », s. d., AMR.

de compositrice ou de ses modes de pensée. Le court texte suivant, extrait de l'émission précédemment citée, voit Michèle Reverdy évoquer les maîtres de l'Ars Nova ; avec un point de vue original, elle se met à la place de ces lointains prédécesseurs et explique ainsi l'idée qu'elle se fait de la démarche compositionnelle d'un créateur du Moyen Âge :

> Nous savons, par des textes de l'époque, que les compositeurs de l'Ars Nova composaient les voix les unes après les autres. Ils devaient sans doute veiller à ce que le résultat sonore de cette superposition des voix soit consonant selon les critères de l'époque. Mais je suis persuadée que le fait de ne pas avoir sous les yeux une partition globale, montrant les voix telles qu'elles devaient sonner lorsque les interprètes les rassembleraient en chantant en chœur, avait une influence sur l'attitude du compositeur. Il était plus libre en organisant ces lignes mélodiques indépendamment les unes des autres et se souciait moins du résultat sonore vertical, sinon à la fin des phrases, où il s'appliquait à écrire des consonances [4].

Composer de la musique aujourd'hui, son livre le plus récent, qui prend place dans la collection *50 questions* des éditions Klincksieck dirigée par Belinda Cannone, se montre emblématique de cette posture, car Michèle Reverdy y défend, en prenant Olivier Messiaen en exemple, cette « vision personnelle » du compositeur :

> Olivier Messiaen, à sa classe du Conservatoire, consacrait plusieurs semaines de cours à nous parler du plain-chant, et surtout à nous expliquer quels enseignements il en avait tiré pour élaborer un large système rythmique et mélodique. [...] Le compositeur a ici une vision personnelle du plain-chant qui peut étonner le musicologue spécialisé dans l'étude de cette musique très ancienne, mais l'intérêt que Messiaen porte à cette musique témoigne de l'une de ses préoccupations essentielles : le rythme et le temps musical. Cet exemple met en évidence la façon dont un compositeur s'alimente de la lecture des œuvres du passé : il n'est ni historien, ni musicologue. Ce qui l'intéresse, c'est de découvrir dans la démarche de ses prédécesseurs des solutions à ses propres interrogations [5].

Alors que la collection proposait généralement à des universitaires spécialistes d'un sujet particulier de rédiger des synthèses aux multiples entrées [6], cet ouvrage est bien différent : Michèle Reverdy, en artiste, parle de son travail. En dépit du titre sous-entendant une réflexion générale et contemporaine sur l'acte de composition et le statut de l'artiste, elle se concentre sur sa propre carrière, ses goûts musicaux, positions esthétiques et intellectuelles. Un témoignage à la limite de l'autobiographie créatrice, à la façon d'entretiens dans lesquels les questions structurent pas à pas la mémoire d'une carrière riche : d'une plume franche et aiguisée, Michèle Reverdy nous convie dans son univers et révèle nombre d'aspects de sa vie de créateur ; elle dévoile ce que signifie pour elle composer et ce que recouvre concrètement cette activité : l'atelier de l'artiste s'offre au regard du visiteur curieux. Les cinquante questions sont structurées autour de cinq grandes thématiques – le compositeur, la réception, les langages, les institutions, les œuvres – qui montrent non seulement que l'activité créatrice se déploie dans différentes directions, mais également que le compositeur et l'œuvre ne sont

4. Texte pour l'émission « Composer, dit-elle... », diffusée sur France Musique, le 8 mars 2006, AMR.

5. Michèle Reverdy, *Composer de la musique aujourd'hui*, Paris, Klincksieck, 2007, p. 24.

6. Pour le champ musical, on peut citer notamment : Georgie Durosoir, *La Musique vocale profane au XVIIe siècle* (1994) ; Marie-Claire Mussat, *Trajectoires de la musique au XXe siècle* (1995, 2002) ; Christian Béthune, *Pour une esthétique du rap* (2004) ; Daniel Deshays, *Pour une écriture du son* (2006)...

pas les seules instances entre lesquelles l'artiste pense l'acte de création. Christian Doumet, ami de la compositrice, écrivain, poète et universitaire, auteur notamment du texte destiné aux mélodies *Nouvelles du monde après*, a imaginé en collaboration avec elle des questions idoines[7]. Michèle Reverdy puise les réponses dans son expérience, mais aussi dans les nombreuses conférences données au cours de sa carrière : ce livre se présente comme une synthèse des propos tenus au cours de trente années. S'exprimant sur ce livre à la faveur d'une invitation à Montréal dans le cadre d'un colloque international sur les « Écrits de compositeurs », Michèle Reverdy confesse :

> J'ai répondu franchement aux questions posées, c'est-à-dire de façon forcément partiale. Je n'ai pas voulu écrire un livre sur les compositeurs et la musique de mon époque, mais j'ai voulu livrer les sentiments qui m'ont été inspirés par mon expérience personnelle de compositrice. Je n'ai pas cherché à écrire un livre consensuel : il y a des esthétiques que j'aime et d'autres que je déteste. Libre à d'autres de défendre leurs orientations ; quant à moi, je m'intéresse à tout, mais je refuse de dissimuler mes choix[8].

Ce témoignage donne le ton de l'ouvrage. La présence forte de l'auteur ouvre, par le portrait de l'intime, une porte d'entrée vers son esthétique. Elle confirme dans le même texte cette volonté de parler d'elle :

> J'étais heureuse que [Belinda Canonne] m'offre une « tribune » pour m'exprimer, tout en doutant de mes capacités à écrire en mots, moi qui depuis tant d'années n'écrit qu'en notes de musique... Mais j'ai pensé que j'arrivais à une étape où il me plairait de faire le point, de livrer à quelques lecteurs intéressés ce que la pratique de la composition musicale m'avait appris, en quoi elle avait conduit ma vie entière dans une direction que je n'avais pas toujours pu contrôler, m'imposant des choix qui eux-mêmes engendraient souvent des renoncements difficiles à admettre, mais nécessaires pour me rapprocher du dessein utopique que je m'étais fixé : celui de l'accomplissement d'une œuvre. Ce livre était aussi l'occasion de rassembler quelques-unes des réflexions que je partage depuis 40 ans avec mes étudiants. [...] J'ajouterai que je désirais dans ce livre m'adresser non seulement à des musiciens, mais aussi et surtout à un public « élargi », avec l'ambition de le convaincre de l'accessibilité de la musique de notre époque, qui, lorsqu'elle est écrite par un bon compositeur n'est pas plus hermétique que l'Art de la fugue ou Wozzeck...[9]

L'analyse de son œuvre prend une place importante dans l'ouvrage, de même que le rappel des étapes de sa formation puis de sa carrière, de compositeur, mais aussi de professeur[10]. Derrière certaines questions générales se dissimule le visage de la compositrice,

7. « [Christian Doumet] connaît mes aspirations, mes goûts pour certaines formes d'expression artistique, il connaît mes manies, mon intolérance à l'égard de certains courants musicaux, mes difficultés dans les relations avec les institutions, mon enthousiasme pour le théâtre, etc. ». Texte de la présentation faite à la Faculté de musique de l'Université de Montréal, dans le cadre du colloque « Écrits de compositeurs », mars 2008, AMR. Une conférence proche est donnée en juillet 2008, au Centre Acanthes.

8. Texte de la présentation faite à la Faculté de musique de l'Université de Montréal, dans le cadre du colloque « Écrits de compositeurs », mars 2008, AMR.

9. *Ibid.*

10. Voir Reverdy, *Composer de la musique aujourd'hui*, *op. cit.*, p. 22 : « Enseigner consiste d'abord à provoquer le questionnement, la contestation, à développer l'esprit critique, à apprendre à regarder les œuvres du passé pour en tirer son miel de façon ni servile ni plagiaire : pour y trouver seulement ce qui permettra d'aller plus loin, tout en constatant que, si le langage évolue, en revanche les mécanismes de l'esprit sont toujours les mêmes. Je compare

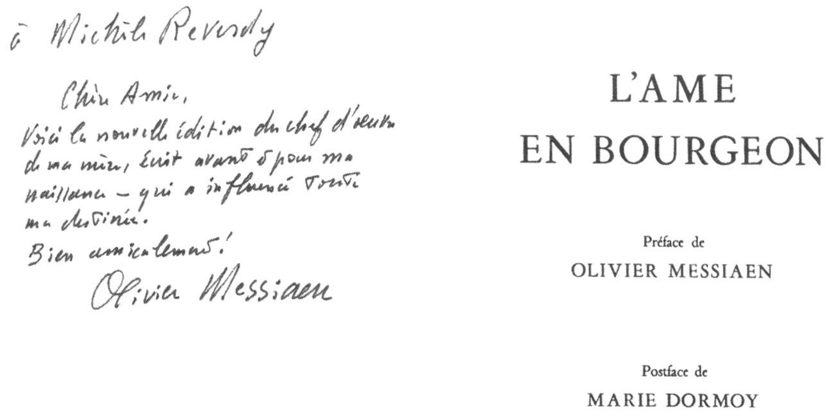

à Michèle Reverdy

Chère Amie,
Voici la nouvelle édition du chef d'œuvre de ma mère, écrit avant et pour ma naissance – qui a influencé toute ma destinée.
Bien amicalement!
Olivier Messiaen

L'AME
EN BOURGEON

Préface de
OLIVIER MESSIAEN

Postface de
MARIE DORMOY

Illustration 40 : Dédicace de Messiaen à Michèle Reverdy.

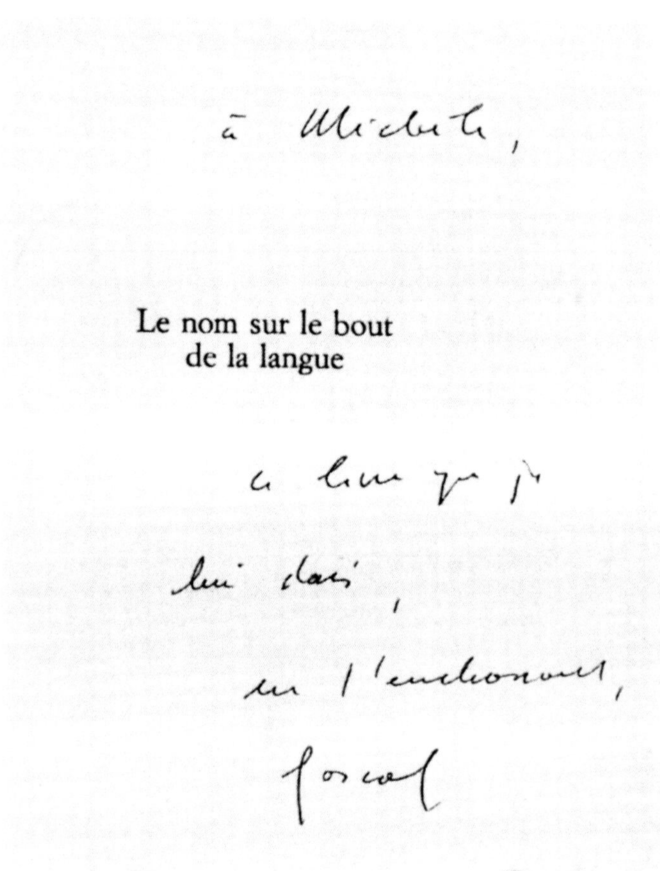

à Michèle,

Le nom sur le bout
de la langue

ce livre que je
lui dois,
en l'embrassant,
Pascal

Illustration 41 : Dédicace de Pascal Quignard.

-10-

Le TROISIEME RECHANT, centre de l'oeuvre, est également le plus varié et le plus développé. Il glorifie l'union totale des amants, ~~dans l'amour charnel~~. Contrairement au deuxième Rechant, celui-ci est richement harmonisé.

Dans une longue introduction en trois phrases (8 mesures + 6 mesures + 5 mesures) - qui mêle la langue imaginaire au français - Olivier Messiaen fait allusion à Viviane qui enferma Merlin dans une prison d'air. La première phrase se présente sous la forme d'une mélodie harmonisée par deux accords en Mode 2, 2ème transposition.
Dans l'antécédent (3 mesures), on reconnait le rythme lfla: dont la dernière valeur est plus longue ici - et qui signifie à la fois "force de vie, le jeu de la création, le rythme et le mouvement." (O.M.)
Le conséquent (4 mesures) est une variation rythmique de l'antécédent.
La deuxième phrase - dont le texte précisément rappelle le mot lfla - est harmonisée par des accords en Mode 7, 5ème transposition, 4ème transposition et 6ème transposition. La variation rythmique se poursuit et l'on remarquera que la période conclusive de cette deuxième phrase - "une caresse" - est une augmentation inexacte du rythme précédent (lui-même étant une variante de lfla).
La troisième phrase, nouvelle variation rythmique en augmentation inexacte, de caractère totalement différent, uniquement en langue imaginaire, adopte une écriture verticale et se présente comme une marche descendante sur deux accords à "renversements transposés sur la même note de basse".

accord de 1ème de dominante sur si, avec mi dièse et la dièse appoggiatures de ré dièse-sol dièse.

même accord, sur la, avec ré dièse et sol dièse appoggiatures.

Dans le premier couplet, quatre matériaux sonores se succèdent: le premier - a), 6 mesures - est construit sur un rythme non rétrogradable dont le noyau central est augmenté - de façon irrégulière - à chaque reprise:

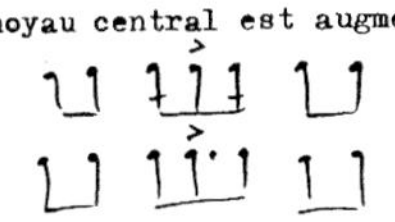

Illustration 42 : Analyse de *Cinq Rechants* annotée de la main de Messiaen.

-12-

Matériau d):

il s'agit d'un canon dans lequel les douze voix entrent successivement sur tous les degrés de la gamme par tons, et dont la formule mélodique, traitée en ostinato, n'est autre que le dessin évoquant la nudité.
Sur les deux mots "magiques"; ~~les amants atteignent la suprême jouissance:~~ deux éclatants accords de neuf sons, soutenus par une percussion, rappellent en l'amplifiant le matériau c): c'est le "climax" de toute l'oeuvre, dont Olivier Messiaen décrit ainsi l'avènement: "L'effet du développement du rythme non rétrogradable se continue et s'accroît d'un long crescendo, s'ouvrant comme une draperie sonore en canon à douze voix aboutissant à un ~~hurlement collectif~~ fortissimo, et retombant sur une douce, souple et caressante coda."

La coda emprunte son thème d'amour à la Turangalîla symphonie - "tous les philtres sont bus ce soir" -. ~~C'est l'apaisement qui suit la jouissance~~. L'enchainement des accords, ~~de septièmes renversés~~, puis la longue tenue finale sur un accord de quarte et sixte de mi majeur - avec sixte ajoutée - ramènent, par leur couleur tonale, le calme et la douceur.

Le QUATRIEME RECHANT fête l'accomplissement de l'amour, toujours inlassablement recommencé.
De caractère sacral, il recrée les âpres accents de certaines musiques extra-européennes.
Contrairement au troisième Rechant, celui-ci est peu harmonisé. Il admet uniquement, à certains moments, un accompagnement d'intervalles de quartes augmentées parallèles.
Dans ce Rechant, la langue imaginaire prédomine.

Le rechant, monodique, chanté par le tutti, est formé d'un antécédent de 4 mesures - qui adopte la structure du rythme ragavardhana rétrogradé:

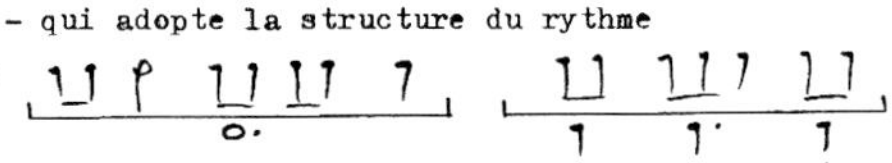

- d'un conséquent (4 mesures) et d'une période conclusive (2 mesures).

Le couplet est très court et ses invocations magiques ne sont pas sans grande analogie avec la première intervention du choeur des femmes au début des Noces de Stravinsky.
L'accompagnement en quartes augmentées n'est pas seulement harmonique, mais il introduit également un thème rythmique, dont la deuxième partie adopte le principe de l'augmentation inexacte:

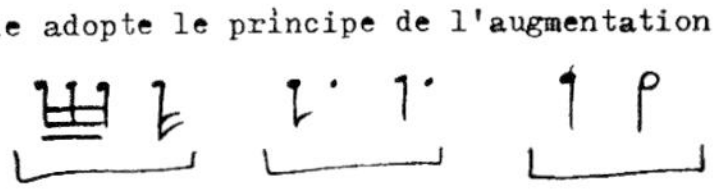

Notes manuscrites en marge : « ajoutez : Matériau d) » ; « supprimez » ; « fortissimo » ; « supprimez » ; « en "2e mode à transpositions limitées" dans la 1re et la 2e transposition) »

Illustration 43 : Analyse de *Cinq Rechants* annotée de la main de Messiaen.

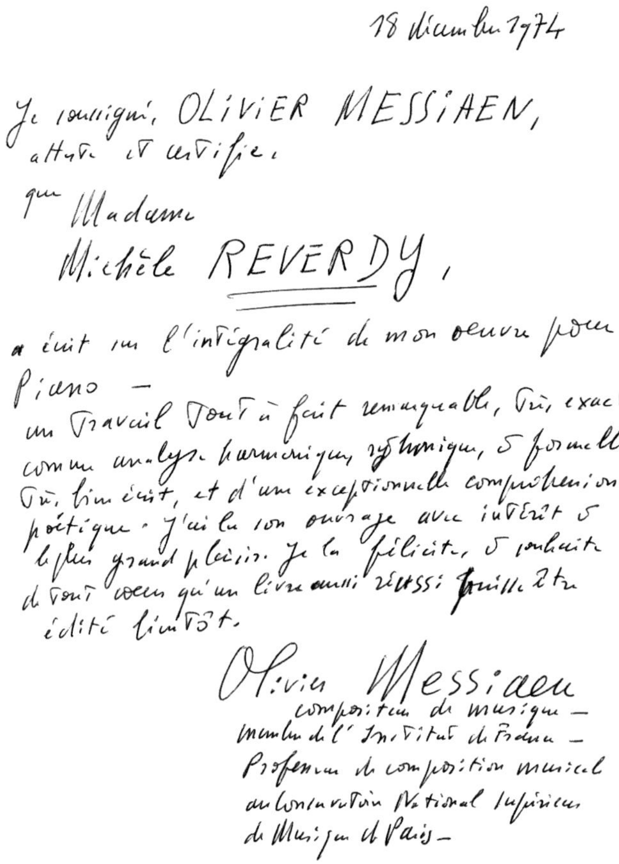

18 décembre 1974

Je soussigné, OLIVIER MESSIAEN,
atteste et certifie
que Madame
Michèle REVERDY,
a écrit sur l'intégralité de mon oeuvre pour piano —
un travail tout à fait remarquable, très exact comme analyse harmonique, rythmique, et formelle, très bien écrit, et d'une exceptionnelle compréhension poétique. J'ai lu son ouvrage avec intérêt et le plus grand plaisir. Je la félicite, et souhaite de tout coeur qu'un livre aussi réussi puisse être édité bientôt.

Olivier Messiaen
compositeur de musique —
membre de l'Institut de France —
Professeur de composition musicale au Conservatoire National Supérieur de Musique de Paris —

Illustration 44 : Lettre de Messiaen, 18 décembre 1974.

Illustration 45 : Michèle Reverdy interviewant Henri Dutilleux, janvier 1988.

Illustration 46 : Michèle Reverdy avec Donatoni, photo dédicacée par Mohror, 1988.

Illustration 47 : Michèle Reverdy avec Sciarrino, Acanthes, 2008.

Illustration 48 : Au travail devant l'Arsenal de Metz, Acanthes 2008 :
Salvatore Sciarrino, Zolt Nagy, Fabio Nieder, Diego Masson, Michèle Reverdy.

Illustration 49 : Michèle Reverdy avec Christian Doumet, Grenoble 1995.

Illustration 50 : Michèle Reverdy avec Bernard Banoun et Pierre Michel, Strasbourg, 2004.

comme à la quatrième question : « Comment s'enseigne la composition musicale ? », où Michèle Reverdy dresse son portrait, en donnant une définition de ce qu'est un compositeur – ou de ce que tout compositeur devrait être, selon elle :

> Deux qualités sont indispensables pour devenir compositeur : avoir de l'imagination, et travailler avec constance et obstination. Il faut aussi avoir le goût de l'aventure, car composer signifie explorer des mondes inconnus, et par ailleurs c'est une action à haut risque car le compositeur engage dans cette entreprise toute sa personne, corps et âme, et livre ce qu'il a de plus intime à ses auditeurs et à ses interprètes. Il faut aussi aimer la musique. L'idée fait sourire ? De nombreux musiciens, et parmi eux des compositeurs, n'aiment pas la musique. [...] On ne devient pas compositeur par orgueil, parce qu'on pense que c'est un métier prestigieux. On devient compositeur par nécessité, parce qu'on ressent violemment le besoin d'exprimer à travers la musique ce quelque chose qu'on porte intimement en soi et qui est aussi et encore de la musique. On devient compositeur parce que ne pas composer signifie la mort, le désespoir [11].

Au travers des différentes réponses de Michèle Reverdy se lisent à la fois ses goûts musicaux, tranchés, et sa généalogie musicale. Aux côtés de ses compositeurs préférés se déploie une chronologie de musiciens jugés admirables, avec en creux une critique vive, et récurrente, des « faiseurs » – terme emprunté à Schoenberg [12] – « qui ont d'ailleurs existé à toutes les époques » [13]. Dans diverses questions, elle n'hésite pas à pointer avec vigueur les problèmes esthétiques du monde contemporain, et l'aversion qu'elle porte aux musiques « néo-tonale » ou « post-moderne », appelées « musiques faciles » [14], traverse l'ouvrage :

> Chaque époque a eu sa querelle des anciens et des modernes. Actuellement, un courant « néo-tonal » envahit le monde musical depuis une vingtaine d'années. Si les nombreux compositeurs qui se réclament de ce courant avaient tiré les leçons de la tradition musicale, ils ne reviendraient pas à un langage éreinté, auquel les musiciens travaillent à échapper depuis déjà un siècle et demi, comme en témoignent de nombreuses partitions considérées par tous comme des chefs-d'œuvre incontournables. Dès l'époque romantique, les œuvres témoignent d'un abandon progressif de ce qu'on appelle les « fonctions tonales », modulant de plus en plus souvent et de plus en plus loin – Chopin, Wagner – jusqu'à en arriver à une écriture détachée de ces repères usés pour en inventer d'autres. Sans vouloir m'attarder sur le cas d'Arnold Schoenberg, immense compositeur particulièrement décrié par ces musiciens pompeusement nommés « post-modernes » sous le prétexte qu'il a inventé et utilisé pendant une période de sa vie le système sériel, je me contenterai de conseiller à ces personnes aux oreilles paresseuses et à l'esprit casanier de se pencher un jour sur l'analyse de la Salomé de Richard Strauss, ou des Trois Poèmes de Stéphane Mallarmé de Maurice Ravel : ils constateront

souvent l'analyse musicale à une enquête policière : pas à pas, nous essayons d'explorer les chemins que le compositeur a empruntés pour composer son œuvre ; parcourir ces itinéraires à sa suite nous permet d'éclairer sa propre démarche. Enseigner c'est faire partager son expérience, sans l'imposer. C'est aussi montrer aux plus jeunes qu'ils peuvent transformer leurs faiblesses en qualités. »

11. Reverdy, *Composer de la musique aujourd'hui*, *op. cit.*, p. 21.

12. *Ibid.*, p. 114.

13. *Ibid.*, p. 135.

14. *Ibid.*, p. 114.

> alors que ces compositeurs qu'ils jugent eux-mêmes incontestables ont abordé dès le début du XXe siècle les rivages empoisonnés du langage atonal... [15]

Ce discours sans concession, animé d'une pointe de ressentiment, touche également le monde de l'avant-garde, et Pierre Boulez, constitué dans ce livre en porte-drapeau, subit tour à tour éloges et critiques féroces. Dans la question traitant des discours sur l'art, il apparaît sous le jour peu flatteur d'un bavard :

> Pour en finir avec les gloses sur l'art, je rappellerai une manifestation qui, dans les années 1990, remua le microcosme de la musique contemporaine à Paris. Depuis plusieurs années, on annonçait à grands renforts de publicité la reprise toujours reportée, ou plutôt la re-création, d'une œuvre de Pierre Boulez : Explosante-fixe. Je me rappelle avoir entendu et aimé la première version de cette œuvre qui, d'après mes souvenirs, devait durer environ une demi-heure, au Festival de la Rochelle en 1974 ou 1975. J'attendais donc avec impatience, comme de nombreux amateurs, la reprise annoncée. Enfin, la soirée tant attendue arriva. Le programme du concert nous prévenait que nous n'aurions pas droit à l'intégralité d'Explosante-fixe dont la partition n'était pas tout à fait terminée, mais que Pierre Boulez, avant de diriger l'œuvre, en donnerait une explication au public, sous forme de « concert-lecture ». Jusque-là, tout allait bien. Boulez commence à analyser l'œuvre, agrémentant ses propos d'exemples musicaux très brefs donnés par l'Ensemble Intercontemporain sous sa direction. L'analyse devient peu à peu fastidieuse, redondante, et le temps commence à nous paraître long. Malgré la fatigue perceptible de la salle, Boulez ne se décide pas à nous faire entendre l'œuvre. Cette glose dure trois quarts d'heure, au terme desquels, enfin, le chef lève la baguette et nous accorde l'insigne privilège d'entendre la re-création d'Explosante-fixe. Durée : cinq minutes. Le concert était terminé. Nous avions le sentiment d'avoir été mystifiés. Ce discours démesuré et ces cinq petites minutes de musique : c'était l'éléphant qui accouchait d'une souris [16].

Les institutions du monde de la musique ne sont pas en reste dans la critique mordante qu'administre Michèle Reverdy. Elle fustige tour à tour les bas salaires et les contrats précaires du Conservatoire [17] ; le rôle de l'administration dans les mécanismes de commande et « le mépris que certains institutionnels peuvent avoir pour le travail de compositeur » [18] ou encore « l'état de l'édition musicale aujourd'hui » [19]. Du reste, elle pointe d'autres difficultés auxquelles le compositeur contemporain est confronté, gagnant moins pour une création demandant un travail de plusieurs mois ou années, qu'un chef d'orchestre dans une seule soirée [20], expliquant que « certains acteurs du monde musical – interprètes, chefs

15. Reverdy, *Composer de la musique aujourd'hui*, *op. cit.*, p. 15-16.

16. *Ibid.*, p. 118. Michèle Reverdy avait rédigé une courte analyse d'*Explosante-Fixe* pour un concert donné dans le cadre du *Festival d'automne* en 1974, dans *Top-Musique*, n° 2, 14 octobre 1974, p. 3-4.

17. « J'enseigne [...] depuis 1983 au Conservatoire National Supérieur de Paris [*sic*] où les professeurs n'ont pas de statut, étant sous contrat d'un an renouvelable et sans aucune progression de carrière. J'ai accepté ce poste en connaissance de cause car j'aime la transmission et le partage, mais aussi parce que les nombreuses périodes de vacances me permettent justement de me consacrer à la composition. [...] Il est difficile de vivre en France avec le salaire que l'État octroie aux enseignants des Écoles supérieures d'art. » (*Ibid.*, p. 119)

18. *Ibid.*, p. 120.

19. *Ibid.*, p. 121.

20. « Que se passe-t-il dans l'esprit des opérateurs culturels ? Ils acceptent de rémunérer les interprètes, dont les cachets sont souvent plus élevés que le montant d'une commande au compositeur. Un jour, j'en plaisantais avec Jacques Mercier, chef d'orchestre, lui disant : "Tu gagnes en une soirée plus que moi pour une œuvre qui m'a

d'orchestre, musicologues, responsables culturels – considèrent le compositeur avec méfiance »[21] :

> D'un côté, observe-t-elle, ils le soupçonnent de vouloir « leur en imposer », de l'autre, ils prétendent que les compositeurs « écrivent souvent n'importe quoi » [et le] voient parfois comme un paresseux plein de morgue qui, de temps en temps, a une idée géniale et pas trop d'efforts à fournir pour la mettre en œuvre[22].

Par surcroît, elle s'insurge contre un monde musical machiste, dans lequel « toute femme susceptible de détenir un quelconque pouvoir est mal admise »[23]. Cette dernière assertion est étayée par maints exemples qui donnent la mesure des situations qu'elle a pu vivre depuis ses années de formation : des femmes écartées de la classe d'initiation à la direction d'orchestre par les responsables pédagogiques du Conservatoire[24], jusqu'à des critiques sexistes dont elle transcrit le contenu :

> C'est impeccable, la musique de Michèle Reverdy, il n'y manque pas un bouton, comme à une blouse de pensionnat [...]. On voudrait – scène de genre – dire comme le mari qui annonce son intention de divorcer à une épouse aussi éplorée que parfaite jusqu'à l'ennui : « Non, je n'ai rien à te reprocher. » [...] Dure, dure, cette fin de siècle : et que dire de ces Oustvolskaïa, voire Goubaïdoulina, qui vous ont volé dans les interviouves [sic] et les congrès le créneau de femme-compositeur-ou-faut-il-dire-compositrice ?[25]

Cet ouvrage s'impose, au travers de ces portes d'entrées multiples, comme une clé d'accès névralgique à l'état d'esprit de la compositrice, au contexte d'éclosion de son œuvre (résultat de commandes, de rencontres, de dialogues avec les autres arts) dans un monde musical complexe dont les rouages sont présentés selon son point de vue particulier.

Pas musicologue, mais tout de même...

Michèle Reverdy, on l'a vu, ne se réclame pas de la musicologie[26]. Pourtant, l'écriture de deux livres analytiques sur Olivier Messiaen et sa participation conséquente à l'une des histoires de la musique les plus diffusées en langue française – celle dirigée par Brigitte et

demandé un an de travail" ; il me répondit : "Mais toi, tu auras la reconnaissance de la postérité !" Cela me fera une belle jambe lorsque je serai morte... Je préférerais pouvoir vivre confortablement grâce à mon métier. Car la composition musicale est un métier, pas un sacerdoce, et les compositeurs ont aussi des fins de mois difficiles. » (*Ibid.*, p. 121)

21. *Ibid.*, p. 36.

22. *Ibid.*, p. 36.

23. *Ibid.*, p. 36.

24. *Ibid.*, p. 37.

25. *Ibid.*, p. 38.

26. On peut ajouter une anecdote pour affirmer cette posture : dans la courte biographie de Michèle Reverdy placée en tête d'un entretien réalisé pour la brochure de présentation des « Rencontres professionnelles sur le rôle du compositeur dans la vie musicale, Lyon 8 et 9 avril 1994 », elle corrige le texte imprimé et barre, ajoutant un « non » imposant, la mention « musicologue » ; le texte commençait en effet par « Compositeur et musicologue, élève d'Olivier Messiaen et de Claude Ballif [...] ». *Le Compositeur dans l'arène : huit compositeurs témoignent*, [s. d.], [s. l.], p. 25, AMR.

Jean Massin – inscrivent une part de son travail dans l'univers des sciences de la musique. Il faut ajouter à ces écrits quelques articles analytiques plus modestes, publiés dans la revue *Analyse musicale*, notamment une « Analyse du *Concerto pour violoncelle* de Ligeti »[27], qui fait suite à l'exposé oral présenté pour son prix d'analyse au Conservatoire de Paris, ou quelques autres analyses de l'œuvre d'Olivier Messiaen, notamment celle des *Cinq Rechants*, récemment parue mais écrite du vivant de Messiaen.

Michèle Reverdy, plus âgée que ses condisciples du Conservatoire, déjà titulaire du CAEM (concours précédant la création du CAPES et de l'Agrégation de musique) était pendant ses études volontiers considérée comme une « intellectuelle ». En 1973, Marcel Bitch, son professeur de fugue, lui conseille de s'inscrire en Sorbonne pour préparer une maîtrise de musique ; elle pense très rapidement à un sujet analytique, sur l'œuvre d'Olivier Messiaen, dont elle n'est pas encore l'élève, mais qui deviendra peu après son maître pour la composition. Ses études antérieures lui valent équivalence du Diplôme d'Études Universitaires Générales, correspondant aux deux premières années de formation à l'université ; on lui demande alors de valider deux certificats de Licence pour obtenir ce grade et débuter une Maîtrise. Son appétit de littérature la conduit à valider un certificat de lettres, dont elle se souvient encore parfaitement du programme qui lui fit découvrir et étudier le structuralisme, Flaubert, Claudel et Éluard. Le certificat imposé, traitant des méthodes de la recherche en musicologie, l'enthousiasme moins, c'est peu dire, puisque l'ennui qu'elle y ressent la conduit à mettre fin à sa formation. Peu attachée aux diplômes et à la reconnaissance institutionnelle de son savoir, Michèle Reverdy écrit tout de même ce qui avait motivé cette entrée à l'université : un essai sur l'œuvre d'Olivier Messiaen.

Par l'entregent de Claude Ballif, Michèle Reverdy présente les résultats de sa recherche devant les immortels de l'Académie des Beaux-Arts, à l'Institut de France, le 17 mars 1976. Messiaen est enthousiaste : le mémoire devient un livre en 1978, signé par « Michèle Reverdy (compositeur) », qui entre temps avait décroché le Prix de composition après trois années dans la classe de Messiaen. L'ouvrage intitulé *L'Œuvre pour piano d'Olivier Messiaen* prend place dans la collection *Au-delà des notes*, « Collection d'explications de Textes Musicaux dirigée par Jacques Chailley », dont il est le septième numéro[28].

Si Michèle Reverdy a écrit cet ouvrage avant d'avoir connu Messiaen, le propos est toutefois très influencé par les propres écrits de son maître. Comment aurait-il pu en être autrement ? Les études sur Olivier Messiaen étaient encore balbutiantes, et Messiaen lui-même avait largement contribué à établir un savoir analytique sur son œuvre via *Technique de mon langage musical*, son ouvrage théorique de 1944, ainsi qu'à travers les préfaces et notes de programmes de ses œuvres, dont il a été pendant longtemps très difficile de s'extraire[29]. La recherche anglaise, notamment au travers des travaux de Paul Griffiths et

27. Michèle Reverdy, « Le Concerto pour violoncelle de G. Ligeti : matériau, mouvement, forme », *Analyse musicale*, n° 6, janvier 1987, p. 80-85.

28. Avant cette publication, la compositrice avait publié une fiche analytique sur les *Visions de l'Amen* : Michèle Reverdy, « Olivier Messiaen : *Visions de l'Amen*, pour deux pianos, *Guide musical*, n° 657, février 1975, p. 31-32.

29. Voir Yves Balmer, « Entre analyse et propagande : les notes de programme d'Olivier Messiaen », dans Michel Duchesneau , Valérie Dufourt et Marie-Hélène Benoît-Otis (dir.), *Écrits de compositeurs : Une autorité en questions*, Paris, Vrin, 2013, p. 27-47.

Robert Sherlaw Johnson, avait sur ce sujet déjà pris le pas sur l'historiographie française, et les recensions que ces deux musicologues firent des ouvrages de la compositrice montrent leur circonspection par rapport aux paradigmes qui ont longtemps été ceux de la musicologie française sur Messiaen[30].

L'ouvrage de Michèle Reverdy étudie un aspect complet de l'œuvre de Messiaen : le répertoire pianistique. L'introduction justifie ce choix : d'une part, c'est un corpus cohérent, mais surtout la jeune compositrice voit Messiaen comme le double héritier de Beethoven et Debussy en ce que, à l'instar de ses deux prédécesseurs, il fait « évoluer le timbre de l'instrument ». Michèle Reverdy s'intéresse ce faisant à « sa démarche qui consiste à sortir l'instrument du rôle purement harmonique qu'on lui assignait tout au long du XIXe siècle et pendant une partie du XXe ». Elle en profite pour « saluer au passage la modernité » des dernières sonates de Beethoven, admiration que l'on retrouvera tout au long de ses écrits. Après une présentation succincte du langage du compositeur, les œuvres y sont étudiées et présentées chronologiquement, des *Préludes* à la *Fauvette des jardins*. Les commentaires concernant cette dernière œuvre sont très directement issus des propos du compositeur, comme l'affirme Michèle Reverdy :

> J'ai eu la chance de prendre quelques notes sur la présentation, par Olivier Messiaen lui-même, de la Fauvette des jardins, pendant l'un de ses cours au Conservatoire de Paris. C'est pourquoi j'insiste davantage, au cours de l'étude de cette œuvre, sur les conditions de sa composition – dont nous a parlé Olivier Messiaen – et je citerai parfois (entre guillemets) les propres paroles du compositeur[31].

Messiaen a largement soutenu le projet. Dès 1974, il avait écrit une lettre attestant la qualité du propos (illustration 44) :

> Je soussigné Olivier Messiaen atteste et certifie que Madame Michèle Reverdy a écrit sur l'intégralité de mon œuvre pour piano un travail tout à fait remarquable, très exact comme analyse harmonique, rythmique et formelle, très bien écrit, et d'une exceptionnelle compréhension poétique. J'ai lu son ouvrage avec intérêt et le plus grand plaisir. Je la félicite et souhaite de tout cœur qu'un livre aussi réussi puisse être édité bientôt. Olivier Messiaen. Compositeur de musique, Membre de l'Institut de France, Professeur de composition musicale au Conservatoire National Supérieur de Musique de Paris[32].

Dans un nouveau courrier, daté de février 1976, il montre à nouveau tout l'intérêt qu'il porte au projet, correcteur attentif et moteur dans la décision de publication qu'il annonce personnellement à Michèle Reverdy (n'oublions pas ici que Leduc était l'éditeur de Messiaen) :

> Chère amie, Je reçois à l'instant une lettre de M. Jacques Chailley, me disant qu'il envisage d'éditer votre travail sur mes œuvres de piano, dans sa collection : « Au delà des notes », collection qui fait partie des éditions Leduc. Il attend que vous lui portiez votre manuscrit, qu'il veut lire avant d'entreprendre l'édition. Il faut donc que vous preniez rendez-vous avec

30. Paul Griffiths, « *L'Œuvre pour piano d'Olivier Messiaen* by Michèle Reverdy », *The Musical Times*, vol. 120, n° 1637, jul. 1979, p. 580 ; Robert Sherlaw Johnson, « *L'Œuvre pour piano d'Olivier Messiaen.* By Michèle Reverdy », *Music & Letters*, vol. 61, n° 3/4, jul.-oct. 1980, p. 350.

31. Michèle Reverdy, *L'Œuvre pour piano d'Olivier Messiaen*, Paris, Leduc, 1978, p. 89.

32. Lettre autographe d'Olivier Messiaen, datée du 18 décembre 1974, AMR.

> lui à ce sujet. Voici son adresse : [...] Je suis très heureux de pouvoir vous annoncer officiellement cette bonne nouvelle. Personnellement, j'ai bien regardé votre étude. Il y a encore quelques corrections à apporter : 1°) Je vois deux préfaces. Une seule suffit. Il faut enlever l'autre et mettre toutes les œuvres à la suite, quelles que soient leurs époques de composition. En adoptant l'ordre chronologique, bien entendu. 2°) Je n'ai pas trouvé la *Fauvette des jardins*. C'est ma meilleure œuvre de piano, la dernière en date, dédiée à mon paysage préféré, à mes oiseaux préférés, à mes couleurs préférées. De plus, elle est éditée chez Leduc ; il faut absolument l'ajouter. Je peux en faire une analyse à la classe si cela peut vous rendre service. Je vous signale que la *Fauvette* existe dans un excellent disque ERATO, joué par Yvonne Loriod et couplé avec les *Sept Haïkaï*, direction Marius Constant. Elle figure aussi dans l'intégrale de mon œuvre pour piano (coffret de 8 disques par Yvonne Loriod, également chez ERATO). Enfin, comme déjà dit ci-dessus, la *Fauvette des jardins* est éditée séparément chez Leduc. Elle n'appartient pas à un 2e « Catalogue d'Oiseaux ». C'est une pièce séparée, en souvenir du paysage qui m'est le plus cher. Dernier détail : la *Fauvette* a été écrite en 1970, tout de suite après la *Transfiguration* pour chœur et orchestre (1965 à 69) et les *Méditations sur le Mystère de la Sainte Trinité* pour orgue (1969). Nous reparlerons de tout cela à la classe. Bravo encore pour votre dernière œuvre d'orchestre. Et toutes mes bonnes amitiés pour vous et votre mari.
>
> Olivier Messiaen[33]

Le regard que s'octroie le maître sur la publication est tangible : Michèle Reverdy apprend dans cette lettre par Messiaen – le sujet de son livre – la décision prise par la maison d'édition de publier. Il intervient dans le texte, indiquant d'ajouter l'une de ses pièces récentes, *La Fauvette des jardins*, aux autres pièces abordées. Incidemment Messiaen propose à Michèle Reverdy d'« en faire une analyse à la classe si cela peut [lui] rendre service ». Cette aide l'invite donc à fonder l'étude qu'elle signera de sa plume, dans un ouvrage d'analyse de la musique de Messiaen, sur l'analyse que celui-ci aura faite devant elle et à son intention dans un cours au Conservatoire. En prétextant l'aide, Messiaen n'indique rien moins qu'une voie exégétique à suivre, une vérité de l'œuvre issue de sa parole de compositeur. Position ambivalente que celle de Messiaen, relecteur et maître attentionné, qui, dans le même mouvement, imprime sa marque aux discours le concernant...

Très vite après la publication de ce premier livre, Michèle Reverdy annonce à Messiaen son nouveau chantier : l'œuvre pour orchestre de son maître. Dans sa réponse, ce dernier lui propose tout naturellement de lui accorder son aide :

> Si vous devez écrire un nouveau livre sur mes œuvres d'orchestre, c'est un grand travail, et il faudrait qu'on se voie quelques heures à ce sujet. Il faut remettre aussi cela après le 3 octobre. Si vous le permettez, en octobre, je vous téléphonerai pour prendre rendez-vous[34].

Deux ans plus tard, l'avancement de l'ouvrage est l'objet de leur correspondance :

> Chère Amie, J'étais en Italie (à Turin) pour plusieurs concerts de mes œuvres (orchestre, orgue, piano, chœur, etc.), et j'ai encore des concerts à Grenoble au début d'octobre. Dès mon retour à Paris, je vous téléphonerai pour prendre rendez-vous, afin que nous puissions regarder votre opéra sur Kafka, et aussi votre travail sur mes œuvres d'orchestre pour Leduc[35].

---

33. Lettre d'Olivier Messiaen à Michèle Reverdy, datée du 15 février 1976, AMR.
34. *Ibid.*, datée du 11 juin 1979, AMR.
35. *Ibid.*, datée du 24 septembre 1982, AMR.

Par sa proximité avec Messiaen, sa connaissance intime des ouvrages théoriques du compositeur, les ouvrages de Michèle Reverdy ont fixé un discours légitime sur l'œuvre, ancré dans les théories et pensées du compositeur. Messiaen ne dit pas autre chose dans une autre lettre :

> Je viens de trouver à l'instant même votre nouveau livre : L'Œuvre d'orchestre d'Olivier Messiaen, paru chez Leduc. Merci pour la si gentille dédicace. Merci surtout pour le livre lui-même. L'analyse de mes différentes orchestrations, avec le détail des rythmes, des harmonies, des couleurs, et l'utilisation des instruments en groupe ou en détail, sans oublier les instruments « insolites » : tout cela est fait avec un soin et une précision extraordinaires !! Je crois que je n'aurais pas fait mieux, si on m'avait demandé d'écrire le livre… [36]

Les rapports qu'ont entretenus Olivier Messiaen et Michèle Reverdy sont intéressants à lire au travers de l'article qu'elle a écrit sur les *Cinq Rechants*. Michèle Reverdy prend l'initiative de contacter Messiaen pour lui soumettre son travail :

> Cher Maître, j'ai été sollicitée par un compositeur allemand, professeur à Berlin, Dr. Heinrich Poos, pour écrire une analyse de vos Cinq Rechants, qui paraîtra dans un ouvrage entièrement consacré à des œuvres pour chœur a cappella, de toutes les époques, intitulé Chormusik und Analyse et qui paraîtra fin 1989 aux Éditions Schott. Avant de lui envoyer mon travail, j'aimerais avoir votre avis sur mon interprétation analytique des Cinq Rechants. Je vous l'envoie donc, et j'espère que cela ne vous ennuiera pas trop de me lire encore une fois ! Quant à moi, je me suis réjouie de faire ce travail qui m'a replongée au cœur de votre musique [37].

Le retour de Messiaen est une lecture précise et minutieuse à laquelle il joint un courrier élogieux, ambivalent toutefois, car il intervient dans le texte par corrections ou suppressions, au moyen d'annotations qui n'empruntent pas le mode de la suggestion ou de la proposition ; non conformes à sa pensée, certaines phrases ou éléments doivent être retranchés ou corrigés :

> J'ai lu entièrement votre analyse des Cinq Rechants. Elle est excellente. J'y ai cependant apporté quelques corrections, qui me semblent indispensables. D'abord, quelques erreurs dans le rythme ou les accords, peut-être par ma faute, parce que je ne donne pas toujours des explications assez claires. Ensuite, j'ai supprimé plusieurs formules sur l'aspect faussement charnel de ma musique : je peux vous assurer que ce sont des choses auxquelles je n'ai jamais pensé, et qui surtout paraîtront ridicules aux lecteurs. Croyez-moi, il faut les enlever. En dehors de ces deux points, votre texte est remarquable. Merci d'avoir tant travaillé pour analyser mon œuvre ! [38]

Messiaen intervient donc à la fois dans le contenu technique (erreurs dans les rythmes et accords) et dans l'herméneutique du texte. Sur ce dernier point, Messiaen est en contradiction directe avec l'un de ses textes de présentation, antérieur, des *Cinq Rechants*. En effet, à plusieurs reprises dans le manuscrit de Reverdy, Messiaen corrige les propos évoquant l'aspect charnel de la musique. Conscient des instances de réception, il indique que, de son propre avis, ces propos « paraîtront ridicules aux lecteurs » ; il justifie surtout la nécessité de supprimer ce passage au prétexte qu'il « n'y a jamais pensé ». Deux points sont intéressants ici : c'est bien, selon Messiaen, dans l'adéquation et la fidélité à la pensée

36. Lettre d'Olivier Messiaen à Michèle Reverdy, datée du 27 juin 1988, AMR.

37. Lettre de Michèle Reverdy à Olivier Messiaen, datée du 19 mars 1989, AMR.

38. Lettre d'Olivier Messiaen à Michèle Reverdy, datée du 25 mars 1989, AMR.

du compositeur que se situe la seule vérité possible de l'analyse ; d'autre part, on observe une contradiction avec une note de programme pour les *Cinq Rechants*, rédigée par Messiaen, vraisemblablement dans les derniers mois de 1949[39], dans laquelle ce dernier emploie précisément le terme d'« amour charnel » qu'il corrige chez Michèle Reverdy quarante années après. Le discours de Messiaen sur ses œuvres n'est donc pas fixe ; sa correction du texte soumis par Michèle Reverdy dépend de l'idée qu'il a de l'œuvre au moment de la correction du texte, ce qui date historiquement la correction. Comme le montre l'illustration n° 42, les points d'analyse qui ne correspondent pas à la pensée de Messiaen sont modifiés ou raturés. Dans l'illustration n° 43, on constate que Messiaen supprime l'ensemble des termes liés à l'amour charnel, thème qui figure pourtant au cœur de ce qu'il est convenu d'appeler la « trilogie Tristan » (*Harawi*, *Cinq Rechants*, *Turangalîla-Symphonie*).

Il faut ajouter à cette analyse que Messiaen dédouane l'auteur du texte en se positionnant comme source du savoir sur son œuvre (« D'abord, quelques erreurs dans le rythme ou les accords, peut-être par ma faute, parce que je ne donne pas toujours des explications assez claires »), ôtant par cette phrase la possibilité d'une analyse propre, détachée d'une origine auctoriale : le savoir sur son œuvre vient de lui et l'erreur lui incombe s'il la constate chez autrui, par défaut d'information initiale. Ce texte n'a jamais paru dans le volume prévu ; à l'occasion du centenaire de la naissance de Messiaen en 2008, Michèle Reverdy l'a publié dans la revue *Analyse musicale*, dans une présentation intéressante : n'ayant pas touché à son texte original, elle a mis en évidence toutes les remarques faites par Olivier Messiaen.

Au sein de sa génération, Michèle Reverdy apparaît certainement comme l'une des personnalités les plus au fait de l'œuvre d'Olivier Messiaen, tant elle a approché intimement ses compositions. La production de Messiaen a constitué l'un des sujets principaux de son activité scientifique ou journalistique ; après deux ouvrages consacrés à son maître, cette ancienne élève, compositeur et professeur d'analyse au Conservatoire, est vite apparue comme l'une des meilleures spécialistes du compositeur, hors du monde universitaire, ce qui l'a conduite à être fréquemment sollicitée par différentes instances. L'influence précise de l'art de Messiaen sur sa propre musique reste cependant à étudier, même si les chapitres 2 et 3 du présent ouvrage posent des premiers jalons en ce sens.

39. « Olivier Messiaen – Cinq Rechants – Pour 12 voix mixtes. (Éd. Rouart Lerolle – Paris) – (durée totale : 19 minutes) – Ensemble vocal Marcel Couraud. Les « Cinq Rechants » sont écrits pour 12 voix mixtes : 3 sopranos, 3 contraltos, 3 ténors, 3 basses – tous solistes. Le mot « Rechant » est une forme archaïque de Refrain : il a été employé par Claude Le Jeune (musicien français du 16e siècle) dans son « Printemps » pour chœur *a cappella*. La forme de chaque pièce est simple : alternance de Refrains et couplets, avec Introduction et Coda. Le tour mélodique évoque à la fois les chants de troubadours du Moyen Âge français (spécialement Jaufré Rudel et Folquet et Marseille), le folklore de la musique hindoue. *Le poème, conçu par le musicien en même temps que la musique, est un poème d'amour charnel* [je souligne]. Il est écrit : soit en français, dans un style surréaliste assez proche de Paul Éluard ; soit dans une langue inventée, dont chaque syllabe a été choisie pour son timbre et pour mettre en valeur le rythme musical. L'écriture vocale, caressante et douce ou furieusement passionnée, exprime plus encore l'union des deux amants. Le rythme a ici une importance considérable et régit totalement poème et musique. Outre l'emploi de rythmes hindous : *miçra varna*, *simhavikrama*, dans le 1er Rechant – *gajajhampa*, *candrakalâ*, *râgavardhana*, dans le 5e Rechant – il faut signaler l'effet du « rythme non rétrogradable » développé par « augmentation des valeurs centrales » dans le 3e Rechant, qui est certainement le passage le plus original de tout l'ouvrage. Mais, je le répète, les « Cinq Rechants » sont 5 chants d'amour, et ce seul mot « amour » en dit plus long que tout commentaire. Olivier Messiaen. » Lettre d'Olivier Messiaen à [destinataire inconnu]. Non daté. [ca. 1949 ?], Mary Flager Cary Music Collection, New York, The Morgan Library.

Portrait de Michèle Reverdy en journaliste musicale

Outre les travaux analytiques de synthèse sur la production de son maître, Michèle Reverdy, actrice polymorphe de la vie musicale française, a rédigé critiques de concert et travaux de journalisme musical, qui témoignent de la position ambivalente de la jeune créatrice, partagée entre sa production artistique et les nécessités du quotidien, et rappellent une époque où la critique pouvait être produite tant par des compositeurs, des interprètes que des journalistes, musicographes ou musicologues, où l'avis des artistes était précieux pour juger l'interprétation et la création contemporaine.

La jeune critique est incisive, iconoclaste, entière dans ses jugements : en conclusion d'un « magnifique concert » de l'orchestre du Conservatoire, dirigé par Sergiu Celibidache, le 15 janvier 1975, elle écrit : « Nous formulerons un dernier désir : que ce genre de concert, où l'on entend vraiment de la musique, sans une seconde d'ennui – et ceci est extrêmement rare –, se renouvelle souvent »[40]. La lecture des nombreux papiers de Michèle Reverdy montre, à maints égards, que l'activité de critique porte la marque de la jeune créatrice ; le compte-rendu qu'elle rédige sur la musique espagnole donnée aux journées de musique contemporaine du Festival d'automne 1974 en constitue un exemple flagrant : « [...] nous déplorons souvent la pauvreté du matériau [des œuvres], et le manque de décision des compositeurs. » Le propos illustre en effet les préoccupations dont l'œuvre de la compositrice sera l'objet : question de cohésion musicale (qui « manque » à Luis de Pablo), de plans orchestraux, de « matières » sonores et de timbres notamment. Comme compositrice, elle confie aux propos de ses homologues le soin de clore son texte, estimant que le créateur se trouve le plus à même de commenter son œuvre : « Il est légitime d'ailleurs de laisser ici le dernier mot au compositeur lui-même »[41]. Critique de disques à l'occasion, Michèle Reverdy ne cache jamais ses goûts. Elle admire Beethoven selon une conception propre aux compositeurs de l'avant-garde (qui réfutent la continuité, dans le parcours beethovenien, au profit de la rupture), évoquant la « vision prophétique du langage musical » des dernières années. Elle regrette par exemple les choix du Juilliard Quartett :

> La conception du Juilliard Quartett à l'égard de ces quatuors reste discutable. On ne trouve pas, dans l'enregistrement, ces brusques oppositions de nuances qui caractérisent le langage de Beethoven et font de son œuvre une perpétuelle action dramatique [...]. Je déplore également une interprétation un peu trop « galante » de certains passages, qui ne sied pas du tout à ces prodigieux Quatuors[42].

Sa critique de l'intégrale de l'œuvre de piano de Schoenberg par Jean-Rodolphe Kars témoigne d'une même logique, où la rupture esthétique doit primer sur la continuité historique ; ainsi concède-t-elle : « Ce Schoenberg langoureux, exagérément "romantique" – au sens sucré du terme –, ces mollesses dans les nuances piano, ces rubatos incongrus [...] n'est pas le mien... » Elle lui préfère l'interprétation de Claude Helffer, qui fait de chaque pièce « une construction belle, pure, et rigoureuse comme une toile de Mondrian »[43].

---

40. Michèle Reverdy, « L'orchestre du Conservatoire révélé par Celibidache », *Guide musical*, n° 658, mars 1975, p. 21.

41. Michèle Reverdy, « Musique espagnole », *Guide musical*, n° 655, décembre 1974, p. 13-14.

42. Michèle Reverdy, « Beethoven : Quatuors opus 95 – 132 – 135 : Juilliard Quartett : R. C. A. », *Guide musical*, n° 656, janvier 1975, p. 32.

43. Michèle Reverdy, « Schoenberg : *L'Œuvre pour piano* : Jean-Rodolphe Kars, EMI C 065-12870 A », *Scherzo : Guide musical*, n° 49, janvier 1976, p. 46.

Collaboratrice régulière au *Panorama de la musique et des instruments* qui a paru entre 1974 et 1980, Michèle Reverdy y pratique, principalement pendant l'année 1976, une activité de journaliste musical. Sa production est fort variée : interviews (par exemple dans le cadre d'une enquête consacrée au chant, dirigée par Odile Martin, notre compositrice moissonne le « Point de vue des professionnels » sur cette question [44]), reportages (à l'instar d'un grand reporter, la compositrice est envoyée en mission, elle visite ainsi à Francfort, « la Mecque des instruments », le Salon International des Instruments de Musique, le plus important au monde, y liste quelques nouveautés organologiques glanées au hasard des stands et établit un état serré de la situation, interrogeant fabricants et importateurs [45]), réflexions sur la vie professionnelle des musiciens (on citera une enquête autour de l'enseignement de la direction d'orchestre, synthétisant les rencontres avec trois jeunes chefs – aujourd'hui connus – au tout début de leur carrière, Gérard Akoka, Jacques Mercier et Marc Soustrot, ainsi que leur professeur au Conservatoire, Manuel Rosenthal [46]), ou encore la tenue d'un feuilleton, plus historique, sur les éditeurs de musique d'alors [47].

On retrouve également Michèle Reverdy à la rubrique « Enseignement » pour présenter les « Nouveaux visages au Conservatoire » : elle y dresse un portrait, fondé sur des entretiens, de Nicole Broissin, Régine Crespin, Odette Gartenlaub, Reine Gianoli, Claude Lavoix [48]. La plume est souvent vive, acérée, comme pour défendre le Conservatoire de Paris, devant ses détracteurs, au premier rang desquels, nommément cité, Pierre Boulez. Elle s'emploie à démonter les poncifs des « ennemis » du Conservatoire, montrant que leur vue est partiale :

> Car c'est malgré tout de cette austère maison que sortent les brillants instrumentistes de notre époque. On y rencontre même quelques enseignants, qui, excellents interprètes, défendent la cause de la musique contemporaine. C'est là enfin, qu'à travers l'enseignement très strict des classes d'écriture, on forme – n'en déplaise à M. Boulez – les meilleures « oreilles » du monde entier. Et si l'on désire devenir compositeur, on a le choix entre des enseignements allant du langage le plus conservateur jusqu'aux disciplines électro-acoustiques. évidemment, rien n'est parfait, mais tout n'est pas aussi noir qu'on se plaît à le dire. Le Conservatoire n'est pas mort [49].

44. Odile Martin, « Comment cultiver son chant : Le rôle des maîtres. Le Sort des élèves », *Panorama de la musique*, n° 18, mai-juin-juillet 1977, p. 47-49. Dans ce cadre, Michèle Reverdy interroge tour à tour Jacques Bourgeois, critique musical, Jean Giraudeau, professeur au Conservatoire de Paris, ainsi que Bernadette Val et Nicole Juy, chanteuses et professeurs au Conservatoire d'Art Dramatique. Michèle Reverdy, « Le point de vue des professionnels », *Panorama de la musique*, n° 18, mai-juin-juillet 1977, p. 48-49.

45. Michèle Reverdy, « Francfort : la Mecque des instruments », *Panorama de la musique*, n° 12, mars-avril 1976, p. 33-36. On citera également une enquête sur « Le livre et la musique : des ambitions limitées », *Panorama de la musique*, n° 20, novembre-décembre 1977, p. 19-21.

46. Michèle Reverdy, « Apprendre à conduire ? », *Panorama de la musique*, n° 12, mars-avril 1976, p. 43-46.

47. Michèle Reverdy, « Les grands éditeurs aujourd'hui », *Panorama de la musique*, n° 12, mars-avril 1976, p. 47-49.

48. Michèle Reverdy, « Nouveaux visages au Conservatoire », *Panorama de la musique*, n° 15, novembre-décembre 1976, p. 53-54. Toujours dans la rubrique « Enseignement », on trouve un portrait de l'ancien doyen de la faculté de musique de l'Université des Arts de Tokyo, Tomojiro Ikenoushi : « Un Japonais à Paris », *Panorama de la musique*, n° 17, mars-avril 1977, p. 40 ; un reportage relatif à « Un Conservatoire national de région à Paris », *Panorama de la musique*, n° 19, septembre octobre 1977, p. 65.

49. Michèle Reverdy, « L'Animation au Conservatoire de Paris », *Panorama de la musique*, n° 13, juin-juillet-août 1976, p. 60.

Étonnante prise de position pour une personnalité hors-norme : Michèle Reverdy est alors doublement attachée au Conservatoire, comme élève de composition chez Messiaen, mais aussi, à cette époque, comme assistante au service des affaires culturelles de cette maison. Travaillant au sein de l'institution, elle défend la « vieille boutique » de la rue de Madrid, prenant un parti opposé à Pierre Boulez, à l'heure de la première saison de l'Ensemble InterContemporain.

La ligne de partage des eaux musicologiques et journalistiques est floue, et c'est à la confluence de celles-ci que naît l'*Histoire de la musique* de Jean et Brigitte Massin, avec lesquels avait travaillé Michèle Reverdy dans le cadre du *Panorama de la musique*. Cette dernière prit une part importante à la publication initialement parue chez Messidor, en 1977, en compagnie des autres collaborateurs qu'étaient alors Philippe Beaussant, Dominique Bosseur, Jean-Yves Bosseur et Marc Vignal. Michèle Reverdy y signe quelques articles sur la musique du XIXe siècle : « De Glinka au "Groupe des Cinq" » ; « Modeste Petrovitch Moussorgski 1839-1881 » ; « Piotr Ilitch Tchaïkovski 1840-1893 », puis prend une place prépondérante dans la quatrième et dernière partie de l'ouvrage intitulée « Les musiques du premier vingtième siècle 1900-1945 » où, en sus du « Liminaire », elle rédige un nombre important d'articles consacrés à Scriabine, Debussy, Fauré, Dukas, Roussel, Ravel, Satie, Janaček, Albéniz, Manuel de Falla, Berg, Varèse. Elle est en outre l'auteur d'une notice sur le groupe des Six. Enfin, dans une ultime section prospective, elle signe de concert avec Jean-Yves Bosseur et Brigitte Massin deux chapitres intitulés « La musique sérielle et ses au-delà » et « La musique éclatée ou les nébuleuses de l'avenir ? » Dans l'ensemble de ces notices, comme ailleurs, Michèle Reverdy ne s'abstient pas de penser en compositeur. Les propos liminaires qui ouvrent les récits d'itinéraires compositionnels à l'aube du vingtième siècle révèlent son état d'esprit, attaché à la logique d'avant-garde et à l'idée de « nécessité » historique[50], distinguant les créateurs entre « figures de proue » et personnalités moins intéressées par l'évolution de la langue musicale :

> Il y a, à toutes les époques, des créateurs dont l'œuvre révèle une recherche structurelle fondamentale et détermine un tournant dans l'histoire de l'art. Au début du 20e siècle, ces figures de proue s'appellent Debussy, Ravel, Bartók, Stravinski [sic], Schoenberg, Berg, Webern, Varèse. Parallèlement, d'autres compositeurs non moins doués – mais ne remettant pas en cause le langage de leur époque – sont à l'origine d'une œuvre faite davantage pour le plaisir des sens. En France, Fauré, Dukas et Roussel se situent dans cette lignée de musiciens respectueux de la tradition[51].

Le discours oscille entre ses différents pôles d'intérêt, proposant à la fois au lecteur des informations positives ou des anecdotes historiques, tout en se concentrant parallèlement

50. Brigitte et Jean Massin, *Histoire de la musique*, Paris, Messidor, 1977, t. 3, p. 143. D'autres textes de Michèle Reverdy témoignent de cet usage de la notion de « nécessité » du compositeur. À propos du *Cerle du vent*, elle écrit : « Le titre se rattache à ma démarche compositionnelle de ces dix dernières années. À savoir, la problématique de la répétition. Depuis le début de l'histoire de la musique, la répétition a toujours eu un charme extraordinaire. Bien entendu avec les formes évolutives qu'on utilise de nos jours il est impossible de répéter textuellement comme on le faisait par exemple dans une reprise d'exposition de sonate. D'ailleurs je n'en ressentirais jamais la nécessité. », dans « Une œuvre – un auteur : *Le cercle du vent* de Michèle Reverdy », *Salabert – Actuel*, n°11, 1989, p. 19.

51. *Ibid.*, p. 156.

sur des points techniques relatifs au langage musical ou à l'orchestration, qui rappellent au lecteur attentif qu'un compositeur tient la plume. Aux activités journalistiques, qui furent essentiellement alimentaires et somme toute limitées, Michèle Reverdy préféra néanmoins la radio.

À LA RADIO

Elle apparaît régulièrement sur les ondes de la radiodiffusion nationale depuis 1974, à la fois comme productrice d'émissions, et comme invitée pour parler de sa musique ou de celle des autres. Régulièrement aussi, ses œuvres ont été diffusées, notamment au moment des créations, souvent précédées d'émissions qui lui ont été spécialement consacrées, comme lors des créations de *Médée* ou *Lac de lune*.

En marge des débuts de sa carrière de compositrice, Michèle Reverdy commence à présenter une émission régulière dès 1976 et à produire ses propres programmes à partir de 1978, à la fois pour France Musique et France Culture[52]. À la faveur d'une grande liberté dans la programmation, elle imprime à ses émissions la marque de ses goûts musicaux, diffusant à plaisir la musique nouvelle, faisant la part belle à de jeunes compositeurs et aux grandes figures de l'avant-garde. L'une des premières émissions produites par Michèle Reverdy, dans la série intitulée *Concert-Lecture*, est consacrée à Anton Webern[53]. En prélude à l'écoute, elle présente le compositeur et s'entretient avec deux des interprètes : Jean-Claude Pennetier, dirigeant ensuite les *Cinq Pièces* opus 10 et le *Concerto* opus 24, puis Alexandre Rabinovitch, interprète des *Variations pour piano* opus 27. L'analyse produite par Michèle Reverdy n'écarte aucune difficulté : elle présente en termes extrêmement techniques les œuvres à suivre, convoquant les notions de timbre, texture, matériau, étudiant les « collections de hauteurs » et le « rôle structurel du matériau intervallique » chez Webern, propos dignes d'une classe d'analyse avancée d'un conservatoire ; une époque où la radio publique pouvait proposer une analyse de plus d'un quart d'heure de l'*Ode à Napoléon* de Schoenberg[54]. Ces concerts-lectures seront, semaine après semaine, consacrés à diverses figures (Wolfgang Amadeus Mozart, György Ligeti, Cristobal de Morales, Ivo Malec, Clément Janequin, Alban Berg, André Boucourechliev, Maurice Ohana, Franz Schubert, Arnold Schoenberg…), parmi lesquelles émergent les compositeurs modernes. Michèle Reverdy ne recule, on l'a dit, devant rien : invitée de l'émission de Jack Vidal *Qui dit quoi à qui ?* en avril 1979, elle répond à des questions d'auditeurs sur la musique nouvelle, en présentant trois œuvres : *Circles* de Berio, *Intégrales* de Varèse et *Polla Ta Dinha* de Xenakis.

52. D'après les catalogues de l'Institut national de l'Audiovisuel, la première émission présentée par Michèle Reverdy, intitulée *Musique plus : concert texte et musique*, est diffusée le 3 octobre 1976.

53. *Concert-Lecture* : « Anton Webern », diffusion sur France Musique, le 8 octobre 1978.

54. *Concert-Lecture* : « Arnold Schoenberg », diffusion sur France Musique, le 29 septembre 1979.

Outre de nombreux portraits consacrés à la compositrice [55], dont certains autoportraits, comme dans les cinq émissions intitulées « Composer, dit-elle... » [56], il faut retenir de l'activité radiophonique de Michèle Reverdy la réalisation de plusieurs grands portraits de compositeurs contemporains, adossés à de longs entretiens. Elle-même considère ces émissions comme les plus réussies de sa carrière : plusieurs heures d'enregistrement, montées avec raffinement, incluant de larges extraits d'œuvres, construisent des synthèses musicales sensibles et denses. Elle s'intéresse à des personnalités aussi différentes que Luigi Nono ou Maurice Ohana. L'émission consacrée à Boulez captive par le récit des rapports à la littérature de ce dernier, notamment à l'*Ulysse* de Joyce ; la voix éthérée de John Cage, la profondeur de la pensée d'Henri Dutilleux constituent de grands moments de radio, plusieurs fois rediffusés. La meilleure émission est peut-être le long portrait consacré à György Ligeti en 1983 : Michèle Reverdy, comme d'ordinaire, tend à supprimer totalement sa présence au montage pour laisser naturellement s'exprimer le maître alors hambourgeois, dans un superbe français. L'ensemble de la production de Ligeti est couvert, par période, le propos n'est que fort peu anecdotique, Michèle Reverdy guidant son invité dans des chemins analytiques questionnant les processus de création. Dans ses émissions comme dans ses textes, elle refuse toute trivialité au profit de la plongée dans l'œuvre, ce que l'introduction d'une esquisse de portrait d'Olivier Messiaen met en lumière :

> Le portrait le plus fidèle que l'on puisse brosser d'un artiste est de faire le portrait de son œuvre : son « moi » le plus secret, combien plus révélateur que le personnage mondain – au sens propre du terme – tel que l'on pourrait le percevoir à travers quelques anecdotes... La meilleure façon de faire connaissance d'Olivier Messiaen est donc de visiter les demeures de sa création [57].

Son double profil de compositrice et femme de radio la conduit à fréquemment participer à des émissions ou débats sur la musique contemporaine. Michèle Reverdy est ainsi invitée à participer à l'émission d'Alain Finkielkraut, *Répliques*. Sur France Culture, elle dialogue le 1er décembre 2001 avec le philosophe et Jacques Drillon, critique au *Nouvel Observateur*, dans une émission intitulée « En avant la musique ! ». L'auteur de *La Défaite de la pensée* y interroge la valeur de l'œuvre d'art dans un monde ayant, selon lui, rendu caduque la hiérarchie entre les œuvres et les genres. Dans cette perspective, un moment du débat est consacré au pluriel ajouté alors à son nom par France MusiqueS, ainsi qu'à la pensée de Claude Lévi-Strauss sur la musique sérielle dans *Le Cru et le Cuit*. On retrouve dans cette émission, comme dans ses écrits, le développement de la pensée de Michèle Reverdy sur ce qu'elle entend être la musique contemporaine, dans laquelle elle diagnostique un « malaise ». Elle note une « double confusion » dans les esprits : la première consiste à « faire

---

55. « Portrait de Michèle Reverdy » dans l'émission « À l'air libre » (France Musique, 26 mars 1994) ; « Concert portrait de Michèle Reverdy » (France Musique, 11 janvier 1994) ; « Spécial Michèle Reverdy » dans l'émission « Mesure, démesures » (France Musique, 26 avril 2000) ; portrait de Michèle Reverdy dans « Comme de bien entendu » (France Musique, 30 avril 2000) ; invitée de « Miniatures » (France Culture, du 9 au 13 octobre 2006) ; invitée de « Papier à musique » (France Musique, 31 mai 2007)...

56. « Composer, dit-elle... », produit et réalisé par Michèle Reverdy dans la série « Au bonheur des gammes », diffusion sur France Musique du 6 au 10 mars 2006.

57. Michèle Reverdy, « Une nouvelle écriture du temps : [Olivier Messiaen] », *CNAC Magasine*, n° 48, nov.-déc. 1988, p. 6-7.

admettre que les musiques de divertissement doivent être considérées sur le même plan que les musiques "savantes" » ; la seconde est la suivante :

> Dans le cadre des musiques « savantes » il y a une forte propension – toujours de la part des institutions et des médias – à encourager les productions les plus faciles – je dirais même les plus racoleuses – sous le prétexte d'attirer le public vers la musique de notre époque, en réalité en le trompant sur la nature même de cette musique, ne lui permettant pas l'accès aux véritables créations contemporaines qui sont laissées dans l'ombre, faute de diffusion [58].

Il s'agit là de la présentation d'un thème majeur de sa pensée, que souvent l'on retrouvera dans ses écrits ou prises de parole publiques. Dans cette optique, la compositrice n'aura du reste jamais de mots assez durs pour la tendance néo-tonale :

> Lorsqu'on refuse la technicité de l'œuvre en prétextant qu'il faut laisser place entière à l'émotion, on ne peut que sombrer dans une terrible indigence de l'expression (je pense à Arvo Pärt qui lui-même dit rechercher une « musique pauvre », je pense à certains répétitifs américains, justement qualifiés de minimalistes, dont les œuvres parfois assez séduisantes dans un premier temps se révèlent bien élémentaires à une deuxième écoute, je pense au pathos ridicule de la musique en accords parfaits de Gorecki) : il y a là un appauvrissement de la pensée dans des musiques d'un accès facile [59].

Michèle Reverdy défend en conséquence la condition spécifique de l'artiste :

> Je savais, étant immergée dans les études musicales, quelle somme énorme de travail supposait la condition de musicien professionnel. Non, nous ne sommes par tous des artistes, car l'art est un métier qui demande une grande discipline et qui exige de longues années de formation. Lorsque je constate que de plus en plus, la société marchande dans laquelle nous vivons met les artistes – surtout les compositeurs – à l'arrière-plan, pour propulser à l'avant de la scène des musiques apparemment plus populaires, je me dis c'est normal : ces musiques rapportent de l'argent, alors que nous, au contraire, nous coûtons très cher à la société. Mais lorsque le ministère de la Culture ou les chaînes de radio nationales privent de plus en plus de leur aide – financière et de diffusion – en dotant ces musiques de divertissement de tous ces moyens qui nous sont enlevés, alors je dis "non". Car ces musiques qui sont des objets de consommation sont déjà soutenues par le marché mondial privé et n'ont pas besoin de l'aide des services publics, contrairement à nous. J'estime que le rôle du service public est précisément d'apporter aux auditeurs ce qui peut leur manquer ailleurs : une culture sonore peut être plus difficile d'accès. [...] C'est prendre le public pour un imbécile et le considérer avec un grand mépris que de lui proposer uniquement des œuvres faciles d'accès. C'est croire que ce public a une énorme paresse intellectuelle alors que j'ai toujours constaté le contraire : conférences, rencontres autour de ma musique et de celle de mes contemporains, j'ai fait de nombreuses émissions de radio dans les années 80 sur la création contemporaine et constaté partout un grand intérêt pour les formes d'art contemporain et une curiosité de connaître les démarches de création [60].

---

58. Brouillons préparatoires à l'émission d'Alain Finkielkraut, AMR.
59. *Ibid.*
60. *Ibid.*

Comme dans la presse ou les écrits musicographiques, les apparitions radiophoniques de Michèle Reverdy sont inclassables car nombreuses : celle-ci ne se cantonne jamais à un seul registre. L'activité radiodiffusée de Michèle Reverdy est de celles qui enjambent les frontières génériques, tant la production et la présentation d'émissions relèvent autant de la sphère journalistique que de la production de savoir, à dimension pédagogique. Ici plus qu'ailleurs, Michèle Reverdy y a développé un discours émanant presque uniquement de ses intérêts, goûts et envies, à la faveur de la liberté que la radio lui accordait.

Être femme

La condition de femme, comme artiste et compositrice, constitue une thématique récurrente des propos de Michèle Reverdy, qui n'a pourtant jamais rien revendiqué. Elle a plutôt été poussée dans cette voie par les émissions radiophoniques qui l'ont convoquée comme témoin ou par les sociologues qui se sont intéressés à « la musique des femmes », et qui ont interrogé les rapports entretenus entre « les femmes et la musique », thème porteur à l'heure des *gender studies*. Étant l'une des rares compositrices contemporaines françaises à faire carrière, aux côtés de Betsy Jolas, Édith Canat de Chizy ou Graciane Finzi, Michèle Reverdy s'est ainsi souvent retrouvée, à son corps défendant, à porter l'étendard des femmes de musique. Mais le discours s'est, chemin faisant, affirmé, car, pour elle, la volonté d'être compositeur s'est heurtée à celle d'être une femme, situation qu'elle compare à celle des femmes en politique[61]. C'est du reste toujours en opposition à tout stéréotype que Michèle Reverdy, qui s'est volontiers prêtée à ces discussions, a réagi : on ne compose pas de la musique de femme, nous sommes des femmes qui écrivons de la musique ! Très différent. Le propos est présent dans *Composer de la musique aujourd'hui*, mais il jalonne également sa carrière, lors d'émissions de radio[62] ou lors de colloques, comme en 2002, où elle participe, à l'IRCAM aux côtés de Laurence Equilbey, de Betsy Jolas et Kaija Saariaho, à une journée traitant de « L'accès des femmes à l'expression musicale ; Apprentissage, création, interprétation : les musiciennes dans la société contemporaine »[63]. Son nom est très fréquemment convoqué dès qu'il s'agit d'évoquer les femmes et la musique, comme sous la plume de son amie psychanalyste, Jacqueline Rousseau-Dujardin[64], ou dans de nombreux ouvrages récents[65]. Notons d'ailleurs qu'elle apparaît, comme membre du jury, à l'European

61. Michèle Reverdy, « Qu'est-ce que vous faites dans la vie ? – Je suis compositrice… », *Circuit : Musiques contemporaines*, vol. 19, n° 1, 2009, p. 15-21.

62. « Les femmes et la création musicale », dans l'émission *Musicomania*, diffusée sur France Musique le 7 mars 1996 ; « Femme et musicienne : comment l'entendez-vous? », dans l'émission *Ouvert le dimanche*, diffusée sur France Musique le 26 juin 2005.

63. *Pédagogie Ircam*, [Brochure de présentation de la saison pédagogique 2001-2002], p. 9.

64. Françoise Escal et Jacqueline Rousseau-Dujardin, *Musique et différence des sexes*, Paris, L'Harmattan, 1999 ; Jacqueline Rousseau-Dujardin, « Compositeur au féminin », *L'Exercice du savoir et la différence des sexes*, Paris, L'Harmattan, 1991, p. 77-97.

65. Anne-Marie Green et Hyacinthe Ravet, *L'Accès des femmes à l'expression musicale : apprentissage, création, interprétation, les musiciennes dans la société contemporaine*, Paris, L'Harmattan, 2005 ; Hélène Seydoux, *Laisse couler mes larmes : l'opéra, les compositeurs et la féminité : essai*, Paris, Ramsay, 1984 ; Pierrette Germain, *Compositrices françaises au XXe siècle*, Paris, Delatour, 2007.

Competition for Music Composition – Women Composers – "Victor Salvi Prize", à Venise, en décembre 2002. Parmi les cinq membres du jury, deux femmes l'entouraient : Gabriella Bosio pour l'Italie, et Jacqueline Fontyn pour la Belgique.

La pédagogue

Le portrait de Michèle Reverdy par ses discours ne pourrait être complet si n'était évoquée une occupation couvrant l'ensemble de sa carrière : l'enseignement. À divers titres, cette activité professionnelle a déjà été évoquée dans les pages précédentes, mais une présentation plus précise des deux voies pédagogiques majeures qu'elle a empruntées est intéressante : celle de l'enseignement de l'analyse et de l'orchestration au Conservatoire de Paris, de 1983 à 2008 ; celle des master-classes ou conférences qu'elle a été invitée à donner régulièrement, à l'académie Acanthes (illustrations 47 et 48), dans les Centres de Formation d'Études musicales, dans divers cadres universitaires (illustrations 49 et 50), ou encore au moment de ses résidences sur lesquelles nous mettrons plus particulièrement l'accent.

L'enseignement au Conservatoire de Paris

La liberté pédagogique laissée aux professeurs du Conservatoire de Paris aurait pu conduire Michèle Reverdy à n'étudier que les partitions intéressant son propre travail ou ses seuls goûts : ses préparations de cours, conservées et classées par périodes historiques dans sa bibliothèque personnelle, montrent l'étendue du contenu qu'elle dispensait à ses étudiants, depuis le Moyen Âge jusqu'à nos jours. Ces documents ne constituent qu'un reflet imparfait du programme des nombreuses années de cours dispensées par la compositrice, mais ouvrent une fenêtre sur ce qu'ont pu être les directions générales de sa pédagogie. La première conclusion que la lecture de ces documents impose est le balayage chronologiquement large ayant présidé à son enseignement : malgré l'absence de bornes chronologiques imposées, les cours analytiques de l'institution débutent fréquemment avec la musique du XVIIe siècle et la figure de Monteverdi. Michèle Reverdy a en revanche présenté à ses étudiants l'histoire de la musique depuis le plain-chant grégorien, la naissance de l'écriture musicale et de la polyphonie. Ainsi trouve-t-on des préparations de cours très développées sur des œuvres anciennes, par exemple plusieurs drames et jeux liturgiques de la période médiévale, à l'image des *Trois Marie*, dont elle effectue une analyse fort détaillée, ou la *Messe* de Machaut.

L'étude de l'imposante bibliothèque musicale de la compositrice montre deux types de préparations de cours : les fiches très cadrées, largement rédigées, correspondent aux quelques années où les instances du Conservatoire avaient imposé un programme commun aux classes d'analyse ; de fait, Michèle Reverdy avait été amenée à travailler un répertoire avec lequel elle était moins familière. D'autres analyses, la plupart en nombre, sont portées sur les partitions : il s'agit de ce qu'elle nomme les « incontournables », œuvres du canon qu'elle a elle-même largement fréquentées, dès ses études souvent, et dont toutes les informations nécessaires à une présentation devant un public étudiant sont écrites sur la partition. Michèle

Reverdy avait une idée bien précise de ce que former une culture musicale signifie ; il fallait pour elle « balayer les compositeurs et œuvres incontournables, comme le *Sacre du printemps*, *Pelléas et Mélisande*, *Tristan et Isolde*..., mais aussi connaître les grands tournants de l'évolution de la langue musicale »[66]. De fait, si « le compositeur n'est pas un archiviste [et] regarde toujours vers l'avenir »[67], le professeur, *a contrario*, conscient que le bon musicien se doit de connaître l'histoire de son art, n'a jamais négligé de prodiguer un savoir large, surplombant le canon musical européen, à même de forger la culture des jeunes interprètes, et ce en tentant de ne jamais faire preuve d'un quelconque prosélytisme en faveur de ses propres goûts. Si plusieurs étudiants avec lesquels nous nous sommes entretenus se remémorent ses goûts prononcés pour l'École de Vienne et sa passion communicative pour l'œuvre de Berg, ils se souviennent également de commentaires d'écoute, certes rapides mais existants, sur des courants très éloignés de ses propres goûts, comme sur les répétitifs américains par exemple. Évidemment, elle présente à ses élèves la musique de nombreux compositeurs de la seconde moitié du XXe siècle ; tour à tour sont évoquées les figures majeures de l'avant-garde : Stockhausen, Cage, Carter, Donatoni, Berio, Kurtág, Boulez, Boucourechliev, Nono, Ligeti, Zimmermann, Dutilleux, Lutoslawski, Dallapiccola, Messiaen, pour n'en citer que quelques-uns.

Ces fiches préparatoires et analyses portées sur les différentes partitions permettent de restituer partiellement les pratiques d'enseignement de l'analyse musicale par Michèle Reverdy : elles témoignent en effet d'un harmonieux équilibre entre le récit du contexte historico-biographique, assez présent, et la seule analyse des extraits étudiés. L'exégèse des œuvres qu'elle produit est largement informée par la biographie ou des écrits de compositeurs, le contexte socio-musical relatif aux œuvres étudiées, des essais musicographiques ou d'esthétique musicale. L'ensemble de ce traitement de l'histoire de la musique occidentale y est fondé sur une historiographie très française, celle de la bibliothèque de la compositrice, exclusivement francophone. La parenté de ces documents avec les préparations pour les émissions radiophoniques est patente : les minutages des séquences à écouter témoignent de l'architecture précise donnée à la séance de classe, entre prise de parole du professeur, écoutes ou commentaires sur partitions. Le dialogue des arts, pratiqué par la compositrice, se retrouve dans ses cours d'analyse : nombreux sont les extraits littéraires, prose ou poésie, qui jalonnent les préparations de cours, ainsi que les tableaux dont les reproductions dialoguent avec des partitions contemporaines. Klee, Kandinsky ou Mondrian, Baudelaire ou Mallarmé sont comme des passerelles tendues vers les œuvres étudiées.

Retour sur les résidences

Parallèlement à son enseignement institutionnel au Conservatoire de Paris, Michèle Reverdy a accepté plusieurs résidences durant les années 1990. Protéiformes, réinventées dans chaque lieu en fonction des acteurs présents, ces résidences sont des master-classes à combustion lente, élargissant le principe de la rencontre avec un artiste à un temps long, souvent une année scolaire. Expériences artistiques, pédagogiques et humaines, ces résidences

66. Michèle Reverdy, conversation privée avec l'auteur.

67. Michèle Reverdy, « Qu'est-ce que vous faites dans la vie ? – Je suis compositrice... », *op. cit.*, 2009, p. 20.

placent le compositeur au centre des activités musicales : la création contemporaine, incarnée par l'artiste, entre dans le conservatoire, dont les élèves, seuls, en petits groupes de musique de chambre, ou en orchestre, chacun selon son niveau, ont ainsi l'occasion d'interpréter une musique récente que le compositeur vivant présente, explique et analyse. Convaincue de l'intérêt de ce dispositif, Michèle Reverdy le défend vigoureusement, tout en appelant à la multiplication de ces résidences :

> En Allemagne, les compositeurs sont très présents dans les conservatoires. Même s'ils y enseignent, c'est en tant que créateurs qu'ils sont accueillis dans les établissements. Chez nous, il faut des résidences pour assurer une telle présence. Dès lors, ces résidences devraient être multipliées. Tout le monde y gagnerait : les élèves, le public, mais aussi les compositeurs eux-mêmes, qui ressentent ici, plus peut-être qu'ailleurs, la nécessité et le bonheur de sortir de leur tout d'ivoire. Les compositeurs qui, tels Beethoven ou Debussy, n'ont été « que » compositeurs, sont peu nombreux dans l'Histoire. Encore cela ne les empêchait-il pas de se tremper dans une vie professionnelle et sociale. Et l'immersion dans un conservatoire présente justement ce double aspect professionnel et social. À Strasbourg, je travaillais avec des interprètes mais, puisque ces interprètes étaient encore des étudiants, leur contact m'a fait toucher du doigt d'autres réalités que celles du « milieu » musical[68].

Ses propres résidences dans plusieurs conservatoires de musique, à Strasbourg (1992-1993), en Bourgogne (1994-1995), puis à Chambéry (1999-2000) sont des moments importants de la vie culturelle locale, une forme de délocalisation de la création contemporaine où, dans un double mouvement, la compositrice reçoit autant (en s'immergeant dans d'autres réalités que celles du monde professionnel de la musique) qu'elle donne : elle apparaît comme une figure mythique auprès des jeunes instrumentistes, enfants et adolescents des conservatoires, et personnage majeur, pendant une année, de la vie artistique d'un territoire. Au plan politique, les acteurs locaux ont déployé de grands moyens pour favoriser, par la décentralisation culturelle, une politique culturelle locale riche[69]. Au plan musical, la résidence est une aventure artistique, sous le signe du partage autour de la création :

> Mettre en contact direct les apprentis musiciens avec la musique d'aujourd'hui est une des tâches prioritaires des écoles de musique. Participer à la création artistique aux côtés d'un compositeur vivant est une expérience riche qui permet aux étudiants comme aux enseignants d'être acteurs d'une démarche musicale, d'en comprendre le cheminement et de vivre sa diffusion[70].

---

68. *Le Compositeur dans l'arène : huit compositeurs témoignent*, [s. d.] : [s. l.], *op. cit.*, p. 27

69. Concernant la résidence en Bourgogne, voir Michel Huvet, « La Bourgogne à la portée de Michèle Reverdy », *Le Bien Public*, jeudi 29 septembre 1994. La résidence en Bourgogne rassemblait notamment l'Atheneum de Dijon, l'Université de Bourgogne, le Conservatoire national de région de Dijon, l'Espace des arts de Chalon-sur-Saône, les écoles et collèges de Dijon, Talent, Sombernon pour offrir la « Résidence en Bourgogne » de Michèle Reverdy. Cet événement a été présenté à Paris, à la SACEM, par le maire de Chalon-sur-Saône, alors ministre des Dom-Tom, Dominique Perben, et Claude Patriat, directeur de l'Atheneum. De fait, Michèle Reverdy confirme que les barons politiques locaux se sont toujours intéressés à ses résidences, en assistant à différentes manifestations, à l'instar de Michel Barnier en Savoie. De même, Henri Emmanuelli était présent à Dax pour la création de la *Messe pour la paix*.

70. Présentation de la résidence de Michèle Reverdy dans le programme de la saison 1999-2000 de l'École nationale de musique de Chambéry.

Les résidences de Michèle Reverdy sont des événements riches. Lors de la résidence strasbourgeoise, invitée conjointement par le festival Musica et le Conservatoire National de Région de Strasbourg, à l'origine du projet, la compositrice a passé une semaine par mois dans la capitale alsacienne. Son rôle consistait d'une part à endosser le rôle d'un professeur invité de musique de chambre ou d'ensemble afin de faire travailler ses propres œuvres aux étudiants du Conservatoire. Les élèves affrontèrent ses œuvres existantes, certaines très difficiles, qui ne constituaient pas des pièces « pédagogiques ». D'autre part, au contrat de la résidence s'adossait la commande d'une œuvre nouvelle, avec comme unique contrainte de prévoir deux violoncelles soli. La compositrice a fait appel à tous les étudiants intéressés par le projet de jouer dans une création et a, en fonction des réponses, composé l'orchestre de sa future pièce, *Les Gémeaux*. Cet appel à candidature explique la formation très originale retenue par la compositrice, prête, on le voit, à multiplier les contraintes dans l'intérêt des étudiants du Conservatoire : un quintette de flûtes, un quatuor de saxophones, un cor, deux clarinettes, trois percussions, un cymbalum, des cordes pincées (issues du département de musique ancienne), une contrebasse.

À ces deux volets principaux de la résidence s'adjoignent une série de cours d'analyse et de conférences sur des œuvres ou divers aspects de sa pensée, ainsi qu'un atelier d'initiation à la musique. Dans ce cadre de résidence, voici ce qui importe le plus à Michèle Reverdy :

> Montrer aux jeunes – qu'ils soient futurs musiciens professionnels ou non – que la musique que je compose n'est pas en rupture avec le passé… La résidence est […] un moment privilégié où l'on s'arrête et où l'on observe. L'exigence des jeunes, qui, face au compositeur et à son œuvre, font preuve d'une insatiable et attachante curiosité, devient alors le ferment d'une réflexion qui va nourrir l'œuvre à venir[71].

Une émission spéciale sur France musique a été consacrée à la résidence de Chambéry, où l'on entend Michèle Reverdy présenter à des enfants son œuvre *Le Nom sur le bout de la langue* : une pédagogie forte où la considération pour le jeune public passe par une exigence qui se perçoit dans la qualité du contenu[72]. Dans ces résidences, on observe une pédagogie qui s'adresse à tous, qui met le public aux prises avec la musique contemporaine, sans rien édulcorer de la difficulté de cette entreprise artistique. À Chalon-sur-Saône, elle présente ses œuvres durant une journée entière, traitant en matinée de son propre parcours et de son esthétique ; et exposant l'après-midi une analyse de chaque partition interprétée dans la ville pendant l'année de résidence à venir ; un programme dense et exigeant devant lequel ni les programmateurs ni la compositrice n'ont reculé.

Michèle Reverdy vit ces résidences comme un apostolat. En proposant à de jeunes interprètes de jouer de la musique contemporaine, alors que leur apprentissage s'est quasiment exclusivement fondé sur les répertoires des siècles passés, une mutation se produit, une projection dans un nouveau futur d'interprète qui inclut la musique récente

71. Propos de Michèle Reverdy rapportés dans l'entrefilet « Résidence musicale », paru dans *Chambéry magazine : journal municipal*, n° 12, février 2000, p. 5.

72. « Spéciale Michèle Reverdy, dans le cadre de sa résidence à Chambéry », dans l'émission « Mesure, démesures », France Musique, 26 avril 2000.

comme champ possible d'intérêt. Au sujet de sa résidence à Strasbourg, dont trois concerts dans le cadre du festival *Musica* furent le point d'aboutissement, elle conclut :

> Les jeunes interprètes ont adopté ma musique avec spontanéité – et courage, car elle est techniquement très difficile – et ils ont donné la preuve que l'on peut entrer dans l'univers d'une œuvre du xxe siècle sans *a priori*, pour en faire tout simplement de la musique. Jamais ces jeunes gens, avec lesquels j'ai eu tant de plaisir à travailler, ne reviendront en arrière. Jamais on ne les entendra dire – ce que malheureusement on entend trop souvent, même parmi les musiciens ! – que « la musique de notre époque, c'est n'importe quoi » ! [73]

La résidence permet donc à Michèle Reverdy d'opérer une greffe sur les jeunes oreilles.

Outre les nombreux projets musicaux – une grande partie de l'œuvre de musique de chambre de Michèle Reverdy est exécutée par les étudiants des conservatoires –, les trois résidences ont été assorties de nombreuses conférences qui ont animé la vie culturelle locale. C'est certainement la résidence bourguignonne qui a le plus développé cet aspect, avec des séances à la destination du « grand public », aux élèves du Conservatoire, et surtout aux étudiants de DEUG [74] et Licence de l'Université de Bourgogne. Quatre grandes conférences de Michèle Reverdy traitent du « temps musical » dont, en bonne élève de Messiaen qui consacre l'ensemble du premier tome de son *Traité* à cette même question [75], elle développe une pensée personnelle présentée ainsi : « Je tente de rendre compte du monde dans lequel nous vivons : les temps différents se télescopent, les espaces se succèdent à grande vitesse et finissent par être perçus concomitamment, tout cela par une conscience unique. » Elle propose également à l'université des conférences sur « la forme », « l'opéra », « timbre, couleur, matière » [76].

Parmi les autres événements, la résidence bourguignonne comprend une exposition consacrée à la compositrice et constituée par le Centre de Documentation de la Musique Contemporaine, un « Portrait Reverdy » réalisé par l'ensemble Accroche Note, et une journée d'étude sur la thématique « texte et musique », animée par le musicologue Pierre Michel, avec les compositeurs Michèle Reverdy, Tôn-Thât Tiêt et André Bon, l'écrivain Jacques Drillon et l'universitaire Bernard Banoun. Michèle Reverdy offrit en sus à l'Université de Dijon un cycle original, couvrant l'année universitaire où, dans une même séance, autour d'une thématique, elle étudie une œuvre du répertoire, proche de ses goûts, ainsi que l'une de ses propres œuvres. Parmi les thématiques proposées : « Exigence de l'écriture » (avec une présentation de la *Symphonie n° 41* de Mozart, et son propre *Scenic Railway* pour seize instruments) ; « La forme, résultante de la matière sonore » (Beethoven, *Sonate* pour piano, opus 53, « Waldstein », et son propre quatuor *L'Intranquillité*) ; « L'enfance » (*Enfantines* de Moussorgsky, et ses *Propos félins* pour chœur d'enfants et orchestre à cordes) ; « La magie du chiffre » (Bach, *L'Art de la fugue*, et son trio avec piano *En Terre inconnue*) ; « Formes

73. Propos introductifs de Michèle Reverdy, dans *Résidence 1994-1995 : Michèle Reverdy : Un compositeur en Bourgogne*, p. 1 [notice de présentation et programme de la résidence].

74 Diplôme d'Études Universitaires Générales, sanctionnant en France de 1973 à 2006 un niveau de deux années d'études après le baccalauréat.

75. Olivier Messiaen, *Traité de rythme, de couleur et d'ornithologie*, tome 1, Paris, Leduc, 1994.

76. Conférences rédigées dans un cahier à spirale manuscrit intitulé « Résidence en Bourgogne : 1994-1995 : conférences », AMR.

évolutives » (Debussy, *Jeux*, et son propre *Le Cercle du vent* pour orchestre) ; « Les Couleurs de l'orchestre » (Bartók, *Concerto pour orchestre* et son propre *Concerto pour orchestre*) ; « L'Opéra au 20e siècle » (Berg, *Wozzeck*, et *Le Précepteur*).

L'ensemble de ces conférences est conservé dans un cahier, où toutes les séances se suivent chronologiquement : s'adressant à des étudiants en musicologie, Michèle Reverdy construit des cours techniques, dont les préparations ressemblent fort à celles des cours destinés aux étudiants du Conservatoire de Paris. Le cours consacré à *Scenic Railway* présente une analyse détaillée des différentes sections de la pièce. À l'opposé, il est intéressant de lire une conférence sur la même œuvre, destinée à un public bien moins spécialisé, conservée dans le carnet de composition même de *Scenic Railway*. La comparaison des deux conférences illumine les facultés d'adaptation de la compositrice à ses différents publics ; pourtant, cette dernière propose un discours qui, certes plus allusif, tente toujours d'analyser précisément ce qu'est la matière musicale. Dans cette conférence, après une écoute de *Scenic Railway*, elle se propose de « parler de l'élaboration / la "cuisine" » de l'œuvre tout en gardant à l'esprit que « ce qui compte, c'est le son », dont elle précise qu'il est l'horizon unique pour le compositeur : « Je suis gourmande, boulimique même de beauté sonore. De raretés sonores. Et j'aime les instruments. » Le lien avec les interprètes, seconds créateurs de l'œuvre après elle-même, succède à l'évocation de ce premier pas comme une partie essentielle de son travail : « Après la phase solitaire, il y a cette seconde naissance de l'œuvre, la plus belle, la plus émouvante, et là, je ne suis plus seule. Et ça, ça me plaît profondément, ce travail de groupe. » La structuration d'une œuvre fait ensuite l'objet d'explications : dans le travail de composition, « l'artisanat » est jugé « primordial, car c'est lui qui donnera sa force à l'œuvre, sa "colonne vertébrale" ». La question centrale du temps est l'objet d'une explication plus longue :

> Je suis persuadée qu'il faut, en musique, parfaitement bien structurer l'espace du temps. La musique est un art de la durée et le temps, le rythme sont des paramètres essentiels. [...] Dans ce sens, je dirais que j'écris généralement des œuvres de caractère dramatique. Des œuvres où il se passe quelque chose, des œuvres où l'écoulement du temps est ponctué par des événements. Je calcule très précisément l'arrivée de ces événements auxquels j'attribue une certaine hiérarchie, ou bien je détermine avec la plus grande exactitude le moment où va changer la matière sonore, ou encore les moments de passages, de glissements d'une matière à l'autre. Souvent j'utilise la proportion dorée. Mais toujours je fais l'expérience de ces structurations du temps en me « relisant » mentalement l'œuvre dans le temps vécu.

Michèle Reverdy explique ensuite la manière dont elle conçoit son matériau musical :

> Le matériau : économique. Choix de quelques accords. Soutenir toute l'harmonie de l'œuvre. Choix de certains motifs mélodiques puis travail de développement sur ce matériau : recherche d'unité [...] J'aime beaucoup la mélodie. Je crois que ma musique est très mélodique. Construction : cellules de base. Développement.

Au final et avant tout, c'est le son qui compte :

> J'essaie toujours de garder à l'esprit que la musique est faite pour les oreilles ! [...] On a tendance à perdre de vue que l'on travaille sur un matériau sonore. Il faut se faire violence pour y revenir. Et je me rends compte, en écoutant la musique des autres, que très peu de

> compositeurs gardent cette exigence au 1er plan de leurs préoccupations. On a trop tendance à se laisser entraîner par la belle écriture, qui ne sonne pas.

La transcription partielle de l'architecture de cette conférence, au travers de notes jetées sur un coin du carnet de composition de l'œuvre, affirme la différence de contenu entre les analyses que Michèle Reverdy propose, mais illustre sa volonté permanente d'expliquer son travail, de faire pénétrer le public dans ce que peut être l'atelier du compositeur au moment de la création.

En résidence comme dans ses cours ou à la radio, la musicienne manifeste bien un double désir de communication et de transmission : par des mots simples, elle veut dire ce qu'est son art, échanger et partager avec des auditeurs. Façon salutaire de conjurer l'« intranquillité » créatrice et de favoriser la réception de son œuvre, tout en faisant du verbe le complice du son.

POSTFACE

LE MUSICOLOGUE ET LE COMPOSITEUR

Rien de plus aisé, en apparence, que d'entreprendre un ouvrage sur Michèle Reverdy. Travailler auprès d'elle se révéla toujours agréable tant elle montra une disponibilité constante à notre égard, heureuse de parler de son œuvre et de partager son expérience musicale. Elle-même attendait avec une certaine impatience la parution de la première monographie consacrée à son œuvre. C'est dire si elle adhéra d'emblée au projet. Mieux : elle nous ouvrit grandes les portes de sa bibliothèque et de ses archives – boîtes de correspondance intime et certains documents d'ordre privé mis à part. Elle nous fit toute confiance en nous laissant même les clés de son appartement parisien, tandis qu'elle partait composer à la campagne.

Notre entreprise fut encore facilitée par le classement chronologique très attentif de ses archives : à chacune de ses œuvres correspond un dossier rassemblant divers documents (cahiers d'esquisses, manuscrit, partition éditée, analyses, dossiers et revues de presse, programmes de concerts, affiches...). Mais à côté de cette organisation millimétrée, relative à la production purement musicale, il nous fallut par nous-mêmes rassembler certains ensembles auxquels elle n'attache que peu d'importance au regard de l'intérêt qu'y trouve le musicologue : documents liés à ses activités journalistiques, radiophoniques, pédagogiques, notes de cours, textes de conférences, photographies, etc.

Notre entreprise dépendit donc en partie de témoignages oraux et de documents constitués comme tels par la compositrice : ce fut à la fois une formidable chance – et une difficulté redoutable. Car malgré la grande disponibilité et l'enthousiasme dont elle fit preuve constamment, nous fûmes à la merci des choix qu'elle avait opérés. Nous fûmes ainsi surpris de découvrir de nouveaux éléments, à nos yeux essentiels, au cours d'entretiens tardifs et en discutant à bâtons rompus, jusqu'au moment même de la relecture de cet ouvrage. Un élément aussi instructif que l'autobiographie inachevée qu'elle rédigea en l'an 2000 nous fut par exemple livré à la fois incidemment et tardivement. Du côté des documents, il nous fut difficile de travailler en dehors de ses propres archives dans la mesure où les seules sources consultables sont quasiment toutes la propriété de la musicienne. Presque aucune source extérieure à la sphère du compositeur ne pouvait venir enrichir notre dossier documentaire. Conscients de cette contrainte, nous cherchâmes à minimiser l'implication de la compositrice dans l'écriture de cet ouvrage : en limitant, notamment, les citations tirées d'entretiens personnels, en cherchant à passer musique et documents par le prisme d'un regard distancié, et en nous forçant à analyser également le discours que Michèle Reverdy tient sur elle-même comme sur son œuvre.

Une autre difficulté surgit alors. Car, chemin faisant, nos rencontres avec la compositrice nous conduisirent à nouer des relations de plus en plus cordiales et amicales. Comment, dans ces conditions, conserver une position de neutralité intellectuelle, vers laquelle nous souhaitions tendre ? Comment analyser les œuvres et les sources sans nous faire le simple porte-voix de son discours ? Comment peindre un portrait qui ne se résume pas à l'image qu'elle se fait d'elle-même ? Comment, en d'autres termes, concilier l'empathie inévitable pour notre sujet et la rigueur souhaitée pour notre démarche ? S'il est difficile d'écrire sur un artiste vivant sans accepter de participer soi-même à l'histoire, sans consentir à être soi-même créateur de valeur ou producteur de reconnaissance, la recherche de l'objectivité fut pour nous un horizon, à défaut d'être un but. Nous eûmes à cœur de brosser un portrait qui ne masque pas les aspérités, de dessiner une trajectoire qui renonce à toute forme de téléologie en prenant aussi en considération ses aléas ainsi que son inévitable inachèvement. Et en restant conscient que l'historien ou l'analyste peinent à ne pas impacter sur le milieu qu'ils observent.

De ce point de vue, le travail en binôme nous permit de nous interroger constamment sur ces questions, qui nous semblaient essentielles par rapport à la chance et aux difficultés conjuguées que représente la rédaction d'un ouvrage sur un compositeur vivant. Voilà pourquoi nous prîmes le parti de n'écrire, en fin de compte, ni une biographie, ni une étude analytique, mais un portrait, diffractant la matière à travers des approches complémentaires, ne figeant point une image définitive de la musicienne et de son œuvre, proposant des entrées complémentaires plus qu'un récit constitué, des clés de lecture plus qu'une analyse définitive. Le titre même du premier chapitre, le plus biographique de tous, en témoigne : la notion de « trajectoire » renvoie à l'inachèvement et à la direction générale d'un parcours créateur dont nous ne voulions ni ne pouvions faire le récit ; symétriquement, le quatrième chapitre emprunte des sentiers moins nobles *a priori* que le portrait d'apparat en créatrice, afin de dévoiler une image différente de la musicienne en décentrant le propos vers des activités périphériques, qui n'en éclairent pas moins, notamment par ses écrits, le portrait d'ensemble. Entre ces deux chapitres organisant la matière « biographique » nous voulûmes aborder les œuvres sous plusieurs facettes stylistiques, esthétiques, analytiques ou génétiques, brossant un autre portrait de la musicienne, à sa table de travail, cette fois-ci. Cet ensemble fragmentaire, suscitant échos et miroirs, tissant vie et œuvre, conjuguant le poïétique et l'esthésique, constitue notre réponse, sans doute provisoire, à la question qui assaille tout musicologue lorsqu'il accompagne un compositeur sur le chemin contingent et transitoire du devenir.

ANNEXES

ANNEXE I

CATALOGUE DES ŒUVRES DE MICHÈLE REVERDY [1]

A. Œuvres pour un seul instrument

RA1 – *Figure* (1976) pour piano
Création: le 27 avril 1977 à Paris, ARC, par Jean-Bernard Dartigolles.
Durée: 9 minutes
Partition: Éditions Alphonse Leduc

RA2 – *Number One* (1977) pour guitare
Commanditaire: écrit à la demande de Pierre Laniau pour guitare à dix cordes, puis retranscrite pour guitare à six cordes.
Création: le 17 février 1978 à Radio-France (Paris) par Pierre Laniau.
Durée: 6 minutes
Partition: Éditions Salabert

RA3 – *Fantasia* (1985) pour flûte(s) – *ut*, basse, octobasse
Création: le 23 janvier 1986 au Conservatoire Supérieur de Musique de Barcelona (Espagne) par Gérard Garcin.
Durée: 5 minutes
Partition: inédite. Archives Michèle Reverdy

---

1. Le classement est proposé par genre et, au sein de chaque section, par ordre chronologique. Le référencement des œuvres associe donc la lettre « R » (Reverdy), puis la lettre de la section concernée, puis un chiffre. Pour chaque opus, le classement précise le commanditaire (le cas échéant), la date de création et les interprètes de la création (dans la mesure du possible), la durée, et l'éditeur de la partition. Pour les partitions symphoniques, l'effectif est précisé avant la date de création ; pour les partitions vocales, on précise la source littéraire ; pour les partitions théâtrales, axe majeur du catalogue de la compositrice, on ajoute quelques précisions supplémentaires concernant la structure, les reprises, les rediffusions.

RA5 – *Triade* (1986) pour guitare
Création : le 24 octobre 1986 au Festival de Brême (Allemagne) par Rafaël Andia.
Durée : 8 minutes
Partition : Éditions Transatlantiques

RA6 – *Pas de panique n° 1* (1987) pour piano
Commanditaire : ministère de la Culture pour l'épreuve de déchiffrage du Certificat d'Aptitude de directeur de Conservatoire.
Création : 1999, en concert privé chez Jacqueline Rousseau-Dujardin par Vincent Leterme (piano).
Durée : 3 minutes
Partition : Éditions Alphonse Leduc

RA7 – *Cyclades* (1988) pour clavecin
Création : le 16 mars 1989 à Limoges (France) par Olivier Baumont.
Durée : 9 minutes
Partition : Éditions Alphonse Leduc

RA8 – *Capricho* (1990) pour clarinette en *si* bémol
Création : le 11 novembre 1991 à Bilbao (Espagne), Festival *Musica del Siglo XX*, par Jesus Villa-Rojo.
Durée : 3 minutes
Partition : Éditions Musicinco (Madrid) dans « El clarinete actual »

RA10 – *Messe pour les Blancs Manteaux* (1990) pour orgue
Commanditaire : commande de l'État
Création : le 15 avril 1990 à l'église Saint-Séverin (Paris) par Georges Guillard.
Durée : 18 minutes 30
Partition : en ligne aux éditions Babelscores Contemporary Music Online (www.babelscores.com/michelereverdy)

RA11 – *It didn't crash !* (1991) pour clarinette basse
Création : le 23 avril 1991 à Witten (Allemagne) par Armand Angster.
Durée : 7 minutes 30
Partition : Éditions Les Cahiers du Tourdion

RA12 – *Pas de panique n° 2* (1992) pour trombone
Commanditaire : ministère de la Culture, épreuve de déchiffrage pour le Certificat d'Aptitude de trombone.
Création : pièce pédagogique, pas d'exécution publique
Durée : 1 minute 30
Partition : Éditions Alphonse Leduc

RA13 – *Rencontres* (1994) pour alto
Commanditaire : Conservatoire National Supérieur de Musique et de Danse de Paris, pour le concours des Prix.
Création : novembre 1995, par Laurent Verney, à Radio-France (Paris).
Durée : 8 minutes
Partition : Éditions Billaudot

RA14 – *Am Stram Gram* (1996) pour flûte
Commanditaire : Conservatoire National Supérieur de Musique et de Danse de Paris, pour le concours des Prix.
Création : concours des Prix du Conservatoire, 16 juin 1997 (Sabine Morel, premier Prix à l'unanimité).
Durée : 5 minutes
Partition : Éditions Alphonse Leduc

RA15 – *Solo* (1996) pour grand marimba
Création : le 31 janvier 1998 à Radio France (Paris) par Emmanuel Séjourné.
Durée : 8 minutes
Partition : Éditions Alphonse Leduc

RA16 – *Quatorze Poignées d'argile* (1999) pour harpe
Commanditaire : Festival de Gargilesse.
Création : le 26 août 2000 à Gargilesse (France) par Isabelle Moretti.
Durée : 10 minutes
Partition : Éditions Alphonse Leduc

RA17 – *Cinq pièces pour violoncelle* (2004)
Création : le 30 avril 2005, à la Chapelle des Dominicains à Dijon (France), par Marc Coppey.
Durée : 15 minutes
Partition : Éditions Alphonse Leduc

RA18 – *Le Cheminement d'un timbalier (étude pour quatre timbales)* (2010)
Création : le 28 mars 2011 à l'Adagio de Thionville (France) par François Moreau.
Durée : 3 minutes 30
Partition : en ligne aux éditions Babelscores Contemporary Music Online (www.babelscores.com/michelereverdy)

B. Musique de chambre

RB1 – *Kaléidoscope* (1975) pour flûte et clavecin
Création: en 1976 à Radio-France (Paris) par Pierre Roullier et Noëlle Spieth.
Durée: 6 minutes
Partition: Éditions Salabert

RB2 – *Tetramorphie* (1976) pour alto et percussion
Création: le 18 novembre 1976 à Radio-France (Paris) par Jezdimir Vujicic et Robert Rey-Campagnolles.
Durée: 10 minutes
Partition: Éditions Alphonse Leduc

RB3 – *Le Rideau bleu* (1978) pour flûte (*ut*, piccolo, alto en *sol* et basse), clarinette (*si* bémol et basse), violon, violoncelle, piano
Commanditaire: commande de l'État.
Création: le 9 février 1981 à Radio-France (Paris) par l'Atelier de musique de Ville d'Avray: Marie-Christine Millière (violon), Jacques Wiederker (violoncelle), Patrice Bocquillon (flûte), Jacques Di Donato (clarinette), Alain Motard (piano), Jean-Louis Petit (direction).
Durée: 12 minutes
Partition: inédite. Archives Michèle Reverdy

RB4 – *Arcane* (1979) pour clarinette, violon, violoncelle, piano, percussion
Création: le 20 mars 1980 par le Laboratorio de Interpretacion Musical (LIM), Institut Français de Madrid (Espagne): Jesús Villa Rojo (clarinette), Francisco Martin (violon), Belén Aguirre (violoncelle), Juan G. Iborra (percussion), Luis Rago (piano).
Durée: 10 minutes
Partition: inédite. Archives Michèle Reverdy

RB5 – *Quintette à vent* (1980) pour flûte, hautbois, clarinette, basson et cor
Commanditaire: Radio-France.
Création: le 2 février 1983 à l'American Center de Paris par le Quintette Nielsen: Pierre Roullier (flûte), Didier Pateau (hautbois), Ghislain Hervet (clarinette), Jens Mac Manama (cor), Marc Vallon (basson).
Durée: 15 minutes
Partition: Éditions Alphonse Leduc

RB6 – *Les Jeux de Protée* (1984) pour flûte (et flûte en sol), alto et harpe
Commanditaire: Festival d'Orléans.
Création: en 1984 à Orléans (France) par le Trio Debussy: Jacques Royer (flûte), Tasso Adamopoulos (alto), Francis Pierre (harpe).
Durée: 9 minutes
Partition: Éditions Salabert

RB7 – *L'Intranquillité* (1991) pour quatuor à cordes
Commanditaire: Georges Zeisel pour *Pro Quartet.*
Création: le 8 décembre 1992 à l'Opéra Bastille (Paris) par le Quatuor Rosamonde: Agnès Sulem et Thomas Tercieux (violons), Jean Sulem (alto), Xavier Gagnepain (violoncelle).
Durée: 19 minutes
Partition: Éditions Alphonse Leduc

RB8 – *En Terre inconnue* (1992) pour violon, violoncelle et piano
Commanditaire: Guillaume Sutre, pour le Trio Wanderer.
Création: le 5 juin 1993 au Festival d'Auvers-sur-Oise (France) par le Trio Wanderer: Guillaume Sutre (violon), Raphaël Pidoux (violoncelle), Vincent Coq (piano).
Durée: 17 minutes
Partition: Éditions Salabert

RB9 – *Un voyage à Paris* (1992) pour quatuor de flûtes à bec (sop., alto, ténor, basse)
[1- La Tour Eiffel 2- Le Musée du Louvre 3- Le Jardin du Luxembourg 4- Place des Vosges 5- Beaubourg-Les Halles]
Création: Festival Musica 1993 par des élèves du Conservatoire National de Région de Strasbourg (France).
Durée: 5 minutes
Partition: Éditions Les Cahiers du Tourdion

RB10 – *Dix musiques minutes* (1994) pour violon, alto et violoncelle
Commanditaire: Opéra de Munich pour les solistes de son orchestre.
Création: le 25 janvier 1995 au Gasteig de Munich (Allemagne) par Aldo Volpini, Roland Metzger et Peter Wöpke.
Durée: 13 minutes
Partition: Éditions Salabert

RB11 – *Sonata* (1995) pour flûte et piano
Création: le 12 septembre 1995 à Tokyo (Japon, Bunka-Kaiban Recital Hall) par Pierre-Yves Artaud et Yoko Kube.
Durée: 11 minutes 30
Partition: Éditions Billaudot

RB12 – *Chemins croisés* (1996) pour saxophone et percussion
Création: le 13 décembre 1997 à Milan (Italie) par Claude Delangle et Jean Geoffroy
Durée: 9 minutes
Partition: Éditions Alphonse Leduc

RB13 – *Trio Nomade* (2003) pour alto, violoncelle et piano
Création: le 29 juillet 2006 au Festival Messiaen (La Grave, France) par Christophe Desjardins, Marc Coppey et Peter Laul.
Durée: 12 minutes
Partition: Éditions Alphonse Leduc

RB14 – *Mine de cuivres* (2007) pour quintette de cuivres
Création: le 13 avril 2008 à Saint-Cosme en Vairais (France) par le Quintette Turbulences: David Guerrier, Guillaume Jehl (trompettes), Antoine Dreyfuss (cor), Antoine Ganaye (trombone) Arnaud Boukhitine (tuba).
Durée: 10 minutes
Partition: en ligne aux éditions Babelscores Contemporary Music Online (www.babelscores.com/michelereverdy)

RB15 – *Hécate* (2008) pour contrebasse et percussion
Commanditaire: Conservatoire National Supérieur de Musique et de Danse de Paris, pour le Prix de contrebasse historique.
Création: récital du Prix de contrebasse historique, CNSMDP, 19 juin 2008, par Margot Cache (contrebasse, premier Prix à l'unanimité) et François Garnier (percussion).
Durée: 7 minutes
Partition: Éditions Cahiers du Tourdion

RB16 – *Which Dreamed it?* (2009) pour deux pianos et deux percussions
Commanditaire: Ensemble BerlinPianoPercussion.
Création: le 10 février 2010 au Konzerthaus de Berlin (Allemagne) par Sawami Kiyoshi et Prodromos Symeonidis (pianos), Adam Weisman et Friedemann Werzlau, (percussions).
Durée: 17 minutes
Partition: en ligne aux éditions Babelscores Contemporary Music Online (www.babelscores.com/michelereverdy)

RB17 – *Ni d'ici ni d'ailleurs* (2010) pour harpe et quatuor à cordes
Commanditaire: Festival international Harpes en Avesnois.
Création: le 29 janvier 2011 en l'Église de Ferrière-la-Grande (France) par Pauline Haas et le Quatuor Leonis: Guillaume Antonini et Thomas Gautier (violons), Alphonse Dervieux (alto), Jean-Lou Loger (violoncelle).
Durée: 18 minutes
Partition: en ligne aux éditions Babelscores Contemporary Music Online (www.babelscores.com/michelereverdy)

RB18 – *Quatre eaux-fortes* (2010) pour quatuor à cordes
Composé d'après *Le Roi du bois* (RG6).
Création: le 7 juin 2013, dans le cadre des Rencontres Musicales ProQuartet à l'église de la Genevraye, par le Quatuor Varèse (François Galichet, Jean-Louis Constant, Sylvain Séailles, Thomas Ravez).
Durée: 19 minutes
Partition: en ligne aux éditions Babelscores Contemporary Music Online (www.babelscores.com/michelereverdy)

C. Œuvres pour divers ensembles instrumentaux et orchestre de chambre

RC1 – *Régions* (1977) pour neuf instruments
Effectif: flûte (*ut*, alto en *sol* et piccolo), clarinette (*si* bémol et basse), basson, cor, trompette, trombone, tuba, harpe, clavecin.
Création: le 27 avril 1977 à l'ARC, Musée d'Art Moderne de la Ville de Paris, par un ensemble instrumental dirigé par Jérôme Kaltenbach.
Durée: 12 minutes
Partition: inédite. Archives Michèle Reverdy

RC2 – *Météores* (1978) pour 17 instruments
Commanditaire: Festival de Besançon.
Effectif: 2 flûtes (et piccolo), hautbois (et cor anglais), 2 clarinettes (et clarinette basse), cor, 2 trompettes, trombone, tuba, 4 percussions, harpe, piano, contrebasse.
Création: en 1978 au Théâtre de Besançon (France) par l'Ensemble Ars Nova dirigé par Marius Constant.
Durée: 10 minutes
Partition: Éditions Salabert

RC3 – *El Corro Infrangible* (1982), cinq miniatures pour 12 instruments
[La Glacée - La Délirante - Les Sages - La Lyrique - Les Quinconces]
Commanditaire: commande de l'État.
Effectif: flûte, hautbois, 2 clarinettes (et clarinette basse), basson, cor, trompette, trombone, violon, alto, violoncelle, contrebasse.
Création: le 22 mai 1985 à la Escuela Superior de Canto de Madrid (Espagne), par El Grupo Koan dirigé par Jose Ramon Encinar.
Durée: 15 minutes
Partition: Éditions Salabert

RC4 – *Scenic Railway* (1983) pour 16 instruments
Commanditaire: Ensemble Intercontemporain.
Effectif: 2 flûtes (et piccolo, et fl. basse), hautbois (et cor anglais), 3 clarinettes en *si* bémol (et clarinette en *mi* bémol, cl. basse et contrebasse), basson (et contrebasson), trompette (et trompette en *si* bémol aigu), 2 cors, trombone, tuba, 3 percussions, contrebasse.
Création: en 1984 à la Fondation Gulbenkian de Lisbonne (Portugal) par l'Ensemble Intercontemporain dirigé par Jean-Claude Pennetier.
Durée: 18 minutes
Partition: Éditions Salabert

RC5 – *L'Île aux lumières* (1983) pour violon solo et orchestre à cordes
Commanditaire: Conservatoire de Juvisy-sur-Orge (France).
Création: en 1983 par Gérard Montmayeur (violon) et l'Orchestre de Juvisy dirigé par Jean-Louis Vicart.
Durée: 10 minutes
Partition: Éditions Alphonse Leduc

RC6 – *Hommage à Cioran* (1992) pour 6 instruments
Commanditaire: Biennale de l'Essonne.
Effectif: hautbois, cor, basson, percussion, piano, contrebasse.
Création: le 13 juin 1992 à Juvisy-sur-Orge par l'Ensemble des professeurs du Centre musical Marius Constant.
Durée: 3 minutes
Partition: inédite. Archives Michèle Reverdy

RC7 – *Chimère* (1992) pour alto solo et 18 instruments
Commanditaire: Radio-France.
Effectif: 2 flûtes (et flûte basse), hautbois, cor anglais, 3 clarinettes (et clarinette basse et contrebasse), basson, contrebasson, 2 cors, trompette, trombone, tuba, 2 percussions, harpe, contrebasse.
Création: le 27 février 1993 à Radio-France (Paris) par Gérard Caussé (alto) et l'Orchestre Philharmonique dirigé par Arturo Tamayo.
Durée: 20 minutes
Partition: Éditions Billaudot

RC8 – *Les Gémeaux* (1993) pour 2 violoncelles solos et 23 instruments
Commanditaire: Conservatoire National de Région de Strasbourg.
Effectif: 5 flûtes (et 2 flûtes alto, 1 flûte basse), 2 clarinettes (et clarinette basse), cor, quatuor de saxophones, 4 percussions, cymbalum, clavecin, contrebasse, 4 cordes pincées (guitare baroque, luth baroque, luth renaissance, théorbe ou tous autres instruments à cordes pincées).
Création: le 2 octobre 1993 au Festival Musica de Strasbourg par Marc Coppey, Renaud Déjardin (violoncelles) et l'Ensemble du Conservatoire dirigé par Philippe Cambreling.
Durée: 8 minutes
Partition: Éditions Salabert

RC9 – *Concerto pour orchestre* (1994) pour 25 instruments
Commanditaire: Ensemble Intercontemporain.
Effectif: 2 flûtes (et piccolo, et flûte basse), 2 hautbois (et cor anglais), 3 clarinettes (et cl. *mi* bémol, et cl. basse), 2 bassons (et contrebasson), cor, trompette, trombone, tuba, 3 percussions dont cymbalum, piano, cordes (min. 3/2/2/1).
Création: le 3 octobre 1994 à l'Auditorium des Halles (Paris) par l'Ensemble Intercontemporain dirigé par David Robertson.
Durée: 19 minutes
Partition: Éditions Billaudot

RC10 – *Éloge de l'ellipse* (1996) pour 24 instruments
Commanditaire: Conservatoire National Supérieur de Musique et de Danse de Paris, pour son bicentenaire.
Effectif: 3 flûtes (et piccolo, et flûte basse), 2 hautbois, 1 cor anglais, 3 clarinettes (*si* bémol, *mi* bémol et basse), 2 bassons, contrebasson, 3 cors, 3 trompettes (et petite en *si* bémol), 2 trombones, tuba, 3 percussions.

Création : le 27 mars 1996 à la Cité de la Musique (Paris) par l'Orchestre du Conservatoire dirigé par Pascal Rophé.
Durée : 12 minutes
Partition : inédite. Archives Michèle Reverdy

RC11 – *Anacoluthes, hommage à Olivier Messiaen* (2008) pour sept instruments
Commanditaire : Fondation BBK.
Effectif : flûte (et flûte basse et piccolo), hautbois, clarinette, piano, violon, alto, violoncelle.
Création : le 24 août 2008 au Festival de Santander (Espagne) par le Laboratorio de Interpretacion Musical (LIM).
Durée : 10 minutes
Partition : inédite. Archives Michèle Reverdy

D. Œuvres pour grand orchestre

RD1 – *Espaces* (1975) pour orchestre
Effectif : 2 flûtes (et piccolo), 2 hautbois (et cor anglais), 4 clarinettes (et clarinette en *mi* bémol, clarinette basse), 2 bassons, contrebasson, 2 cors, 2 trompettes, 3 trombones, tuba, 4 percussions, piano, quintette à cordes.
Création : le 4 février 1976 à la Salle Gaveau (Paris) par l'Orchestre du Conservatoire dirigé par Jean-Claude Casadesus.
Durée : 12 minutes
Partition : inédite. Archives Michèle Reverdy

RD2 – *Le Cercle du vent* (1988) pour orchestre
Commanditaire : Fondation Gulbenkian.
Effectif : 2 flûtes (et piccolo), 2 hautbois (et cor anglais), 4 clarinettes (et clarinette en *mi* bémol, clarinette basse), 2 bassons (et contrebasson), 2 cors, 2 trompettes (et petite trompette en *si* bémol), trombone, 3 percussions, quintette à cordes.
Création : le 11 mai 1989 à Lisbonne (Portugal) par l'Orchestre de la Fondation Gulbenkian dirigé par Michel Tabachnik.
Durée : 16 minutes
Partition : Éditions Salabert

RD3 – *Lac de lune* (1997) pour orchestre
Commanditaire : Radio-France.
Effectif : 4/5 flûtes (et 2 piccolos, flûte alto et basse), 3 hautbois (et hautbois d'amour, cor anglais), 5 clarinettes (et clarinette *mi* bémol, 2 basses), 3 bassons (et contrebasson), 3 cors, 3 trompettes, 3 trombones, tuba contrebasse, timbalier, 3 percussions, piano/célesta, quintette à cordes.
Création : le 18 juin 2004 au Théâtre des Champs-Elysées (Paris) par l'Orchestre National de France dirigé par Kurt Masur.
Durée : 23 minutes
Partition : Éditions Alphonse Leduc

RD4 – *Concerto pour harpe* (2005)
Commanditaire: Harpes Camac.
Effectif: Harpe solo et grand orchestre: 3 flûtes (et piccolo, et flûte basse), 2 hautbois, cor anglais, 3 clarinettes (et clarinette *mi* bémol, clarinette basse), 2 bassons, contrebasson, 4 cors, 3 trompettes, 3 trombones, tuba, timbalier, 3 percussions, célesta, quintette à cordes.
Création: le 27 octobre à Lille (France) par Isabelle Moretti (harpe) et l'Orchestre National de Lille dirigé par Paul Polivnick.
Durée: 15 minutes
Partition: Éditions Alphonse Leduc

E. Mélodie accompagnée

RE1 – *Cante Jondo* (1974-1980) pour voix de femme et 7 instruments
Commanditaire: Commande de l'État.
Source littéraire: Federico García Lorca, *Poema del Cante Jondo*, Madrid, Espasa-Calpe, S. A., 1978.
Effectif: Flûte (et flûte alto), cor anglais, clarinette basse, 3 percussions, piano
Création: le 25 mai 1981 au Museo Español de Arte Contemporáneo de Madrid (Espagne) par Eva Carreno Fernandez (voix) et el Grupo Koan dirigé par Jose Ramon Encinar.
Durée: 20 minutes
Partition: inédite. Archives Michèle Reverdy

RE2 – *Trois Pièces* (1975) pour clarinette basse, voix de femme et percussion
Création: le 18 novembre 1976 à Radio-France (France Musique) par Guy Arnaud (clarinette basse), Nell Froger (voix), Daniel Tabary (percussion).
Durée: 23 minutes
Partition: inédite. Archives Michèle Reverdy

RE3 – *Sept Enluminures* (1987) pour soprano et 3 instruments
Commanditaire: commande de l'État.
Source littéraire: textes de Serge Poliakoff (*Enluminures*, textes traduits par Jean Chuzeville, Saint-Gall, Erker-Verlag, 1972).
Effectif: soprano, clarinette (et cl. basse), piano, percussion.
Création: le 2 octobre 1988 à Bonn (Allemagne) par l'Ensemble Accroche-Note: Françoise Kubler (voix), Armand Angster (clarinette), Stéphan Seban (piano), Jean-Michel Collet (percussion).
Durée: 17 minutes
Partition: Éditions Salabert

RE4 – *Nouvelles du monde après* (1998) pour deux chanteurs (mezzo et baryton et 5 instruments)
Commanditaire: commande de Radio-France.
Source littéraire: poème de Christian Doumet écrit pour Michèle Reverdy (inédit)

Effectif: flûte, clarinette, percussion, piano, violoncelle.
Création: le 18 janvier 1999 à Paris (Radio-France), par Maryseult Wieszoreck et Jacques Bona (voix), ensemble instrumental dirigé par Pascal Rophé.
Durée: 13 minutes
Partition: Éditions Alphonse Leduc

RE5 – *Les Amours jaunes* (2005) pour voix de femme et harpe
Source littéraire: trois poèmes de Tristan Corbière (Le livre de poche, Librairie Générale Française, 2003).
Création: le 24 juillet 2013 à l'abbaye Saint-Jean d'Orbestier au château d'Olonne, par Françoise Masset et Anne Ricquebourg.
Durée: 9 minutes
Partition: en ligne aux éditions Babelscores Contemporary Music Online (www.babelscores.com/michelereverdy)

RE6 – *Po-chat-de* (2005) pour haute-contre (ou mezzo) et piano
Commanditaire: Péniche-Opéra (Paris) pour le Printemps de la mélodie.
Source littéraire: texte de Michel Siret-Gilles (inédit).
Création: le 3 juin 2005 à la Péniche-Opéra par Dominique Visse (voix) et François Couturier (piano).
Durée: 2 minutes 30
Partition: inédite. Archives Michèle Reverdy

RE7 – *La Caja de Pandora* (2007) pour mezzo-soprano, harpe, guitare et mandoline
Source littéraire: poèmes de José Tono Martinez (inédit).
Création: le 14 mai 2007 à la Hochschule de Leipzig (Allemagne) par Mareike Schellenberger et le Trio Polycordes: Florentino Calvo (mandoline), Isabelle Daups (harpe), Jean-Marc Zvellenreuther (guitare).
Durée: 10 minutes
Partition: en ligne aux éditions Babelscores Contemporary Music Online (www.babelscores.com/michelereverdy)

RE8 – *De l'ironie contre l'absurdité du monde* (2009): cinq mélodies pour mezzo (ou baryton) et piano
Source littéraire: poèmes de Joachim Du Bellay, Sandro Penna, Lewis Carroll, Hans Ulrich Treichel, Federico García Lorca.
Création: le 19 septembre 2010 au Teatro la Fenice à Venise (Italie) par Sonia Turchetta (voix) et Aldo Orvieto (piano).
Durée: 15 minutes
Partition: en ligne aux éditions Babelscores Contemporary Music Online (www.babelscores.com/michelereverdy)

F. Œuvres pour ensemble vocal et chœur avec ou sans instruments

RF1 - *Souci sans soucis* (1977) pour chœur d'enfants, flûtes et petites percussions
Commanditaire: Conservatoire de Boulogne Billancourt.
Source littéraire: poème de Christine Prével (inédit).
Création: le 16 janvier 1979 à la Conciergerie (Paris) par le chœur d'enfants du Conservatoire de Boulogne Billancourt.
Durée: 4 minutes
Partition: Éditions Alphonse Leduc

RF2 - *Trois Fantaisies de Gaspard de la nuit* (1987) pour chœur mixte ou ensemble vocal mixte à 12 voix
Commanditaire: Radio-France.
Source littéraire: poèmes d'Aloysius Bertrand (*Gaspard de la nuit*, Paris, Payot, 1925).
Création: le 27 août 1987 à Radio-France (Paris) par les chœurs de la Radio dirigés par Michel Tranchant.
Durée: 12 minutes
Partition: Éditions Salabert

RF3 - *Propos félins* (1988) pour chœur d'enfants et orchestre à cordes
Commanditaire: commande de l'État.
Source littéraire: texte inédit d'Anne Reverdy, fille de la compositrice.
Création: le 17 octobre 1989 à Radio-France (Paris) par l'Ensemble Orchestral de Marseille et la Maîtrise de la Radio, dirigés par Jean Lebert et Denis Dupays.
Durée: 12 minutes
Partition: Éditions Salabert

RF4 - *Messe pour la paix* (1991)
Commanditaire: Festival d'Art sacré de Dax.
Source littéraire: textes liturgiques en 5 langues.
Effectif: 3 solistes (soprano colorature, mezzo et baryton), un petit chœur (16 voix), un grand chœur d'amateurs, l'assemblée des fidèles et orgue.
Création: le 5 octobre 1991 à la cathédrale de Dax (France) par Elena Vassilieva, Anne Bartelloni et Jacques Bona (voix), Georges Guillard (orgue), l'Ensemble Madrigal de Bordeaux, la Chorale Diocésaine des Landes, l'Ensemble vocal de Mérignac, dirigés par Le Père Jean Amesland, Christine Maillebuau et Éliane Lavail.
Durée: 35 minutes
Partition: Éditions Alphonse Leduc

RF5 – *En la noche dichosa* (2002) pour ensemble vocal mixte à 8 voix

Commanditaire: Office Départemental d'Action Culturelle de Haute-Savoie.

Source littéraire: douze poèmes de Saint Jean de la Croix (*Dans une nuit obscure*, Paris, Librio, 2001).

Création: le 28 juin 2003 à la Chartreuse de Mélan (Taninges) par les solistes du Chœur départemental dirigés par Bernard Spizzi.

Durée: 13 minutes

Partition: Éditions Alphonse Leduc

RF6 – *La Fable de la mort et du boxe(u)r* (2002) pour chœur d'enfants, clarinette, violon, xylophone

Commanditaire: Maîtrise de Chartres.

Source littéraire: poème de Christian Doumet écrit pour Michèle Reverdy (inédit).

Création: le 6 juin 2003 en l'église Saint-Aignan de Chartres (France), maîtrise de l'École Nationale de Musique et de Danse de Chartres, Karine Hayot (violon), Louis-Vincent Bruère (clarinette), Olivier Robino (xylophone), sous la direction de Philippe Frémont.

Durée: 11 minutes

Partition: Éditions Alphonse Leduc

RF7 – *Les Travailleurs de la mer* (2005) pour cinq instrumentistes et enfants

Commanditaire: Orchestre National de Lyon.

Effectif: œuvre « interactive » pour 5 musiciens professionnels – flûte (et piccolo), hautbois (et cor anglais), clarinette, trompette, contrebasse – et enfants non musiciens de 8 à 10 ans environ.

Création: le 31 mai 2005 au grand Auditorium de Lyon par les enfants de l'école Berthellier et cinq musiciens de l'orchestre.

Durée: 20 minutes

Partition: Éditions Mômeludies

RF8 – *Femmes revêtues de soleil*, petit motet pour *Le livre de Notre-Dame de Paris* (2013), pour chœur d'enfants à deux voix égales et orgue

Commanditaire: Musique sacrée à Notre-Dame de Paris, dans le cadre d'une commande associant Jean-Baptiste Robin, Bruno Ducol, Jean-Pierre Leguay, Caroline Marçot, Éric Lebrun, Benoît Menut, Yves Castagnet, Michèle Reverdy, Thomas Lacôte, Vincent Bouchot, Pierre-Adrien Charpy, Vincent Paulet, Édith Canat de Chizy, Thierry Escaich, Nicolas Bacri.

Création: le 22 octobre 2013 à Notre-Dame de Paris, avec la Maîtrise de Notre-Dame dirigée par Émilie Fleury, et Yves Castagnet, Denis Comtet (orgue de chœur).

Durée: 4 minutes

G. Théâtre musical, conte, mélodrame, monodrame

RG1 - *Through the Looking Glass* (1980)
Sept saynètes sur des textes de Lewis Carroll, pour voix de soprano, clarinette, alto, deux trombones et piano.

Composition: entre 1979 et février 1980.
Commanditaire: Commande du Ministère de la Culture et de la Communication. Composé à la demande de Jean-Yves Bosseur pour l'Ensemble Intervalles.
Effectif: voix de soprano, clarinette, alto, deux trombones et piano.
Durée: 20 minutes

Source littéraire: Lewis Carroll, *Through the Looking Glass, and what Alice found there*, New York, New American Library, 1960.
Structure: 1. Looking-Glass House; 2. The Garden of Live Flowers; 3. La Course avec la reine rouge; 4. Looking-Glass Insects; 5. La Forêt où les choses n'ont pas de nom; 6. Tweedledum et Tweedledee; 7. Which Dreamed it ?

Création: 20 mai 1980, Paris, Centre culturel suédois.
Interprètes: Ensemble Intervalles: Annie Tasset (voix), Jean-Yves Bosseur (alto), Antony Marschutz (clarinette), François Nowack et Gérard Salignat (trombones) Lydia Domancich (piano), dirigé par Jean-Yves Bosseur.
Reprises: le 2 juin 1980, au Museo Español de Arte Contemporaneo de Madrid (Enregistrement Radio Nacional de España), mêmes interprètes; le 16 février [1981 ?] à l'Auditorium des Halles de Paris, même interprètes; le 3 mars 1984 au Théâtre municipal de Beauvais, par l'Ensemble instrumental L'Itinéaire, dirigé par Annick Minck; le 4 décembre 1989 à l'Université d'Ottawa, par l'Ensemble EMC2 sous la direction de Laurent Philippe.
Rediffusion: Radio Nacional de España, 1980.
Partition: inédite. Archives Michèle Reverdy.

RG2 - *La Nuit qui suivit notre dernier dîner* (1984)
Monodrame sur un texte de Jean-Claude Buchard pour voix d'alto et 3 instrumentistes[2].

Composition: entre février et avril 1984.
Commanditaire: Commande de l'Ensemble de Basse-Bretagne.
Effectif: voix d'alto, flûte (et flûte basse), violoncelle et piano.
Durée: 22 minutes

Source littéraire: *La Nuit qui suivit notre dernier dîner*, texte de Jean-Claude Buchard (inédit)

2. Premier sous-titre, lors de la création: « Opéra de poche ».

Sujet : Dans l'atmosphère lourde et intime de la nuit, une femme se souvient des instants déchirants qui suivirent la séparation d'avec son mari. Comme un film inlassablement revu, les images s'usent et se figent lentement, ne laissant aux souvenirs qui s'effacent que l'écho des mots passés sous silence, ceux qui n'ont jamais été dits, ceux qui ne le seront jamais.

Création : 30 mai 1985, Théâtre de Saint-Brieuc.
Interprètes : Anne Bartelloni (voix d'alto), Pierre Champagne (violoncelle), Olivier Penven (piano) et Yvon Quénéa (flûtes), dirigés par Jean-Louis Forestier.

Reprises : 2 juin 1985, Paris, Studio du Moulin de la Pointe, mêmes interprètes. Nouvelle production à Hambourg (Allemagne) le 12 février 1988 à l'*Opera stabile* (atelier de création dépendant du Hamburgische Staatsoper), en coproduction avec l'Institut français de Hambourg ; Paris, Péniche Opéra, 12, 13 et 14 janvier 1996 ; Chambéry, Théâtre Charles Dullin, 19 janvier 2000.
Rediffusion : France Culture, 10 juin 1987 [en intégralité, avec *Le Quintette à vent* et *L'Île aux lumières*, au cours d'une émission de Jacques Aboulker consacrée à un portrait de la compositrice].
Partition : Éditions Salabert.

RG3 – *Un signe dans l'espace* (1990)
Mimodrame sur une nouvelle d'Italo Calvino, pour 3 clarinettistes, alto, contrebasse, un acteur-chanteur, soprano et mezzo-soprano.

Composition : 1990 (fin de la composition le 3 novembre).
Dédicataire : Frédéric Stochl, contrebassiste.
Commanditaire : Commande d'État, écrit à la demande de Mireille Larroche pour la Péniche Opéra, pour un spectacle « Rêves et dérives » réunissant Jacques Rebotier, Michèle Reverdy et Bernard Cavanna sur les *Cosmicomics* d'Italo Calvino.
Effectif vocal : 1 acteur-chanteur, 1 soprano et 1 mezzo-soprano.
Effectif instrumental : 3 clarinettistes (prenant tous les trois la petite clarinette en *mi* bémol, la clarinette en *si* bémol et la clarinette basse), 1 alto, 1 contrebasse.
Durée : 25 minutes

Source littéraire : Italo Calvino, *Cosmicomics*, traduction française de Jean Thibaudeau, Paris, Éditions du Seuil, 1968.
Sujet : Il faut 200 millions d'années au soleil pour faire une révolution galactique. « Exact, dit Qfwfq, moi, une fois, en passant, je fis un signe en un point de l'espace, tout exprès afin de pouvoir le retrouver deux cents millions d'années plus tard, quand nous serions repassés par là au tour suivant. » Mais voilà que le signe vient à faillir… avant qu'il ne se mette à proliférer : angoisse du Créateur.
Structure : 5 brèves sections.

Création : 18 mars 1991, Aulnay-sous-Bois, Espace Jacques Prévert d'Aulnay-sous-Bois.

Interprètes: Frédéric Stochl (acteur et contrebassiste), Anne Bartelloni, Donatienne Michel-Dansac, et ensemble instrumental.
Mise en scène: Mireille Larroche.

Reprises: du 23 mars au 20 avril 1991, Paris, Péniche Opéra.
Partition: inédite. Archives Michèle Reverdy.

RG4 – *Le Nom sur le bout de la langue* (1993)
Conte pour enfants sur un texte original de Pascal Quignard, pour un(e) comédien(ne) et un ensemble instrumental.

Composition: 1992.
Commanditaire: Dominique Debart pour l'Ensemble instrumental de Basse-Normandie.
Effectif: Pour un(e) comédien(ne) et un ensemble instrumental. Quintette à vent: flûte (et piccolo), hautbois, clarinette, basson, cor; clavecin (copie Flamand: 1er clavier 8', 4' et accouplement, 2e clavier 8'); cordes (minimum 4/3/2/2/1); percussion (5 temple blocks, 1 xylophone, 2 timbales, 1 caisse claire avec timbre, 2 bongoes, 1 arbre à crotales, 1 steel drum, 5 crotales, 1 tam tam très profond, 1 gong à glissando, 2 petites cymbales cloutées).
Une chaise en bois, une table, un briquet en amadou et une chandelle, un rouet et un fuseau de fil, un cercle à broder, une pomme.
Durée: 1 h 10.

Livret: texte original de Pascal Quignard. Version intégrale publiée chez POL, 1993 puis en Poche, 1995.
Sujet: Jeûne est tailleur et Colbrune brodeuse. À la suite d'un défi ridicule lancé par Jeûne, la jeune femme accepte un pacte avec le mystérieux Seigneur Heidebic de Hel – un avatar du diable. Ce dernier lui accorde son aide à condition qu'elle retienne son nom, sans quoi elle appartiendra à Heidebic. Mais voilà que la jeune brodeuse oublie le nom fatidique. Le conte narre alors la triple tentative de Jeûne pour retrouver, dans l'autre monde, l'identité de ce diabolique Seigneur dont les deux protagonistes ne cessent d'avoir le nom sur le bout de la langue…

Création: 15 et 16 avril 1993, Théâtre de Lisieux.
Interprètes: Évelyne Guimmara (comédienne) et l'Ensemble instrumental de Basse-Normandie dirigé par Dominique Debart.

Reprises: 18 avril 1993, Théâtre d'Hérouville Saint-Clair (concert enregistré par Radio France); 20 avril, salle Chaussonnière d'Avranche; [21 ou 22] avril, Casino de Villers-sur-Mer; 14 février 1995 au Saônora de Macon; le 16 février 1995 à au Théâtre du Parvis Saint-Jean de Dijon; le 17 février 1995 à l'Espace des Arts de Chalon-sur-Saône; le 18 février 1995 au Théâtre municipal de Sens (tournée réalisée avec le concours de la Drac Bourgogne et de la Drac Basse-Normandie dans le cadre de la résidence Michèle Reverdy, orchestre de Basse-Normandie dirigé par Dominique Debard, récitante Brigitte

Pillot) ; le 17 mars 2000 à Décines ; 18 mars 2000 au Manège Scène Nationale de La Roche-sur-Yon ; 24 mars 2000 à l'Espace Malraux de Chambéry ; les 28 et 29 mars 2000 au Forum Meyrin de Genève, dans le cadre du Festival Archipel ; le 1er avril 2000 à Paris, Cité de la musique (tournée par l'Orchestre des Pays de Savoie, dirigé par Mark Foster, avec Caroline Gautier, récitante).
Rediffusion : 26 avril 2000 sur France Culture (extrait).
Partition : Éditions Alphonse Leduc.

RG5 – *Les Ruines circulaires* (1995)
Mélodrame sur un texte de J. L. Borges, pour piano et un acteur

Composition : 1994.
Commanditaires : Cyril Huvé et Daniel Mesguich, créateurs de l'œuvre.
Effectif : un acteur et un piano.
Durée : 32 minutes.
Source littéraire : Jorge Luis Borges (1899-1986), texte intégral version française publiée par Gallimard.
Sujet : Il s'agit d'un personnage qui veut « rêver un homme » et « l'imposer à la réalité » avant de découvrir par l'expérience du feu ce qui constitue la terrifiante chute de la nouvelle de Borges : « Avec soulagement, avec humiliation, avec terreur, il comprit que lui aussi était une apparence, qu'un autre était en train de le rêver. »

Création : 26 août 1996, festival de Lectoure.
Interprètes : Cyril Huvé et Daniel Mesguich.

Reprises : le 25 février 1997 à Périgueux au festival L'Esprit des voix ; les 26 et 27 mars 1999, 2, 9 et 16 avril 1999 à la Péniche Opéra (Paris), par les mêmes interprètes ; le 16 mars 2007 au Théâtre Maurice Sand de La Châtre.
Partition : Éditions Alphonse Leduc.

RG6 – *Le Roi du bois* (2012)
Mélodrame (« opéra parlé ») sur un texte de Pierre Michon, pour quatuor à cordes, un enfant chanteur et un acteur

Composition : 2011-2012.
Effectif vocal : 1 récitant, 1 enfant chanteur.
Effectif instrumental : quatuor à cordes.
Durée : 1 h 10.

Source littéraire : Pierre Michon, *Le Roi du bois* (éditions Verdier).
Sujet : Au cœur de la forêt, Dominico Desiderii se souvient. Il convoque son enfance. Il confronte ses désirs et espoirs passés à la réalité de la vie. Fils de métayers dans une province romaine du 17e siècle, observant les peintres venus magnifier ses terres de labeur, épiant les grands de ce monde dont l'étourdissante élégance traverse son univers

de boue, il se rêve prince. Un jour où, comme à l'accoutumée, il mène glander les porcs à travers la chênaie, un jeune paysan voit un carrosse s'arrêter dans le chemin. Une fille très parée en descend et trousse haut ses jupes sous les yeux stupéfaits de l'enfant caché dans les fougères. Cette apparition éblouissante, la chair blanche et les dentelles, le pouvoir qu'ont les puissants de jouir avec arrogance du luxe et de la beauté, il va désirer les faire siens. La rencontre avec le peintre Claude Le Lorrain l'entraîne vers une vie nouvelle et il restera pendant vingt ans à son service. La peinture ne l'élèvera pourtant pas à une autre condition. Il restera le roi des bois et le valet des hommes. Mais la peinture n'aura pas su le faire prince et combler ses espérances. C'est, pour finir, au cœur des bois qu'il se taille son royaume, un royaume sans illusions, simple et noir, fait de jouissances immédiates et d'un dépit triomphant qui fait résonner dans l'ultime phrase du livre ses accents diaboliques : « maudissez le monde, il vous le rend bien ».

Structure : 13 séquences musicales conçues en alternance ou en superposition avec le texte (intégral) de Pierre Michon.

Création : le 2 octobre 2012 au Théâtre 71 – Scène nationale de Malakoff (12 représentations). Co-production compagnie Sandrine Anglade, Arcadi, Scène nationale de Besançon, Maison de la culture de Nevers et de la Nièvre, Ferme de Villefavard en Limousin. Une avant-première publique et payante avait eu lieu le 30 août à la ferme de Villefavard.

Interprètes : Jacques Bonnaffé (lecture), quatuor Varèse, Michaël Oppert et Roman Rondepierre (enfants chanteurs, en alternance).

Mise en scène : Sandrine Anglade.

Reprises : 16-18 octobre 2012 au Théâtre de Besançon ; 21 octobre 2012 à la Piscine de Châtenay-Malabry ; 24-26 octobre 2012 à La Ferme de Bel Ébat de Guyancourt ; 14-15 novembre à l'Auditorium J.-P. Miquel de Vincennes ; 22 novembre 2012 au Théâtre du Passage de Neuchâtel (Suisse) ; 30 novembre 2012 au Théâtre de Beauvais ; 9 décembre au Méjan à Arles ; 30 janvier 2013 au Grand Théâtre de Limoges ; 14 février 2013 à la Maison de la Culture de Nevers.

Partition : en ligne aux éditions Babelscores Contemporary Music Online (www.babelscores.com/michelreverdy)

H. Opéras

RH1 - *Le Château* (1980-1986)

Opéra en dix tableaux d'après Kafka pour orchestre symphonique, neuf solistes et deux chœurs (enfants, hommes).

Composition : entre 1980 et 1986.

Dédicataire : « Cette œuvre est dédiée à ma fille Anne, qui a vécu toute son adolescence à l'ombre du *Château...* »

Effectif vocal : neuf solistes (K : baryton – Frieda : soprano – Pepi, Institutrice : soprano colorature – Schwartzer, Bürgel : ténor – L'instituteur, le maire, Erlanger : basse – Les

aides : 2 ténors bouffes – Barnabé : baryton – Olga : alto), un chœur d'enfants à voix égales, un chœur d'hommes à trois voix.
Nomenclature instrumentale : 3 flûtes (pouvant jouer le piccolo, la flûte en *sol* ou la flûte basse), 3 hautbois (et cor anglais), 5 clarinettes (pouvant jouer la petite clarinette en *mi* bémol, la clarinette basse et la clarinette contrebasse), 3 bassons (et contrebasson), 3 cors, 3 trompettes (dont une petite trompette en *si* bémol), 3 trombones, 1 tuba, 3 percussions : 2 paires de crotales tibétaines, cymbale grave sur pied, caisse claire, petite cymbale cloutée, xylophone, crécelle, claves, glass chimes, wood block, 2 toms / crotales, kim (grand bol japonais), tambour très profond, 2 wood blocks, tambour basque sur pied, cloches tubes, maracas, 2 toms / grosse caisse, 3 triangles, 5 temple blocks, glockenspiel, guirro, wood chimes, tambour très profond, 2 toms, 1 timbalier, 2 harpes, 24 violons, 12 altos, 10 violoncelles, 8 contrebasses.
Durée : 1 h 40

Source littéraire : Franz Kafka, *Le Château* (dans la traduction d'Alexandre Vialatte, éditions Gallimard).
Livret : Michèle Reverdy.
Sujet : Le mystérieux K. échoue un soir d'hiver dans l'auberge d'un village, cherchant à prendre ses fonctions d'arpenteur dans un Château qui ne cesse de se dérober, inaccessible, entre les caprices d'une administration implacable et les discours opaques de mystérieux médiateurs. L'amour de Frieda n'assure aucune rédemption à ce anti-héros moderne.
Structure : 10 tableaux : L'Auberge – Dans la rue, le matin – L'Auberge – L'Hôtel des Messieurs – Chez le maire – Dans la rue, la nuit – L'École – La Maison des Barnabé – Dans la rue, la nuit – L'Hôtel des Messieurs.
Partition : inédite. Archives Michèle Reverdy.

RH2 – *Vincent ou la haute note jaune* (1984-1989)
Sept Paroles de la vie et de la mort de Vincent Van Gogh, d'après les lettres à Théo, pour trois solistes, chœur d'enfants, ensemble vocal mixte et ensemble instrumental.

Commanditaire : commande de l'État.
Composition : entre 1984 et 1989. Le spectacle musical originel, intitulé *Champ de blé avec corbeaux*, fut remanié et renommé *Vincent* ; l'opéra fut sous-titré *La Haute Note jaune* en 2005 après l'article qu'Emmanuel Reibel consacra à cet opéra.
Dédicace : « Sans la confiance, la générosité, l'amitié – et l'acharnement ! – de Michel Rostain, cette œuvre n'aurait pu exister. Elle lui est donc dédiée, avec une grande reconnaissance, et beaucoup d'affection. »
Effectif vocal : trois solistes (Agostina, puis Rachel : soprano – Théo, puis Gauguin : ténor – Vincent : baryton), un chœur d'enfants (16 voix dont un garçon soliste), un ensemble vocal mixte (12 voix).
Nomenclature instrumentale : flûte (pouvant jouer le piccolo et la flûte basse), hautbois (pouvant jouer le cor anglais et le hautbois d'amour), clarinette (pouvant jouer la clarinette basse), cor, basson, harpe, contrebasse, percussion 1 (tarole, 2 caisses claires avec timbre, 1 petite cymbale sur pied, 1 grande cymbale sur pied, 3 toms, 2 tumbas,

3 bongoes, Vibraphone, une paire de claves, 2 wood blocks), percussion 2 (1 caisse claire avec timbre, une cymbale moyenne sur pied, 6 toms, 6 temple blocks, marimba, 4 crotales tibétaines, 1 tam-tam très profond).
Durée: 50 minutes

Source littéraire: Vincent Van Gogh, *Lettres à Théo*, traduction française par Louis Roëdlandt, Paris, Gallimard, 1956.
Librettiste: Michel Siret-Gille.
Sujet: Derniers moments de la vie du peintre Van Gogh, depuis son départ parisien jusqu'à son agonie à Auvers-sur-Oise, en passant par l'appel de la haute note jaune, en Arles et à Saint-Rémy-de-Provence, et par sa macabre automutilation. Personnages principaux de cette Passion profane, les corbeaux (chœur d'enfants) viennent sans cesse rappeler au peintre ses obsessions et ses angoisses.
Structure: Prologue – Chant 1 : À Paris – Chant 2 : En Arles (1er tableau : Le confident Théo, 2e et 3e tableaux : Les Tournesols, L'Oreille coupée, 4e tableau : Le Bordel) – Chant 3 : La Nuit de Saint-Rémy (1er tableau : Les Amours impossibles, 2e tableau : La Nuit on entend bouger le monde) – Chant 4 : La Pie du cimetière de Zondert – Chant 5 : Auvers-sur-Oise – Chant 6 : L'Agonie (Vincent, Théo, chœur d'enfants) – Épilogue (Chœur, chœur d'enfants).
Création: version originelle intitulée *Champ de blé avec corbeaux*, créée le 10 avril 1986 à la Chartreuse de Villeneuve-lès-Avignon. Version définitive créée les 18 et 19 septembre 1990 au théâtre d'Alessandria en Italie, sous le titre de *Vincent*, avec l'Ensemble instrumental du *Laboratorio lirico* et le Quintette à vent *Italiano* sous la direction de Will Humburg, avec John Janssen (Van Gogh), Marcella Polidori (Agostina et Rachel), Pierre Catala (Théo et Gauguin).
Mise en scène: Flavio Ambrosini.

Rediffusion: RAI de Torino, puis France Culture.
Partition: Éditions Salabert.

RH3 – *Le Précepteur* (1990)
Opéra en vingt et une scènes, livret de Hans Ulrich Treichel d'après Lenz, pour douze solistes et orchestre.

Composition: entre 1989 et 1990.
Commanditaire: Hans Werner Henze pour la 2e Biennale de Munich.
Dédicataire: Hans Werner Henze.
Effectif vocal: douze solistes (Läuffer : Baryton – Herr von Berg : Basse – Fritz : Baryton – Le Commandant : Ténor – La Commandante : Mezzo-Soprano – Gustel : Soprano – Le Comte Wermuth : Ténor – Pätus : Ténor – Bollwerk : Basse – Mme Blitzer : Alto – Venceslas : Basse – Lise : Soprano – Le vieux Pätus : Ténor)
Effectif instrumental: 2 flûtes (pouvant jouer piccolo et flûte basse), 2 hautbois (pouvant jouer cor anglais), 3 clarinettes (pouvant jouer clarinette en *mi* bémol et clarinette basse), 2 bassons (pouvant jouer contrebasson), cor, trompette, trombone, tuba, 2 percussions

(I : glockenspiel, vibraphone, 2 bols japonais, gong à glissando, 3 gongs, petite cymbale cloutée sur pied, grande cymbale sur pied, paire de cymbales frappées, glass chimes, 2 wood blocks, 6 temple blocks, 2 bongoes, tom moyen, zarb, tambour chinois sur cadre, très profond ; II : xylophone, arbre à crotales tibétaines, 2 bols japonais, petite cymbale cloutée sur pied, grande cymbale sur pied, 3 gongs, tam-tam très profond, maracas, wood chimes, 2 wood blocks plus aigus que I, 2 bongoes plus aigus que I, tom grave, caisse claire avec timbre), 2 violons, alto, violoncelle, contrebasse).
Durée : 1 h 45
Source : Jakob Lenz, *Der Hofmeister, oder Vorteile der Privaterziehung*, Stuttgart, Reclam, 1974.

Librettiste : Hans Ulrich Treichel, traduction de Nicole Roche.
Sujet : Intrigue foisonnante dans la société allemande du *Sturm und Drang*. Le jeune Läuffer est engagé comme précepteur chez le Commandant et la Commandante. En fuite après avoir fait un enfant à Gustel, la fille de ses patrons, il trouve refuge chez un maître d'école. Surpris en train de séduire la jeune Lise, il est chassé. Désespéré, il s'émascule avant d'épouser finalement la jeune femme.
Structure : 21 scènes non titrées.

Création : 14, 15 et 16 mai 1990, Munich, 2e Biennale (Internationales Festival für neues Musiktheater).
Interprètes : Ensemble Modern de Francfort sous la direction de Diego Masson, avec Dietrich Henschel (Läuffer), Markus Hollop (Herr von Berg), Jean-Marc Salzmann (Fritz), David Aldred (Le Commandant, 1er Homme), Gabriele Erhard (La Commandante), Irmengard Zehrer (Gustel), Julius Kimstädt (Leopold), Georgios Panagiotidis (Le Comte Wermuth), Jochen Elbert (Pätus), Jeinz-Georg Schramm (Bollwerk), Erdmuthe Spiecker (Mme Blizer, Marthe), Renatus Mészar (Venceslas, 2e Homme), Andrea Worlitschek (Lise), Jonas Kaufmann (Le vieux Pätus).
Mise en scène : Philippe Piffault.

Rediffusion : Bayerische Rundfunk [1990] ; France Musique, le 17 avril 1991.
Création française : Espace des Arts de Chalon sur Saône, 6 et 7 octobre 1994, avec l'Orchestre de Chalon-Bourgogne, dirigé par Philippe Cambreling, mise en scène Olivier Bénézech, Lionel Peintre (Läuffer), Pierre Catala (Le Commandant), Sophie Pondjiclis (La Commandante), Jean-Jacques Cubaynes (Le Conseiller), Inge Dreisig (Gustel), Jean-Marc Salzmann (Venceslas), Sylvaine Davené (Lise), Yann Beuron (Wermuth), Fabrice Mallet (Pätus), Jean-Louis Serre (Bollwerk).
Reprise : Opéra de Rennes (coproducteur de la création française), 10 janvier 1995.
Partition : Éditions Salabert.
Documents : *Océaniques*, 11e numéro du *Magazine International de l'Opéra*, émission de Claire Newman, réalisée par Gérald Caillat, diffusé le lundi 4 février 1990, FR3.

RH4 - *Le Fusil de chasse* (1998)
Opéra pour quatre solistes et ensemble instrumental.

Composition: 1998.
Commanditaire: la Péniche Opéra (coproduction Ensemble 2e2m, Cargo/Maison de la Culture de Grenoble, CNAT-Scène Nationale de Reims, Musiques nouvelles en liberté).
Effectif vocal: 4 chanteurs (Saïko: soprano - Midori: mezzo-soprano - Shoko: soprano colorature - Josuke: baryton).
Effectif instrumental: piano, flûte (piccolo et flûte basse), hautbois (cor anglais et hautbois d'amour), cor, alto, violoncelle et contrebasse, percussions à répartir entre les instrumentistes (un grand tam-tam, bols japonais graves, 2 mokubios, wood-chimes).
Durée: 1 h 15

Source littéraire: Yasushi Inoué, *Le Fusil de chasse*, Paris, Stock, 1992.
Librettistes: Mireille Larroche et Michèle Reverdy avec l'aide d'Anna Takahashi.
Sujet: Après avoir découvert dans un journal de chasse un mystérieux poème, un dénommé Josuke Midori écrit à son auteur pour le remercier de cette évocation dans laquelle il se reconnaît. Il lui fait alors part de trois lettres dont il a été le destinataire : écrites par son épouse Midori, sa maîtresse Saïko, et la fille de cette dernière Shoko, ces trois lettres évoquent de trois points de vue différents une histoire d'amour, de mensonge et de mort.
Structure: Chanson - Lettre de Josuke Midori - Lettre de Shoko - Lettre de Midori - Lettre de Saïko.

Création: 10 mars 1999, Manège de Reims (CNAT - scène nationale).
Interprètes: Brigitte Desnoues (Midori), Françoise Masset (Saïko), Maja Pavlovska (Shoko) et Lionel Peintre (Josuke Misugi), ensemble 2E2M sous la direction de Fabrice Parmentier.
Mise en scène: Mireille Larroche.

Reprises: Au Cargo - Maison de la culture de Grenoble les 18, 19 et 20 mars 1999; à La Péniche Opéra à Paris (19 représentations les 12, 13, 15, 16, 24, 25, 28, 31 mars et 1, 4, 3, 7, 8, 10, 11, 14, 15, 17 et 18 avril 1999).
Rediffusion: 9 mai 1999 sur France Musique ; diffusion d'extraits sur France Culture, 25 mars 1999 et intégralité sur France Musique, 31 mars 1999.
Partition: Éditions Alphonse Leduc.

RH5 - *Médée* (2001)
Opéra en onze scènes pour cinq solistes, chœur d'hommes et orchestre.

Composition: 2001-2002.
Commanditaire: Alain Durel pour l'Opéra national de Lyon.
Dédicataire: Alain Durel.

Effectif vocal: 5 solistes (Médée: soprano lyrique – Jason: baryton – Akamas: baryton-basse – Agamède: alto – Glaucé: soprano léger), chœur d'hommes (4 ténors, 4 barytons, 4 basses).

Effectif instrumental: 3 flûtes (2 piccolos et flûte basse), 2 hautbois, 1 cor anglais, 1 petite clarinette en *mi* bémol, 2 clarinette en *si* bémol (clarinette basse), 1 clarinette basse, 2 bassons, 1 contrebasson, 3 cors, 2 trompettes, 2 trombones, 1 tuba, percussion I (3 octobans, petit cymbale cloutée sur pied, 3 wood blocks, xylophone), percussion II (3 octobans, vibraphone, grande cymbale sur pied, 3 wood blocks, tambour de bois à 8 lames, caisse claire avec timbre, petit gong à glissando), percussion III (3 octobans, 3 steels drums barytons, tam tam très profond, fouet, 3 wood blocks, crotale tibétaine, petit cymbale sur pied un peu plus grave que celle de la percussion I), 1 timbalier (4 timbales, triangle, 3 wood blocks aigus, 1 arbre à crotales, caisse claire avec timbre, petite cymbale cloutée), 1 harpe, 1 cymbalum, 1 clavecin (copie de Flamand comprenant 2 claviers: 2 jeux de 8', 1 jeu de 4', 1 jeu de luth et accouplement), violons, altos, violoncelles, contrebasses.
Durée: 1 h 45

Source littéraire: Christa Wolf, *Medea. Stimmen* de Christa Wolf, [Darmstadt], Luchterhand, 1996.
Librettistes: Kai Stefan Fritsch et Bernard Banoun.
Sujet: Médée a fui sa Colchide natale avec Jason mais reste étrangère en terre grecque, accusée d'avoir tué son frère Absyrtos. Elle-même dénonce le meurtre d'Iphinoé, fille du roi Créon qui a fondé son pouvoir sur le crime. Thaumaturge plus que magicienne, elle soigne la jeune Glaucé qui comprend enfin les secrets de sa propre famille. Dans une Corinthe touchée par la peste, elle est le bouc émissaire idéal: condamnée à l'exil, elle fuit seule, alors que ses propres enfants sont lapidés par les Corinthiens.
Structure: onze scènes: Prologue – Scène 1 (Médée, Jason) – Scène 2 (Akamas, Agamède) – Scène 3 (Jason, Agamède, Médée) – Scène 4 (Chœur, Médée) – Scène 5 (Akamas, Médée) – Scène 6 (Glaucé, Médée, Chœur, Agamède, Akamas) – Scène 7 (Chœur, Akamas) – Scène 8 (Médée, Akamas, Agamède, Glaucé) – Scène 9 (Jason, Médée) – Scène 10 (Akamas, Agamède, Chœur) – Scène 11 (Médée).

Création: Opéra de Lyon, le 25 janvier 2003 (6 représentations).
Interprètes: Chœur et Orchestre de l'Opéra sous la direction de Pascal Rophé, avec Françoise Masset (Médée), Jean-Louis Serre (Jason), Christian Tréguier (Akamas), Sophie Pondjiclis (Agamède) et Magali Léger (Glaucé).
Mise en scène: Raoul Ruiz.

Rediffusion: 10 mars 2003 sur France Musique.
Partition: Éditions Alphonse Leduc.
Enregistrement: CD Mandala – Harmonia Mundi.
Film: Long métrage documentaire de Raoul Ruiz, *Chronique d'une mise en scène* (2003), diffusion Mezzo le 16 septembre 2006.

I. Ballet

RI1 - *Mimodrame* (1981)
Effectif: trois danseurs, huit percussionnistes, deux trombones
Durée: 15 minutes
Création: le 17 mars 1996 à Genève (Suisse), Festival Archipel, par un ensemble dirigé par Emmanuel Séjourné, chorégraphie et danse: Ana Mariolani
Partition: inédite. Archives Michèle Reverdy.

J. Musique de film

RJ1 - *Un rêve à peine commencé…* (1985)
Court métrage de Jean-Marc Deschamps
Effectif: violoncelle (Pierre Strauch) et épinette (Gabrielle Marcq)
Partition: Éditions Films du Losange

ANNEXE II

QUELQUES ANCIENS ÉLÈVES DE MICHÈLE REVERDY

Les étudiants de Michèle Reverdy au Conservatoire de Paris ont été, les années passant, extrêmement nombreux. Voici ceux qu'elle a notamment retenus :

AMADI, Thierry
BABA, Misaki
BANCAUD, Laurence
BARTISSOL, Pauline
BERANGER, Sébastien
BEYER, Amandine
BIRON, Delphine
CATRISSE, Cédric
CAZES, Pierre
CHAMAYOU, Bertrand
CHICHE, Marina
CONRY, Marc-André
COUVERT, Hélène
CUNIOT, Anne-Cécile
DESMOND, Marc
ERTZSCHEID, Michaël
FADEEVA, Daria
FRUCHART, Jérôme
GAILLARD, David
GEOFFROY, Jean
GLAB, Ezbieta
GUY, François-Frédéric
GUYOT, Romain
HAAS, Pauline
HENRY, Christophe
HINDLEY, Quentin
HONDRÉ, Emmanuel
JAMET, Hervé
JOULAIN, Hervé
LACÔTE, Thomas
LANDOWSKI, Antoine
LE BOZEC, Anne
LESCORNEZ, Vincent
LEVACHER, Claire
MAGEN, Sivan
MARKEAS, Alexandros
MARTIN, Béatrice
MERLIN, Raphaël
MOREL, Emmanuel
MOURGUIART, Christophe
PAOLETTI, Guillaume
PELISSERO, Véronique
PERNOO, Jérôme
RAPOPORT, Ricardo
REIBEL, Béatrice
ROY, Régis
SAUVAIRE, Alexandre
SCHUEHMACHER, Gilles
SLUCHIN, Primor
SOW, Lionel
SUTRE, Guillaume
TAMBY, Jean-Luc
VUJICIC, Godefroy
WAGNER, Vanessa
XU, Zong

ANNEXE III

ÉCRITS DE MICHÈLE REVERDY

OUVRAGES

L'Œuvre pour piano d'Olivier Messiaen, Paris, Éditions Leduc, 1978.

L'Œuvre pour orchestre d'Olivier Messiaen, Paris, Éditions Leduc, 1988.

Composer de la musique aujourd'hui, Paris, Klincksieck, 2007.

OUVRAGE COLLECTIF

MASSIN, Jean et Brigitte [dir.], *Histoire de la musique occidentale*, Paris, Messidor, 1977; Paris, Fayard, 1985. [Rédaction des chapitres « Le solfège et l'harmonie », « La musique russe : de Glinka au 'Groupe des Cinq' », « Modeste Moussorgski », « Piotr Tchaïkovski », « La musique tchèque : Smetana, Dvořák », « Scriabine et ses contemporains russes », « Claude Debussy », « Les contemporains français de Claude Debussy », « Maurice Ravel », « La musique espagnole : Albeniz, Granados, de Falla », « Érik Satie. Le 'Groupe des Six' », « Janáček, Martinů, Kodály, l'Europe centrale », « Béla Bartók », « Alban Berg », « Les musiques de l'Amérique latine », « Edgar Varèse », et contribution au chapitre collectif « Le deuxième 20 e siècle ». Attention, certains passages concernant des compositeurs peu appréciés de Michèle Reverdy – Prokofiev et Chostakovitch, notamment – furent partiellement réécrits par Brigitte Massin].

PRÉFACE D'OUVRAGE

BANCAUD, Laurence, *Tôn-Thât Tiêt : « Le temps suspendu »*, Paris, Jobert, 1998.

Articles

Pagé, Suzanne (dir.), *Arc 1973-1983*, Paris, Éditions des Amis du Musée d'Art moderne de la ville de Paris, 1983, p. 273 [brève page rédigée datée d'avril 1983].

« Michèle Reverdy », LIM-75-85. *Una síntesis de la música contemporánea en España*, Mercantil-Asturias, [1985 ?], p. 76.

« Divagations sur le temps... musical », *XXe siècle, Images de la musique française*, textes et entretiens réunis par Jean-Pierre Derrien, Paris, Sacem / Éditions Papiers, 1986, p. 106-111. [Article repris et légèrement remanié pour l'ouverture du collectif *Musique, arts et littérature dans l'œuvre de Michèle Reverdy*, sous la direction de Pierre Michel et de Bernard Banoun, Paris, L'Harmattan, 2005]

« Le Concerto pour violoncelle de Ligeti : Matériau, mouvement et forme », *Analyse musicale* n° 6, janvier 1987, p. 80-85.

« Journal d'un opéra », *À la musique, X^e rencontres psychanalytiques d'Aix-en-Provence*, Paris, Les Belles Lettres, 1993, p. 197-238. [Reprise et remaniement du texte publié de façon trilingue (allemand, anglais, français) dans le programme de la création du *Précepteur*, Munich, 1990, p. 66-74.].

« [Autoportrait]. Risquer de se voir », *Symphonia « La Revue de musique »*, n° 16, Paris, Éditions Hermitage, 1995, p. 19.

« Michèle Reverdy », *Les Enjeux du concert de la musique contemporaine*, François Nicolas (dir.), partie « Expériences », Paris, CDMC, 1997, p. 45.

« De la musique, des images, de la Musique d'images », *Alexeieff, Itinéraire d'un Maître*, sous la dir. de Giannalberto Bendazzi, Paris, Éditions Dreamland, 2001, [bilingue français-anglais], p. 62-77.

« La Musique exprime-t-elle quelque chose ? », *Récit et représentation musicale*, Textes réunis et présentés par Danielle Cohen-Levinas, Paris, L'Harmattan, 2002, p. 129-152.

« *Cinq Rechants* : le *Tristan* moderne d'un virtuose rythmicien », *L'Analyse musicale* n° 59, mai 2009, s. p.

« Qu'est-ce que vous faites dans la vie ? Je suis compositrice... », *Circuit Musiques contemporaines*, vol. 19, n° 1, janvier 2009, p. 15.

Notices de programmes

Notices pour les Programmes de l'Orchestre National d'Île-de-France en 1983.

« Introduction » et notices de programme, Opération « Zig-Gag ». *26 des compositeurs qui écrivent l'histoire musicale de ces vingt dernières années,* Paris, Ircam, 1983.

« Les modes à transpositions limitées dans l'œuvre d'Olivier Messiaen », *Du 10 au 20 juillet, XIIe Festival de Saintes. Jean-Philippe Rameau, théoricien de la tonalité,* Paris, Imprimerie Nesson, 1983, p. 67-82.

Articles de presse

« Explosante-Fixe », *Top Musique*, bimensuel n° 2, 14 octobre 1974, p. 3-4.

« Fiche analytique. Olivier Messiaen : *Visions de l'amen* pour deux pianos. », *Guide musical*, n° 657, février 1975, p. 31-32.

« Les grands éditeurs aujourd'hui », *Panorama de la musique* n° 10, novembre-décembre 1975, p. 44-45; n° 11, janvier-février 1976, p. 48-49; n° 12, mars-avril 1976, p. 46-49.
« Enseignement. Écoles privées : trois pédagogies », *Panorama de la musique* n° 11, janvier-février 1976, p. 39-42.
« Instruments. Francfort : la Mecque des instruments », *Panorama de la musique,* n° 12, mars-avril 1976, p. 33-36.
« Enseignement. Apprendre à conduire ? », *Panorama de la musique,* n° 12, mars-avril 1976, p. 43-46.
« Enseignement. L'animation au Conservatoire de Paris », *Panorama de la musique,* n° 13, juin-juillet-août 1976, p. 60-61.
« Enseignement. Nouveaux visages au Conservatoire », *Panorama de la musique,* n° 15, novembre-décembre 1976, p. 53-54.
« Indispensables ? Inévitables ? Les 'bureaux de concerts' parisiens en accusation », *Panorama de la musique,* n° 15, novembre-décembre 1976, p. 21.
« Enseignement. Un Japonais à Paris », *Panorama de la musique,* n° 17, mars-avril 1977, p. 40.
« Le point de vue des professionnels. Jacques Bourgeois, critique musical » (propos recueillis par Michèle Reverdy), *Panorama de la musique,* n° 18, mai-juin-juillet 1977, p. 48-49.
« Les musiciens et la grève. Un entretien avec M. Dilliès, président du Syndicat National des Musiciens », propos recueillis par Michèle Reverdy, *Panorama de la musique,* septembre-octobre 1977, n° 19, p. 16-17.
« Enseignement. Un Conservatoire National de Région à Paris », *Panorama de la musique,* septembre-octobre 1977, n° 19, p. 65.
« Le Livre et la Musique. Des ambitions limitée », *Panorama de la musique,* n° 20, novembre-décembre 1977, p. 19-21.
« Olivier Messiaen vu par... Michèle Reverdy. Apprendre la composition », *Présences de la musique,* n° 17, mars 1979, p. 6.
« Saison Ircam/EIC. Opération Zig-Zag », *CNAC Magazine* n° 18-9f, novembre-décembre 1983, Centre Georges Pompidou, p. 34-35.
« Une nouvelle écriture du temps. Olivier Messiaen », *CNAC Magazine* n° 48-131, 15 novembre 1988-15 janvier 1989, Centre Georges Pompidou, p. 6-8.

Chroniques de disques, critiques de concerts

« Musique espagnole », *Guide musical,* n° 655, décembre 1974, p. 15-16.
« Mozart. Six quatuors dédiés à Haydn K. 387 à 465. Quatuor Via Nova. Erato STU 70815 à 17 », *Guide musical,* n° 655, décembre 1974, p. 35.
« Beethoven. Symphonie n° 9. New Philharmonia Orchestra. Seiji Ozawa. Philips. 2 disques 6747 119 », et « Beethoven. Quatuors opus 95 – 132 – 135. Juilliard Quartett. RCA – RK 11533/1-2 », *Guide musical,* n° 656, janvier 1975, p. 32.
« Scarlatti Domenico. Dix-huit sonates pour clavecin. Luciano Sgrizzi. Erato 9100 G.U. », *Guide musical,* n° 657, février 1975, p. 36.
« L'orchestre du Conservatoire révélé par Célibidache », *Guide musical,* n° 658, mars 1975, p. 21.

« Jean-Chrétien Bach. Sinfonias pour double orchestre. Orchestre de chambre de Stuttgart. Dir. Karl Munchinger. DECCA 7249 », « Bartok. *Microcosmos* (disque 3) : troisième et sixième volumes. Claude Helffer. Harmonia Mundi. HMU 970 », « Beethoven. Ouvertures : Leonore 1, 2, 3. Fidelio. Lorin Maazel, Orchestre philharmonique d'Israël. DECCA « grands classiques » 116 421, « Hans Werner Henze, Compases Para Preguntas Ensimismadas. Violin Concerto n° 2. London Sinfonietta. Dir. Hans Werner Henze. DECCA HEAD 5 », *Guide musical*, n° 658, mars 1975, p. 37 et 38.

BIBLIOGRAPHIE ET DISCOGRAPHIE

Ouvrages

Boivin, Jean, *La Classe de Messiaen*, Paris, Christian Bourgois éditeur, 1995.

Faucher, Anne-Marie, *La Mélodie française contemporaine, transmission ou transgression ?*, Paris, L'Harmattan, 2010.

Michel, Pierre et Banoun, Bernard (dir.), *Musique, arts et littérature dans l'œuvre de Michèle Reverdy*, Paris, L'Harmattan, 2005. [Contributions de Pierre Michel, Marie-Anne Lescourret, Jacqueline Rousseau-Dujerdin, Christian Doumet, Corinne Schneider, Bernard Banoun, Emmanuel Reibel, Peter Petersen, Dörte Schmidt].

Quignard, Pascal, *Le Nom sur le bout de la langue*, Paris, Éditions POL, 1993.

Schmidt, Dörte, *Lenz im Zeitgenössischen Musiktheater. Literaturoper als Kompositorisches Projekt bei Bernd Alois Zimmermann, Friedrich Goldmann, Wolfgang Rihm und Michèle Reverdy*, Stuttgart – Weimar, Metzler Musik, 1993.

Schwalgin, Stefan, *'Le Précepteur' von Michèle Reverdy. Analyse der Kompositionstechnik unter semantischem Aspeckt*, Kiel, Wissenschaftsverlag Vauk, 1999.

Tissier, Éric, *Être compositeur, être compositrice en France au début du 21e siècle*, Paris, l'Harmattan, 2010.

Mémoire universitaire

Boisteau, Claire, *Conte à rebours :* Le nom sur le bout de la langue *de Pascal Quignard*, Mémoire de maîtrise de lettres modernes, Tours, 1994.

Articles

Auzolle, Cécile, « L'opéra comme lieu de recherche et de création : *Médée* (2003) de Michèle Reverdy », *Les Cahiers de la Société québécoise de recherche en musique*, vol. 10, n° 2, « Réflexions sur la recherche-création », p. 47-55.

Banoun, Bernard, « Michèle Reverdy : *Le Précepteur* (1990) », dans *Enzyklopädie des Musiktheaters*, vol. 5, Munich, Piper, 1994, p. 232-233.

Baudrier, Andrée-Jeanne, « Comparaison entre le roman de Christa Wolf, *Médée. Voix* et le livret de l'opéra de Michèle Reverdy », dans Danielle Buschinger et Ronald Perlwitz (dir.), *Quatre Siècles de livret d'opéra*, actes du colloque de Saint-Riquier (9, 10 et 11 octobre 2002), Amiens, Centre d'études médiévales, 2004.

KAWKA, Daniel, « Michèle Reverdy », *The New Grove Dictionary of Music and Musicians*, tome 21, Londres, 2001.

MANSAU, Andrée, « Les *Ruines cirulaires* de Jorge Luis Borges ou les Nuits de l'âme mises en musique par Michèle Reverdy », dans Florent Montaclair (dir.), *La Littérature et les arts*, vol. 1, Centre UNESCO d'études pour l'Éducation et l'Interculturalité, Didier Érudition, 1997, p. 169-174.

MICHEL, Pierre, « *Médée*, opéra en onze scènes : analyse de la partition », Programme de l'Opéra de Lyon, février 2003, p. 8-11.

ROUSSEAU-DUJARDIN, Jacqueline, « Du roman de Christa Wolf au livret d'opéra », Programme de l'Opéra de Lyon, février 2003, p. 12-13.

SCHAEFER-KASRIEL, Virginie, « Michèle Reverdy, en âme et conscience », Programme de l'Opéra de Lyon, février 2003, p. 14-18.

SCHNEIDER, Corinne, « Michèle Reverdy », *Compositrices françaises au XXe siècle*, Association Femmes et Musique, Éditions Delatour France, 2007.

STOIANOVA, Ivanka, « Michèle Reverdy : '...Per la sola ragione che la mia anima è appagata...' », programme du *Laboratorio lirico di Alessandria*, création de *Vincent*, 1990, p. 21-48.

TUAL, François-Gildas, « Michèle Reverdy », *Die Musik in Geschichte und Gegenwart*, tome 13, Bärenreiter, 2005, p. 1596-1597.

QUELQUES INTERVIEWS

« Michèle Reverdy, profession : compositrice », *ARDIAM*, n° 11, juillet-août, 1986, p. 19-20.

« Une œuvre - un auteur : *Le Cercle du vent* de Michèle Reverdy », *Salabert - Actuel* n° 11, octobre - novembre - décembre 1989, p. 19-22.

« Michèle Reverdy. La prima rappresentazione di *Vincent* », propos recueillis par Pietro Gallina, *Musicisti*, septembre 1990, p. 43-45.

« Michèle Reverdy », propos recueillis par Jacques Bonnaure, *Rêves et dérives*, programme de la Péniche Opéra, mars-avril 1991, p. 6-7.

« Michèle Reverdy », entretien recueilli par Alain Surrans, *Le Compositeur dans l'arène*, Lyon, 8 et 9 avril 1994, Ministère de la Culture et de la Francophonie / SACEM, [1994], p. 25-26.

« Michèle Reverdy. Lorsque le rêve devient réalité. », propos recueillis par Marie Dubos, *Notes*, revue de la SCEM/SDRM, numéro double 153-1998, p. 20-21.

« Michèle Reverdy. "La musique de mes prédécesseurs m'a aidé à vivre... j'espère que ma musique peut apporter un peu de cela au public." », *Rubato*, n° 10, du 20/3 au 20/04 1999.

« *Lac de lune* », entretien recueilli par Emmanuel Reibel, programme des concerts de Radio France, 7 juin 2004 [repris pour le journal en ligne *Fantastique* n° 74].

« Naissance d'un concerto pour harpe. Le concerto pour harpe de Michèle Reverdy. Une commande de Jaquez Français, président des harpes Camac », *Harpseason*, hiver 2007, p. 4.

DISCOGRAPHIE

CD - Salabert - Actuel : SCD 9001 - distribution Harmonia Mundi, 1990. Contient : *Scenic-Railways* (Ensemble Intercontemporain, dir. Jean-Claude Pennetier), *Sept Enluminures* (Ensemble Accroche-Note), *Figure* (Jay Gottlieb, piano), *Météores* (Ensemble Ars Nova, dir. Marius Constant), *Kaleïdoscope* (Noëlle Spieth, clavecin et Pierre Roulier, flûte).

CD - Sappho - 590019 - AD 184 - ADDA distribution, 1990. Contient *Triade* (Rafaël Andia, guitare).

CD - MFA - Radio France - MFA 216009 - distribution Harmonia Mundi, 1996. Contient *L'Intranquillité* (Quatuor Rosamonde), *En terre inconnue* (Trio Wanderer), *Rencontre* (Laurent Verney, alto), *Dix Musiques Minutes* (Guy Comentale, violon, Laurent Verney, alto, Dominique de Williencourt, violoncelle), *Chimère* (Gérard Caussé, alto, Orchestre philharmonique de Radio France, dir. Arturo Tamayo).

CD - Mandala - MAN 5095/96 - distribution Harmonia Mundi, 2004. *Médée* (Orchestre et chœur de l'Opéra de Lyon, dir. Pascal Rophé, avec Françoise Masset, Magali Léger, Sophie Pondjiclis, Christian Tréguier, Jean-Louis Serre).

CD - MSR Classics - MS1151 - Squires Productions (New York, USA: www.msrdc.com), 2002. « Autour de Messiaen ». Contient le *Concerto pour orchestre* (New Music Ensemble, dir. Nicole Paiement), à côté d'œuvres de Gilles Tremblay, Tristan Murail et Qigang Chen.

CD - BBK 17 - 2009. *Con Messiaen en el centanerio de su nacimiento.* Contient *Anacoluthes* pour sept instruments (Laboratorio de Interpretación Musical, sous la direction de Jesús Villa Rojo). [Michèle Reverdy a renié à la fois l'œuvre et l'enregistrement dans lequel la partie de flûte basse prévue est de surcroît remplacée par une flûte en *sol*].

Audiovisuel

Chronique d'une mise en scène, d'après l'opéra *Médée*, Film documentaire de Raoul Ruiz, Mezzo, TLM [production], CLC productions [production, distribution], 2003.

Ressources électroniques

Site de Michèle Reverdy : http://www.michelereverdy.com [contient notamment un catalogue complet, la notice des principales œuvres rédigées par la compositrice, de nombreux extraits musicaux inédits].

Site du Centre de Documentation de la Musique contemporaine : http://www.cdmc.asso.fr [catalogue en ligne des partitions, enregistrements, livres, dossiers documentaires consultables ; quatre extraits d'œuvres enregistrées disponibles en ligne : *Scenic Railway, La Nuit qui suivit notre dernier dîner, Trois Fantaisies de Gaspard de la nuit, En Terre inconnue*...].

Archives de l'INA : http://inathèque.ina.fr [catalogue comprenant les émissions radiophoniques de et sur Michèle Reverdy disponibles].

Sites de contenus partagés : www.youtube.com contient un enregistrement de *Dix musiques minutes* dans une interprétation de Guy Comentale, Laurent Verney et Dominique de Williencourt mise en ligne le 20 septembre 2010 et un extrait vidéo de *Médée* posté le 30 juillet 2012.

INDEX DES NOMS

TABLE DES MATIÈRES